本书为教育部思想政治工作司第一批高校思想政治工作精品项目"从资助到滋养：多维阳光育人路径研究"，中国高等教育学会改革开放40年高校辅导员队伍建设与发展研究专项课题重点项目"高校辅导员与任课教师协同育人实现途径研究"（项目编号：2018FDYZD08）成果。

马克思诞辰200周年纪念文库
The 200ᵗʰ Anniversary Books for Karl Marx

大学生社会主义核心价值观认同教育

吕开东　张　彬｜主编

中央编译出版社
Central Compilation & Translation Press

图书在版编目（CIP）数据

大学生社会主义核心价值观认同教育／吕开东，张彬主编.
—北京：中央编译出版社，2019.1
ISBN 978-7-5117-3676-5

Ⅰ. ①大…
Ⅱ. ①吕…②张…
Ⅲ. ①大学生—思想政治教育—教学研究—中国
Ⅳ. ① G641

中国版本图书馆 CIP 数据核字（2018）第 282481 号

大学生社会主义核心价值观认同教育

出 版 人：葛海彦
责任编辑：谭　伟
责任印制：刘　慧
出版发行：中央编译出版社
地　　址：北京西城区车公庄大街乙 5 号鸿儒大厦 B 座（100044）
电　　话：（010）52612345（总编室）　　（010）52612349（编辑室）
　　　　　（010）52612316（发行部）　　（010）52612346（馆配部）
传　　真：（010）66515838
经　　销：全国新华书店
印　　刷：三河市华东印刷有限公司
开　　本：710 毫米×1000 毫米　1/16
字　　数：269 千字
印　　张：19
版　　次：2019 年 1 月第 1 版
印　　次：2019 年 1 月第 1 次印刷
定　　价：98.00 元

网　　址：www.cctphome.com　　邮　　箱：cctp@cctphome.com
新浪微博：@中央编译出版社　　微　　信：中央编译出版社（ID: cctphome）
淘宝店铺：中央编译出版社直销店（http://shop108367160.taobao.com）（010）55626985

本社常年法律顾问：北京市吴栾赵阎律师事务所律师　闫军　梁勤
凡有印装质量问题，本社负责调换，电话：（010）55626985

编 委 会

主　编： 吕开东　张　彬
副主编： 张德伟　韩　微　谭　琦　潘　强
编　委： 王嘉男　董春辉　许钟元　刘　铁
　　　　　　梁艳艳　李　瑶　马金驰　董治安
　　　　　　高　明　李优仁

序　言

在马克思诞辰200周年、《共产党宣言》发表170周年及我国改革开放40周年之际，为深化学习研究马克思主义和中国特色社会主义理论体系，特别是习近平新时代中国特色社会主义思想，特出版此书，从而为进一步推动全社会特别是学界对马克思主义投入更多关注、研究和宣传，贡献微薄之力。

党的十九大最伟大的成果是提出了习近平新时代中国特色社会主义思想，开辟了马克思主义中国化、时代化、大众化新境界，也标志着我国的社会主义建设进入了新时代，开启了新征程，迎来了新的挑战。贯彻落实党的十九大精神，最重要的任务就是要加强理论武装，推动习近平新时代中国特色社会主义思想深入人心，并在其引领下，使全体人民在理想信念、价值理念、道德观念上紧紧团结在一起。

坚持社会主义核心价值体系是习近平新时代中国特色社会主义思想的基本方略之一，社会主义核心价值观集中体现了当代中国精神、中国价值、中国力量。党的十九大报告指出"青年兴则国家兴，青年强则国家强"，并强调"全党要关心和爱护青年，为他们实现人生出彩搭建舞台"。高等学校贯彻十九大精神，落实立德树人根本任务，必须以培养担当民族复兴大任的时代新人为着眼点，把社会主义核心价值观教育融入人才培养的全过程各环节。

教育和引导大学生进行社会主义核心价值观实践，首先是引导大学生对社会主义核心价值观形成感性认知，然后从情感和心理上将自身认知与社会共同的价值追求相比较产生理性认同，进而产生对社会和国家的心理归属感，以及强烈的主体意识、责任意识和担当意识，最终将其作为价值追求外化为自觉行动并加以实践。

本书共分七个章节，第一章主要研究了当代大学生社会主义核心价值观发展的特点以及当代大学生社会主义核心价值观认同教育的重要意义与核心内容；第二章构建了当代大学生社会主义核心价值观认同教育理论框架，以马克思主义、中国特色社会主义、西方价值观认同的相关理论为依据提供了框架的支点；第三章从国家、社会、个人层面对当代大学生社会主义核心价值观现状进行了研究；第四章阐述了社会主义核心价值观理性认知教育的背景与意义，给出了现状和原因以及实施路径；第五章阐述了社会主义核心价值观文化认同教育的背景与意义，给出了现状和原因以及实施路径；第六章给出了社会主义核心价值观行为认同教育的背景与意义，给出了现状和原因以及实施路径；第七章对当代大学生社会主义核心价值观认同教育效果给出了评价方法。文后的附录，以哈尔滨工程大学为例论述了社会主义核心价值观认同教育实践。

纵观全书，其价值体现主要有三点。

一是深刻剖析高校落实立德树人根本任务的有效途径之一是开展社会主义核心价值观认同教育。在理论研究中，分析了立德树人的目标要求，阐述了高校社会主义核心价值观认同教育的理论框架、核心内容；在调查研究中，从价值目标、价值取向和价值评价等维度对国内部分高校学生社会主义核心价值观认同现状进行实证研究，从社会、高校、个人三方面分析影响社会主义核心价值观认同度的因素，为认同教育体系构建提供了理论基础和数据支撑。

二是构建高校社会主义核心价值观认同教育体系，提出从理性认知、文化认同和行为认同三个维度实施社会主义核心价值观认同教育，使学生在理性认知和行为认同的过程中，将社会主义核心价值观内化于心、外化于行，促进学生自觉践行社会主义核心价值观，提升社会主义核心价值观的引导力、凝聚力、亲和力和践行力。

三是构建高校社会主义核心价值观认同教育效果评价体系，从社会、学校和学生的视角出发，研究学生在接受体系化教育之后对社会主义核心价值观认同度的提高，提出能够有效提升认同度的关键教育手段和方式，为深入开展社会主义核心价值观认同教育提供实用性参考。

虽然本书作者已倾尽全力，从多方位对当代大学生社会主义核心价值观认同教育进行了研究，但对于这些内容的总结、概括、理解肯定存在诸多不足之处，还有很多考虑不周的地方，对很多问题的理解还比较片面，很难满足所有现实情况的要求，希望得到广大读者、同行的不吝赐教和批评指正。让我们一起在实践中不断进步，在总结和探索中，尝试新方法、交流好经验，不断提高当代大学生对社会主义核心价值观的认同感，为促进高等教育改革和发展做出我们的贡献。

本书编委会

2018年6月25日

目录

第一章　当代大学生社会主义核心价值观认同教育的背景和意义 …………… 1

一、当代大学生社会主义核心价值观认同教育的现实背景 ……………… 2

 1. 社会主义核心价值观概述 ……………………………………………… 2

 2. 大学生社会主义核心价值观认同教育的国际背景 …………………… 3

 3. 大学生社会主义核心价值观认同教育的国内背景 …………………… 4

 4. 高校开展社会主义核心价值观的历史使命 …………………………… 5

二、当代大学生社会主义核心价值观发展的特点 ………………………… 6

 1. 社会主义核心价值观发展历程 ………………………………………… 7

 2. 当代大学生社会主义核心价值观发展特点 …………………………… 9

三、当代大学生社会主义核心价值观认同教育的重要意义 ……………… 11

 1. 高校开展社会主义核心价值观认同教育具有重要意义 ……………… 12

 2. 加强社会主义核心价值观认同教育具有重要意义 …………………… 13

四、当代大学生社会主义核心价值观认同教育的核心内容 ……………… 16

 1. 当代大学生社会主义核心价值观认同教育内容 ……………………… 16

 2. 当代大学生社会主义核心价值观认同教育体系构建 ………………… 18

  3. 当代大学生社会主义核心价值观认同教育途径 …………… 19
  4. 强化社会实践在社会主义核心价值观认同教育中的作用 ……… 21

第二章 大学生社会主义核心价值观认同教育理论框架 …… 23
一、马克思主义基本原理是认同教育的逻辑起点 ………………… 23
  1. 马克思主义认识论为认同教育提供了科学规律 ……………… 23
  2. 马克思主义唯物辩证法为认同教育确立了根本方法 ………… 25
  3. 马克思主义实践论为认同教育指明了体验路径 ……………… 26
二、中国特色社会主义理论是认同教育的理论支点 ……………… 27
  1. 邓小平理论奠定了认同教育的现代思想基础 ………………… 27
  2. "三个代表"重要思想指明了认同教育的现代价值原则 …… 30
  3. 科学发展观提供了认同教育的现代人本底蕴 ………………… 32
  4. 习近平新时代中国特色社会主义思想确立了认同教育的本质核心 …… 34
三、西方的价值认同理论是认同教育的理论借鉴 ………………… 36
  1. 社会认同理论 …………………………………………………… 36
  2. 态度形成理论和认知结构理论 ………………………………… 38
四、当代大学生社会主义核心价值观认同教育体系构建 ………… 39
  1. 大学生社会主义核心价值观认同教育的特点 ………………… 40
  2. 大学生社会主义核心价值观认同教育体系构建的原则 ……… 40
  3. 大学生社会主义核心价值观认同教育体系的主体要素 ……… 42
  4. 大学生社会主义核心价值观认同教育体系要素间的关系 …… 43
  5. 大学生社会主义核心价值观认同教育体系的运行机制 ……… 46

第三章 当代大学生社会主义核心价值观认同现状 ………… 51
一、关于社会主义价值观国家层面认同感状况 …………………… 52
  1. 富强层面分析 …………………………………………………… 52

2. 民主层面分析 ………………………………………………………… 56
　3. 文明层面分析 ………………………………………………………… 59
　4. 和谐层面分析 ………………………………………………………… 62

二、关于社会主义价值观社会层面认同感状况 ……………………………… 65
　1. 自由层面分析 ………………………………………………………… 66
　2. 平等层面分析 ………………………………………………………… 69
　3. 公正层面分析 ………………………………………………………… 73
　4. 法治层面分析 ………………………………………………………… 76

三、关于社会主义价值观个人层面认同感状况 ……………………………… 80
　1. 爱国层面分析 ………………………………………………………… 80
　2. 敬业层面分析 ………………………………………………………… 83
　3. 诚信层面分析 ………………………………………………………… 86
　4. 友善层面分析 ………………………………………………………… 90

四、当代大学生社会主义核心价值观认同的现状困境 ……………………… 93
　1. 国家层面各维度分析 ………………………………………………… 94
　2. 社会层面各维度分析 ………………………………………………… 94
　3. 个人层面各维度分析 ………………………………………………… 95
　4. 总体结果 ……………………………………………………………… 96
　5. 当代大学生社会主义核心价值观认同的现状困境 ………………… 99

第四章　当代大学生社会主义核心价值观理性认知教育 …………… 107
一、社会主义核心价值观理性认知教育的背景与意义 …………………… 107
　1. 社会主义核心价值观理性认知教育的背景 ……………………… 107
　2. 社会主义核心价值观理性认知教育的意义 ……………………… 109
二、大学生社会主义核心价值观理性认知方面存在的问题与原因 ……… 110
　1. 大学生社会主义核心价值观理性认知方面存在的问题 ………… 110

  2. 大学生社会主义核心价值观理性认知存在问题的原因 …… 117
 三、社会主义核心价值观理性认知教育的主要内容 …… 124
  1. 国家层面 …… 124
  2. 社会层面 …… 130
  3. 个体层面 …… 133
 四、社会主义核心价值观理性认知教育的实施路径 …… 138
  1. 充分发挥课内育人的主渠道作用 …… 138
  2. 充分发挥课外的主阵地作用 …… 139
  3. 充分发挥养成教育的自我强化作用 …… 141

第五章 当代大学生社会主义核心价值观文化认同教育 …… 145
 一、社会主义核心价值观文化认同教育的背景和意义 …… 146
  1. 社会主义核心价值观文化认同教育的背景 …… 147
  2. 社会主义核心价值观文化认同教育的意义 …… 150
 二、社会主义核心价值观文化认同教育的现状与原因 …… 152
  1. 社会主义核心价值观文化认同教育的现状 …… 152
  2. 社会主义核心价值观文化认同教育现状产生的原因 …… 154
 三、社会主义核心价值观文化认同教育的主要内容 …… 157
  1. 传统文化认同教育 …… 158
  2. 制度文化认同教育 …… 159
  3. 网络文化文化教育 …… 160
 四、社会主义核心价值观文化认同教育的实施路径 …… 162
  1. 高校校园文化建设的原则 …… 162
  2. 校园文化为大学生社会主义核心价值观认同教育搭建平台 …… 163

第六章　当代大学生社会主义核心价值观行为认同教育 …… 166

一、社会主义核心价值观行为认同教育的背景与意义 …… 167
1. 社会主义核心价值观行为认同教育的背景 …… 167
2. 社会主义核心价值观行为认同教育的意义 …… 170

二、社会主义核心价值观行为认同教育的现状与原因分析 …… 174
1. 社会主义核心价值观行为认同教育的现状 …… 174
2. 大学生社会主义核心价值观认同存在的问题 …… 176
3. 影响大学生社会主义核心价值观认同的原因分析 …… 179

三、社会主义核心价值观行为认同教育的主要内容 …… 181
1. 诚信教育 …… 182
2. 典型引领 …… 183
3. 创新创业教育 …… 185
4. 社会实践 …… 187

四、大学生社会主义核心价值观行为认同教育的实施路径 …… 189
1. 以诚信教育作为行为认同的准则 …… 189
2. 以典型引领作为行为认同的动力 …… 191
3. 以创新创业教育作为行为认同的抓手 …… 193
4. 以社会实践作为行为认同的手段 …… 196

第七章　大学生社会主义核心价值观教育效果评价 …… 199

一、社会主义核心价值观教育效果评价方法综述 …… 200
1. DEMATEL 评价方法 …… 201
2. 双重态度模型评价方法 …… 202
3. 360 度绩效评估法 …… 203
4. 模糊综合评价法 …… 205
5. 调查研究法 …… 205

二、基于 DEMATEL 与双重态度模型的社会主义核心价值观教育效果评价 …… 206
 1. 思想政治教育评价指标体系的构建原则 ………………………… 207
 2. 高校思想政治教育评价指标体系的主要内容 …………………… 209
 3. 基于 DEMATEL 与双重态度模型的思想政治教育评价体系优化 …… 219

三、基于 360 度绩效法的社会主义核心价值观教育效果评价 ………… 225
 1. 360 度绩效评估法的应用价值 …………………………………… 225
 2. 360 度绩效评估法在社会主义核心价值观教育评估的应用 …… 226

四、基于模糊综合评价法的社会主义核心价值观教育效果评价 ……… 228
 1. 社会主义核心价值观评价内容的模糊性和评价范围的不确定性 …… 228
 2. 运用模糊综合评价法构建社会主义核心价值观教育评价指标体系 …… 229
 3. 运用模糊综合分析法对社会主义核心价值观教育绩效评价的基本步骤 …… 230

五、基于调查研究法的社会主义核心价值观教育效果评价 …………… 233
 1. 调查研究的基本原则 ……………………………………………… 233
 2. 调查研究的方法体系 ……………………………………………… 234
 3. 调查研究法应用案例 ……………………………………………… 236

附录 ……………………………………………………………………… 237
 附录 1：哈尔滨工程大学新生入学教育 ……………………………… 237
 附录 2：哈尔滨工程大学毕业生离校教育 …………………………… 246
 附录 3：哈尔滨工程大学感恩诚信教育 ……………………………… 252
 附录 4：哈尔滨工程大学校园文明教育 ……………………………… 255
 附录 5：哈尔滨工程大学 2014 级新生入学教育效果调研报告 …… 259

参考文献 ………………………………………………………………… 276

后记 ……………………………………………………………………… 286

第一章　当代大学生社会主义核心价值观认同教育的背景和意义

党的十九大最伟大的成果是提出了习近平新时代中国特色社会主义思想，开辟了马克思主义中国化、时代化、大众化新境界，标志着我国的社会主义建设进入了新时代，开启了新的征程，也迎来了新的挑战。贯彻落实党的十九大精神，最重要的任务就是要加强理论武装，推动习近平新时代中国特色社会主义思想深入人心，并在其引领下，使全国人民在理想信念、价值理念、道德观念上紧紧团结在一起。

坚持社会主义核心价值体系是习近平新时代中国特色社会主义思想的基本方略之一，社会主义核心价值观集中体现了当代中国精神、中国价值、中国力量。党的十九大报告指出"青年兴则国家兴，青年强则国家强"，并强调"全党要关心和爱护青年，为他们实现人生出彩搭建舞台"。高等学校贯彻十九大精神，落实立德树人根本任务，必须以培养担当民族复兴大任的时代新人为着眼点，把社会主义核心价值观教育融入人才培养的全过程各环节。

教育和引导当代大学生进行社会主义核心价值观认同教育，最主要的是引导大学生对社会主义核心价值观形成感性认知，然后是从情感和心理上将自身认知与社会共同的价值追求相比较产生理性认同，进而产生对社会和国家的心理归属感，以及强烈的主体意识、责任意识和担当意识，最终将其作为自己坚定的价值追求外化为自身的自觉行动并加以实践。

一、当代大学生社会主义核心价值观认同教育的现实背景

1. 社会主义核心价值观概述

价值是标志着人与外界事物关系的一个范畴,同时也是定义人本身存在的核心概念,其产生并存在于人(主体)与客观事物(客体)的关系中,是客观事物的存在及其属性对人的需要的满足。马克思主义哲学认为,"价值是指在实践的基础上形成的主体和客体之间的一种意义关系"。价值观是人们认定事物、辩定是非的一种思维或取向即对于价值的具体观点和看法,包含价值原则、价值规范、价值理想三方面内容。价值观是基于人一定的思维感官之上而作出的认知、理解、判断或抉择,从而体现出人、事、物三者一定的价值或作用,在阶级社会中,不同阶级有着自己不同的价值观念。价值观存在并贯穿于一个人生活的方方面面,是每个人自我意识的核心,阐释了每个人对于人生价值和人生意义的理解,指导了人的全部社会生活和实践活动。价值体系是一个民族在一定时代、一定社会中形成和发展起来的,是一定的社会、民族在一定时代社会意识的集中反映,即一个社会中价值取向、价值规范、价值原则、价值理想等与价值有关的各种价值观的集合。

社会核心价值体系,是在一个社会中处于主导地位的价值体系,对社会中的各种价值体系起到导向和引领作用。而社会主义核心价值体系则是在社会主义社会中处于支配地位,整合并引领着各种社会意识与思潮,体现社会主义发展潮流的核心价值观念的集合。社会主义核心价值体系主要包括马克思主义指导思想、中国特色社会主义共同理想、以爱国主义为核心的民族精神和以改革创新为核心的时代精神、社会主义荣辱观几个方面的基本内容。社会主义核心价值体系是社会主义制度的内在精神和生命之魂,是社会主义制度在价值层面的本质显现,它揭示了社会主义国家经济、政治、文化、社会建设的发展动力,体现了富强、民主、文明、和谐的社会主义现代化国家的发展要求,反映了全

国各族人民的核心利益和共同愿望。

社会主义核心价值观是整个社会主义核心价值体系的内核，体现了整个社会主义核心价值体系的基本内涵、基本特征和根本性质，是在社会主义核心价值体系中居于领导地位、起导向引领作用的价值观念，是社会主义的价值表达，集中反映了社会主义核心价值体系的丰富内涵和实践要求，是社会主义核心价值体系的高度凝练和集中表达。2012年11月，党的十八大报告中第一次提出了以"倡导富强、民主、文明、和谐，倡导自由、平等、公正、法治，倡导爱国、敬业、诚信、友善"为基本内容的社会主义核心价值观，这体现了国家发展导向、社会建设目标和人民发展愿景。首先，富强、民主、文明、和谐是基于国家层面的价值目标；其次，自由、平等、公正、法治是基于社会层面的价值取向；最后，爱国、敬业、诚信、友善是基于公民个人层面的价值准则。这24个字是社会主义核心价值观的基本内容，是对社会主义核心价值观的精炼提取和高度概括，是实现中华民族伟大复兴中国梦的精神支柱。

2. 大学生社会主义核心价值观认同教育的国际背景

在当今世界国与国之间的竞争中，人才越来越成为最关键的因素，谁拥有高素质的人才，谁就掌握了对未来经济发展的主动权，就拥有了更强的竞争力。大学生作为整个社会中一个正在接受高等教育而还没有完全走进社会的高素质群体，代表着年轻，代表着活力，是当今社会新技术、新潮流、新思想的前沿群体，是国家宝贵的人才资源，是推动社会进步的栋梁之材，担负着民族的希望，决定着中国的未来，是实现中华民族伟大复兴中国梦的有生力量。把这个群体培养成为中国特色社会主义事业的合格建设者和可靠接班人，对于科教兴国和人才强国战略的全面实施，确保我国在当今激烈的国际竞争中处于优势地位，加快推进社会主义现代化建设并全面建成小康社会的目标，实现中华民族伟大复兴中国梦都具有重大且深远的战略意义。①

在当前世界复杂多变，政治多极化、信息网络化、文化多元化、经济全球化进程加快的时代背景下，国际国内形势发生了深刻的变化，同时科技的发展也为文化的传播提供了新的载体与渠道，造成了各种思想文化相互交流、相互影响、相互碰撞，使得当代大学生对顺应时代发展、满足社会发展需要的正确价值观的选择与认同变得越来越困难，大学生的生活与成长环境与以往任何时候相比都更为复杂、更为多变，敌我势力、新旧思想、不同性质的意识形态在争夺大学生群体的斗争中日益白热化。当今国际上以美国为首的西方发达资本主义国家组成的资本主义阵营凭借其在经济、军事、科技、社会发展等方面所确立的先行优势，在其他国家和地区通过各种手段推销他们的价值观念，把他们所谓的自由、民主、人权等加以包装，通过"文化商品"向大学生传播他们的各种思想观念、意识形态，尤其是采用各种方法对大学生进行细化、分化，对我国的大学生群体进行思想和文化渗透，由此产生了消费主义、享乐主义、极端个人主义等不良思潮，其影响不容小视。境外敌对势力的网站是分化我国社会主义核心价值观的主要阵地，特别是通过时下各种新媒体手段，西方价值观和意识形态不断渗入，对中国传统文化和马克思主义、中国特色社会主义进行着双重消解。网络文化的无序、泄愤、低俗消解着社会上正面的、高尚的价值，给我国高校的社会主义核心价值观认同教育带来了巨大影响。②

3. 大学生社会主义核心价值观认同教育的国内背景

从国内来看，目前我国正处于社会转型时期，正面临着社会结构的深刻调整和政治经济转型，从而导致思想领域日趋多元。大学生的思想观念较之以往也更加活跃，价值观也由此呈现出多元化趋势，各种思想观念冲突碰撞，不同

---

① 王双群：《社会主义核心价值体系融入思想政治理论课教育教学研究》，武汉大学博士论文，2014年。

② 周宏：《论加强社会主义核心价值观认同机制建设》，载《理论导刊》，2014年第4期，第60—63页。

价值激烈冲突，文化融合不断加强，对社会主义核心价值观的形成在一定程度上起到了弱化作用。同时市场经济的负面效应逐渐扩大，大学生群体的思想意识、文化认同、价值观念等都受到了巨大冲击。与此同时，部分大学生甚至出现政治信仰迷失、价值和道德观念扭曲、文化认同缺失、理想信念模糊等问题；同时价值观传播途径相对比较单一，价值观传播的形式、技术手段明显落后于经济社会的发展，呈现出明显的滞后性。一些大众媒体把经济利益放在首位，忽视社会效益，把文化带来的社会效益和经济效益本末倒置。一段时期以来，国内甚至出现了对中国传统文化全面批判、全盘否定的错误局面，只重视西方文化、现代文化，忽视中国传统文化，忽视中华民族传统文化在塑造社会主义核心价值观方面所起的积极作用。现实社会中的腐败现象时有发生，逐渐产生了贪腐文化，这一现象的产生，也对当代大学生社会主义核心价值观的形成起着弱化的作用。未来整个社会的价值取向取决于当代青年大学生的价值取向。青年大学生的价值取向是标志时代先进性最灵敏的指南针，因此在这样的国际国内背景下，就要求继续开拓、创新，与时俱进地推进大学生的价值观教育，使社会主义核心价值观在大学生思潮中起到引领作用，凝聚共识。

4. 高校开展社会主义核心价值观的历史使命

高校肩负着培养社会主义合格建设者和可靠接班人的重任，在国内国际的复杂背景下，要保证中国特色社会主义事业后继有人不断发展，就必须全面和持续地加强对当代大学生群体的教育和引导，特别是加强中国特色社会主义核心价值观等社会主义主流意识形态方面的教育和引导。无论从我国大学生社会主义核心价值观认同教育的实际情况看，还是从当前所处的国内外形势来看，我们在当代大学生社会主义核心价值观认同教育中都面临着巨大的挑战，任务异常艰巨，我们对此要有清醒的认识。2015年，中共中央办公厅、国务院办公厅发布《关于进一步加强和改进新形势下高校宣传思想工作的意见》，指出"做好高校宣传思想工作，加强高校意识形态阵地建设，事关党对高校的领导，事关全面贯彻党的教育方针，事关中国特色社会主义事业后继有人"。同时指出，

"要切实推动中国特色社会主义理论体系进教材进课堂进头脑"。青年大学生作为接受社会主义核心价值观教育、引导和影响的对象,把他们培养成什么样的人是社会主义核心价值观教育始终如一的主题。无论是从主题还是任务看,对大学生进行社会主义核心价值观认同教育,其在价值追求上都与学生自我发展期许以及实际诉求具有高度的一致性。同时,在新的时代背景下,充分调动有利于当代大学生成长的各种积极因素,科学化解不利于大学生成长的消极因素,促进当代大学生实现全面发展,是社会主义核心价值观教育的根本任务。社会主义核心价值观是中华民族最深沉的精神追求,在广大青年学生中培育和践行社会主义核心价值观,巩固马克思主义在意识形态领域的指导地位,巩固全党全国各族人民团结奋斗的共同思想基础,是新形势下高等学校思想政治教育工作的新任务和新要求,也是历史使命。

二、当代大学生社会主义核心价值观发展的特点

"富强、民主、文明、和谐",是我国社会主义现代化国家的建设目标,也是从价值目标层面对社会主义核心价值观基本理念的凝练,符合全体中国人民对于共同理想的追求,在社会主义核心价值观中居于最高层次,对其他层次的价值理念具有统领作用。"自由、平等、公正、法治",是对美好社会的生动表述,也是从社会层面对社会主义核心价值观基本理念的凝练,反映了中国特色社会主义的基本属性,是我们党矢志不渝、长期实践的核心价值理念。"爱国、敬业、诚信、友善",是公民基本道德规范,是从个人行为层面对社会主义核心价值观基本理念的凝练,是国家和社会层面价值导向得以实现的基础,覆盖社会道德生活的各个领域,是公民必须恪守的基本道德准则,也是评价公民道德行为选择的基本价值标准。社会主义核心价值观是在继承人类文明进步成果的基础之上,对中国特色社会主义信仰的深层理解。党的十八大以来,大学生社会主义核心价值观认同教育就一直是高校思政课建设的重要内容。

1. 社会主义核心价值观发展历程

社会主义核心价值观是在社会发展的过程中逐步形成的，有特定的历史发展轨迹。1949年中华人民共和国的建立，标志着我们胜利地完成了国家独立、民族解放第一大历史任务。确立了以社会主义基本政治制度、基本经济制度和以马克思主义为指导思想的社会主义意识形态，为社会主义核心价值体系建设奠定了政治前提、物质基础和文化条件；进而使马克思主义、毛泽东思想得以广泛深入地传播，提出了实现"四个现代化"的宏伟设想，广泛开展了以爱国主义、社会主义、集体主义和为人民服务为主要内容的社会主义思想道德建设，以培育伟大的民族精神和时代精神。改革开放以来，我国社会主义意识形态建设不断进行新的探索，提出了从建设社会主义核心价值体系到以"三个倡导"为内容，积极培育和践行社会主义核心价值观的重要论断和战略任务。①

1978年12月，党的十一届三中全会重新恢复和确立了实事求是的思想路线，坚持把马克思主义与改革开放和社会主义建设伟大实践相结合，使我国从此进入了改革开放的新时期。在科学继承毛泽东思想的基础上，我党先后创立了邓小平理论、"三个代表"重要思想、科学发展观等马克思主义中国化最新成果，使马克思主义在意识形态领域的指导地位不断巩固。

1997年9月，中国共产党第十五次全国代表大会胜利召开，这次大会是在我国改革开放和社会主义现代化建设发展的关键时刻召开的，是一次在世纪之交，承前启后、继往开来，保证全党继承邓小平同志遗志，坚定不移地沿着十一届三中全会以来正确路线胜利前进的大会。十五大报告首次使用了"邓小平理论"的科学概念，并把这一理论作为指引党继续前进的旗帜。报告指出：旗帜问题至关紧要。旗帜就是方向，旗帜就是形象。"我们这次大会的灵魂，就是高举邓小平理论的伟大旗帜"。大会通过的《中国共产党章程修正案》把邓小平

---

① 戴木才：《中国共产党培育和践行社会主义核心价值观的发展历程》，载《桂海论丛》，2013年第5期，第7-12页。

理论确立为党的指导思想,明确规定中国共产党以马克思列宁主义、毛泽东思想、邓小平理论作为自己的行动指南。

2006年3月,第十届中国人民政治协商会议第四次会议又提出了"以热爱祖国为荣、以危害祖国为耻,以服务人民为荣、以背离人民为耻,以崇尚科学为荣、以愚昧无知为耻,以辛勤劳动为荣、以好逸恶劳为耻,以团结互助为荣、以损人利己为耻,以诚实守信为荣、以见利忘义为耻,以遵纪守法为荣、以违法乱纪为耻,以艰苦奋斗为荣、以骄奢淫逸为耻"的社会主义荣辱观,简称"八荣八耻",继承和发展了社会主义思想道德建设褒荣贬耻的价值导向,以及我国古代"知荣明耻"的文化传统,同时又赋予了它新的时代内涵,深化了对社会主义道德建设规律的认识。

2006年10月,党的十六届六中全会第一次明确提出了"建设社会主义核心价值体系"的战略任务,明确提出了社会主义核心价值体系的内容,并指出社会主义核心价值观是社会主义核心价值体系的内核。各界开始对社会主义核心价值观的概括进行深入探讨。

2007年10月,党的十七大进一步指出,社会主义核心价值体系是兴国之要,是社会主义意识形态的本质体现。

2011年10月,党的十七届六中全会强调,社会主义核心价值体系是"兴国之魂",建设社会主义核心价值体系是推动文化大发展、大繁荣的根本任务。提炼和概括出简明扼要、便于传播践行的社会主义核心价值观,对于建设社会主义核心价值体系具有重要意义。

2012年11月,党的十八大对社会主义核心价值体系进行了高度凝练与集中表达,十八大报告明确提出"三个倡导",即"倡导富强、民主、文明、和谐,倡导自由、平等、公正、法治,倡导爱国、敬业、诚信、友善,积极培育社会主义核心价值观",是对社会主义核心价值观的最新概括。

2013年12月,中共中央办公厅印发《关于培育和践行社会主义核心价值观的意见》,明确提出,以"三个倡导"为基本内容的社会主义核心价值观,与中国特色社会主义发展要求相契合，与中华优秀传统文化和人类文明优秀成果相承接，是我们党凝聚全党和全社会价值共识作出的重要论断。①

党的十九大报告指出，要培育和践行社会主义核心价值观。要以培养担当民族复兴大任的时代新人为着眼点，强化教育引导、实践养成、制度保障，发挥社会主义核心价值观对国民教育、精神文明创建、精神文化产品创作生产传播的引领作用，把社会主义核心价值观融入社会发展各方面，转化为人们的情感认同和行为习惯。坚持全民行动、干部带头，从家庭做起，从娃娃抓起。深入挖掘中华优秀传统文化蕴含的思想观念、人文精神、道德规范，结合时代要求继承创新，让中华文化展现出永久魅力和时代风采。培育和践行中国特色社会主义核心价值观是经济社会发展的重要支撑，对巩固马克思主义理论在意识形态领域的指导地位、巩固全党全国人民团结奋斗的思想基础具有十分重要的作用。

2018年3月11日，第十三届全国人民代表大会第一次会议通过中华人民共和国宪法修正案，将"国家提倡爱祖国、爱人民、爱劳动、爱科学、爱社会主义的公德"修改为"国家倡导社会主义核心价值观，提倡爱祖国、爱人民、爱劳动、爱科学、爱社会主义的公德"的新论述。

2. 当代大学生社会主义核心价值观发展特点

（1）当代大学生社会主义核心价值观的全局性、广泛性

社会主义核心价值观的概括和凝练逐步从局部性特征向能够为全体中国人民接受、反映全体中国人民共同心声的全局性、整体性特征方向发展。社会主义核心价值观能够凝聚人心、汇聚民智，成为全体中国人民团结奋斗的一面旗帜。社会主义核心价值观的最本质特征是以社会主义为根基，以人民群众为旨归，以中华民族品格为传承。② 党的十八大报告指出，倡导富强、民主、文明、

---

① 蓝于篇：《社会主义核心价值观的发展历程》，载《东莞日报》，2014年7月9日。
② 彭滔：《当代大学生社会主义核心价值观认同研究》，武汉工程大学硕士论文，2016年，第3—4页。

和谐,倡导自由、平等、公正、法治,倡导爱国、敬业、诚信、友善,积极培育和践行社会主义核心价值观。这三个倡导是社会主义核心价值观的基本内容,而且集中反映了现阶段全国人民共同的价值信念和愿景。同时当代大学生社会主义核心价值观越来越具有大众性,简洁明快、通俗易懂、便于普及、易于践行,能更广泛地为所有人接受。

(2) 当代大学生社会主义核心价值观的时代性、概括性

不同的时代具有不同的核心价值观,当代大学生社会主义核心价值观紧扣社会主义社会的时代特征,体现社会主义社会时代的精华。时代与人民大众的现实需求,是形成核心价值观的现实基础。当代大学生社会主义核心价值观越来越具有高度的概括性,浓缩了整个社会主义社会的价值理想。当代大学生的社会主义核心价值观是大学生对国家和民族价值体系中最本质、最具决定作用部分的认可,它支撑和影响着大学生所有的价值判断,因而应是对当代大学生价值取向发展历史和未来走向的总概括。

(3) 当代大学生社会主义核心价值观的民族性、稳定性

当代大学生社会主义核心价值观是建立于中华民族优秀文化传统之上,在5000年历史文化积淀基础上结合当下社会发展,坚持马克思主义的科学方法和态度,以及发扬历史文化血脉和价值传统在中国共产党的领导下创造性地发展出来的。当代大学生社会主义核心价值观越来越稳定,社会主义核心价值观随着社会的发展在表述上会有微调和完善,但是所代表的核心精神不会变,且更具稳定性。社会主义核心价值观是社会主义精神和价值体系中最根本、最重要和最集中的价值内核,它的成型和系统化是人们共同遵循和维护的行为准则,并潜入人们的思想和心灵深处,进而作为人们的价值传统和文化精神长期稳定下来,发挥代代相传的价值传递效用。

(4) 当代大学生社会主义核心价值观的导向性、崇高性

当代大学生社会主义核心价值观具有导向性作用,社会主义核心价值观是一面旗帜,规范和引导当代大学生的思想和行为,有利于大学生的自身发展和

完善，有利于生产力发展和社会的整体进步。社会主义核心价值观形成之后便可以通过不同的方式向人们传递主流价值观念，在不断修正、调适、整合的过程中，对社会生活产生强大的影响力。当代大学生社会主义核心价值观激励人心和鼓舞我们不断前进，不仅仅是为了中国特色社会主义伟大工程建设，同时也反映了全社会和全人类的长远利益和未来发展方向。

三、当代大学生社会主义核心价值观认同教育的重要意义

大学生的价值观直接关系到国家的安全与稳定，关系到中华民族伟大复兴的中国梦能否顺利实现。他们是各种阶级和各种势力在意识形态斗争中争夺的重点对象，是我们社会主义核心价值观认同教育必须极力保护的群体，而社会主义核心价值观认同教育是高校思想政治教育的一个重要组成部分。所以，必须通过各种教育形式，增强大学生对社会主义核心价值观的认同，增强大学生的认知认同，进而产生理论认同、情感认同，最后使之自觉践行社会主义核心价值观，实现行为认同，以坚定大学生的道路自信、理论自信、制度自信和文化自信，凝聚起大学生实现伟大"中国梦"的精神力量。

当前中国进入了社会全面发展的新时代，面对主旋律强劲和思想多元化的新时代背景、社会主要矛盾变化和基本国情不变的新时代特征、实现中华民族伟大复兴中国梦和培育时代新人的新要求，实现大学生对社会主义核心价值观的认同必须深入剖析社会主义核心价值观的新形式，明晰新时代大学生肩负的担当民族伟大复兴重任的时代新使命。通过强化教育引导，加深认知认同教育，满足精神文化需要，提升文化认同、情感认同，培养理性思维，增强制度认同、理性认同，强化实践养成，落实道路认同、行为认同，以实现当代大学生对社会主义核心价值观的认同，使其成为社会主义事业的合格建设者和可靠接班人。

大学生是未来社会主义建设的中坚力量，高校作为一种功能独特的文化机构，肩负着在我国实现中华民族伟大复兴的"中国梦"的道路上创新科学技术、

培育高素质人才、传承民族文化、传播先进思想的重要使命。大学生作为实现中华民族伟大复兴"中国梦"的中坚力量，对其进行社会主义核心价值观认同教育，是提升国家文化软实力、建设良好的校园文化氛围、促进大学生理性爱国情感提升、增强中国特色社会主义文化认同和道路认同等多方面的现实需要。社会主义核心价值观作为社会主义意识形态的主体和社会主义制度的内在精神，要在校园文化服务社会主义现代化大局的过程中充分发挥理论指导作用，既是时代赋予大学这一重要文化载体的神圣使命，也是培养社会主义高素质人才的客观要求。

1. 高校开展社会主义核心价值观认同教育具有重要意义

高校对青年学生进行社会主义核心价值观教育，增强大学生在多元文化环境中辨别是非曲直和自觉抵御不良风气侵蚀的能力，养成其良好的行为习惯和健康完善的人格，对于实现立德树人的教育目标，帮助大学生不断提高思想道德素质，具有非常重要的意义。党的十六届六中全会明确提出，"马克思主义指导思想、中国特色社会主义共同理想、以爱国主义为核心的民族精神和以改革创新为核心的时代精神、社会主义荣辱观"等五方面内容构成社会主义核心价值体系的基本内容。党的十八大报告从三个层面对这一体系进行了凝练和概括，形成了24字的社会主义核心价值观。由此可见，社会主义核心价值观不仅包含了国家和社会整体层面的理想追求，而且也从另一方面融合了人民个体道德、思想观念和价值取向。当代大学生社会主义核心价值观认同教育不仅对大学生群体的整体发展具有指导意义，而且还能满足指导不同大学生个体在不同层次不同成长阶段的发展需求。

社会主义核心价值观的构建是我国全面深化改革的首要任务，其关乎国家长治久安、社会和谐稳定和民族繁荣团结。而对于大学生群体来说作为一种科学的价值观，社会主义核心价值观应当对大学生群体具有一定的吸引力，以指导他们的人生,并将其内化为行为的自觉。① 然而,现实状况并不尽如人意,虽然国家和社会以及广大的教育工作者十分重视大学生社会主义核心价值观教育问题,据此展开了大量的研究,也取得了一定成效,但仍然存在部分大学生价值观念模糊甚至错位现象。这就需要我们应在已有的研究基础上进一步拓展新的思路和方法,来开展切实有效的大学生社会主义核心价值观认同教育。当前大学生社会主义核心价值观认同主要有如下特点:大学生对社会主义核心价值观的内容以及各个具体组成部分的内容认知度偏低,认同不全面、不均衡、不一致,存在理性认知欠缺、情感认同偏弱、信念意志不坚定、知行脱节比较严重等问题。

2. 加强社会主义核心价值观认同教育具有重要意义

加强大学生社会主义核心价值观认同教育,无论对巩固社会主义意识形态的主导地位,还是对改进高校思想政治教育以及促进大学生成长成才,都具有重大意义。

(1) 有助于巩固马克思主义意识形态的主导地位

当代大学生社会主义核心价值观认同教育有助于巩固马克思主义意识形态的主导地位,青年大学生是祖国的希望、民族的未来,通过社会主义核心价值观认同教育,增强大学生的文化自信、价值自信,让社会主义核心价值观真正做到"入心""入脑",成为大学生的价值遵循,从而自觉抵御西方意识形态的渗透,巩固马克思主义意识形态的主导地位。

(2) 有助于增强大学生对社会主义核心价值观的认同

加强当代大学生社会主义核心价值观认同教育,不仅有利于大学生更好地认同社会主义核心价值观,帮助大学生树立正确的世界观、人生观,而且有助于更有针对性地开展大学生各项教育活动,促进高校思想政治教育实现与时俱

---

① 赵传珍:《文化认同与大学生社会主义核心价值观教育》,载《北华大学学报(社会科学版)》,2014年,第133-136页。

进的良性发展。当代大学生社会主义核心价值观认同教育是高校思想政治教育的一部分，有助于进一步深化与丰富高校思想政治教育体系。加强当代大学生社会主义核心价值观认同教育，有利于大学生提高自身的辨别能力，增强抵御错误观念影响的能力，更加自觉地抵御资本主义错误观念的影响；不仅有助于促进大学生更好地认识自身所存在的问题，对社会主义核心价值观有更深刻的认识与理解，而且还有助于提高其自身的思想道德素质与文化修养，实现自我发展。

（3）有助于社会主义核心价值观的确立和传播

当代大学生社会主义核心价值观认同教育有助于更好地确立、传播社会主义核心价值观。通过大学生社会主义核心价值观认同教育的研究，使社会主义核心价值观由深奥到通俗、由抽象到具体，与大学生的学习、生活连为一体，让大学生对社会主义核心价值观真学、真信、真践行，使社会主义核心价值观得以确立。

（4）有助于促进大学生成长成才

当代大学生社会主义核心价值观认同教育有助于促进大学生成长成才。通过加强大学生社会主义核心价值观认同教育，使大学生可以理解、接受、树立社会主义核心价值观，不断完善自身的道德品格，促进大学生自身顺利成长，真正成才。

（5）有助于增强大学生价值观自信

加强大学生社会主义核心价值观认同教育，有助于使大学生意识到社会主流价值观的重要性，更好地结合社会时政分析利弊，有利于增强其价值观自信，加深他们对主流价值观念的信服力，提高大学生自觉抵御西方错误观念的能力，增强其文化自觉与文化自信，从而为实现中华民族伟大复兴的"中国梦"提供强大的精神支撑。

（6）有助于增强社会实践能力

加强大学生社会主义核心价值观认同教育，有利于更有针对性地开展各项社会实践活动，从而创新认同教育的教育形式，优化认同教育的教育环境，拓宽认同教育的实践渠道，真正实现大学生对社会主义核心价值观的认同。当前社会生活中有很多社会实践活动，但很少有针对大学生群体进行社会主义核心价值观认同教育的实践活动，这就使得大学生对社会主义核心价值观产生距离感，造成了大学生思想上的迷茫与认同缺失。而开展有针对性的大学生社会主义核心价值观认同教育以及实践活动，对过程当中的具体问题具体分析，强化社会主义核心价值观对当代大学生的引导，则可以促进大学生在实践中加深对社会主义核心价值观认同，以更加积极主动的心态去认知、认同社会主义核心价值观，提高其认同自觉性，使认同教育能够更加有效。①

（7）有助于构建社会主义核心价值观认同教育理论框架

加强大学生社会主义核心价值观认同教育，有利于构建社会主义核心价值观认同教育理论框架。围绕大学生这一认同受众，从国家需要、学生成长需求与发展规律的角度，基于心理学和社会学对价值观认同的界定，明晰社会主义核心价值观认同的概念以及所延伸出的理论品质和现实意义，围绕社会主义核心价值观教育的内涵和功能，以现状和路径维度剖析社会主义核心价值观认同教育的现实性和导向性，从而为大学生社会主义核心价值观认同教育研究提供理论基础。

（8）有助于更好地构建社会主义核心价值观认同教育体系

加强大学生社会主义核心价值观认同教育，有利于建立大学生社会主义核心价值观认同教育体系。从认知、情感和行为三个维度，以课堂教学、文化引领、社会实践为主要形式，全方位、全过程、全员参与为有力保障，构建社会主义核心价值观认同教育体系，使学生通过理性认知、情感认同和行为认同，将社会主义核心价值观内化于心、外化于行，以提升社会主义核心价值观的指导力、凝聚力、亲和力和践行力。

---

① 朱本霞：《大学生社会主义核心价值观认同教育研究》，南京师范大学硕士论文，2017年4月，第2页。

(9) 有助于建立认同教育效果评价机制

加强大学生社会主义核心价值观认同教育，有利于构建大学生社会主义核心价值观认同教育效果评价机制。从社会、学校和学生的视角出发，研究学生在接受体系化教育之后，对社会主义核心价值观认同度的提高程度，提出能够有效提升认同度的关键教育手段和方式，为深入开展社会主义核心价值观认同教育提供实用性参考。

四、当代大学生社会主义核心价值观认同教育的核心内容

社会主义核心价值观作为当今中国最根本的价值追求，所具有的先进性可以对当代大学生的思想进步起到引领作用。而教育是传播核心价值观最重要、最直接的途径，是形成社会成员广泛价值认同的关键环节。高校作为主流价值观传播的主阵地，可以通过多种形式的教育，潜移默化地增强大学生对社会主义核心价值观的认同情感，使大学生在思想上认知、情感上认同社会主义核心价值观内容，熟知它的内涵，不断增强大学生对社会主义核心价值观认知认同、理论认同、政治认同、情感认同和行为认同。同时使大学生发自内心地接受社会主义核心价值观，并将其深入到自己的头脑，成为大学生群体普遍遵循的价值观，成为引导、规范大学生群体思想、行为的主导价值观，使其在大学生的价值观念中成为"核心"，并促使他们对社会主义核心价值观真学、真信、真践行。

1. 当代大学生社会主义核心价值观认同教育内容

(1) 教育起点

马克思主义基本原理是当代大学生社会主义核心价值观认同教育的起点，以马克思主义基本原理和方法论以及价值观认同理论为基础，深入探讨认同的内化机理、准确把握大学生认同与践行核心价值观的辩证互动关系，研究大学生价值观形成、发展与教育的基本规律。马克思主义认识论为"认同教育"提

供了科学规律，揭示了大学生认同社会主义核心价值观形成、发展与教育的基本规律，为大学生社会主义核心价值观认同教育提供了科学的认知方法系统；同时马克思主义认识论还为大学生认同社会主义核心价值观提供了科学的认知历程。马克思主义唯物辩证法为认同教育确立了根本方法，马克思主义唯物辩证法中对立统一规律、质量互变规律、否定之否定规律等三大基本规律也是大学生认同社会主义核心价值观的根本方法；马克思主义实践论为"认同教育"指明了体验路径。马克思说："社会生活本质上是实践的。"大学生要真正理解、准确把握社会主义核心价值观的内涵，就必须通过社会实践。

（2）教育重点

中国特色社会主义理论体系是当代大学生社会主义核心价值观认同教育的重点，中国特色社会主义是科学社会主义理论逻辑与中国社会发展历史逻辑的辩证统一。中国特色社会主义理论体系是中国共产党在改革开放和社会主义现代化建设实践中不断解放思想、实事求是、与时俱进、求真务实创立和发展起来的，它的每一步进程都透射出与时俱进的鲜明特征，充分体现着当代中国社会发展的历史逻辑，是中国特色社会主义的理论载体。中国特色社会主义理论体系包括邓小平理论、"三个代表"重要思想、科学发展观以及习近平新时代中国特色社会主义思想，是对马克思列宁主义、毛泽东思想的坚持和发展。邓小平理论是中国特色社会主义理论体系的开拓和奠基之作；"三个代表"重要思想是中国特色社会主义理论体系中承上启下的中间环节，是立党之本、执政之基、力量之源；科学发展观是立足社会主义初级阶段基本国情，总结我国发展实践，借鉴国外发展经验，适应新的发展要求提出来的；习近平新时代中国特色社会主义思想，是对马克思列宁主义、毛泽东思想、邓小平理论、"三个代表"重要思想、科学发展观的继承和发展，是马克思主义中国化最新成果，是全党和全国人民实践经验和集体智慧的结晶，是中国特色社会主义理论体系的重要组成部分。其中，邓小平理论确立了认同的现代思想基础，"三个代表"重要思想明确了认同的现代价值原则，科学发展观奠定了认同的现代人本底蕴，习近平新时代中国特色社会主义思想是全党全国人民为实现中华民族伟大复兴中国梦而不断奋斗的行动指南。

2. 当代大学生社会主义核心价值观认同教育体系构建

结合大学生社会主义核心价值观认同现状和教育基本规律，科学规划以"理性认知，文化认同，行为认同"为主线的认同教育体系，探索大学生践行核心价值观的动力机制和外化途径。

（1）大学生社会主义核心价值观认同教育的基础

一是运用马克思主义基本理论和方法，研究社会主义核心价值观的理论基础，破解其形成和发展过程；二是以全国部分高校学生为样本，研究收集大学生对核心价值观认同感现状和高校社会主义核心价值观认同教育情况；三是依据大学生认识和实践中存在的突出问题和教育过程中的薄弱环节，分析其形成的原因及对策。

（2）大学生社会主义核心价值观理性认知教育

一是以马克思主义理论课和思想政治教育课等为理论教育主渠道，通过对国家、社会、个人层面价值观目标实现的路径研究，总结通过课堂系统学习明确社会主义核心价值观目标真谛的具体举措，探讨理论学习在社会主义核心价值观认同教育中的基础作用和创新举措；二是以理论论坛和沙龙为课外教育途径，探讨社会主义核心价值观与多元价值互动对话的必要性和引领作用。

（3）大学生社会主义核心价值观文化认同教育

一是以研究优秀传统文化教育的形式，探讨如何用传统文化思想精华和道德精髓引导学生领会社会主义核心价值观的内涵；二是以研究校园环境文化教育的载体，探讨如何用校园文化环境潜移默化地感染学生认同社会主义核心价值观；三是以研究弘扬大学精神的途径，探讨如何用大学精神熏陶学生塑造与社会主义核心价值观相一致的精神品格；四是以研究文化教育活动的内容，探讨如何通过教育的关键点和关键环节提升社会主义核心价值观认同教育的实效性和针对性。

(4) 大学生社会主义核心价值观行为认同教育

一是以诚信教育作为行为认同的准则，研究如何引导学生在价值规范的约束下完成自身心理的调适；二是以典型引领作为行为认同的动力，研究如何引导学生在榜样力量的感召下勇于践行社会主义核心价值观；三是以创新创业教育作为行为认同的抓手之一，研究如何引导学生将践行社会主义核心价值观具化为学习行动；四是以社会实践作为行为认同的抓手之二，研究如何引导学生在社会中发挥对践行社会主义核心价值观的带动作用。

3. 当代大学生社会主义核心价值观认同教育途径

(1) 发挥大学生主体性、主动性

坚持主体性原则，充分发挥大学生作为受教育者的主体性、能动性与积极性，同时尊重大学生的多样性，以更好地实现认同教育目标的根本性原则。

(2) 依托新媒体，坚持理论学习与教育相结合

坚持理论学习与教育相结合，利用网络新媒体手段，扩展大学生社会主义核心价值观认同教育渠道。当前，在互联网新时代的大环境下，任何事物的发展都离不开互联网的影响，依托于互联网新媒体可以更好地传播和发展新生事物；而当代大学生成长在网络时代，深受网络信息化影响，社会主义核心价值观认同教育要借助互联网教育手段，更加贴近大学生，从而使社会主义核心价值观认同教育取得更好效果。

(3) 加强政治理论学习做好思想引导

加强理论知识学习，增强大学生的社会责任感，始终坚持教育与自我教育相结合。大学阶段是人生中学习成长的最重要时期之一，是大学生世界观、人生观、价值观形成的关键期。大学阶段加强政治理论学习，认真学习公共政治理论课，认真学习马克思主义基本理论，认真学习毛泽东思想和邓小平理论，认真学习习近平新时代中国特色社会主义思想，深化对习近平新时代中国特色社会主义思想的领悟和把握，正确认识社会主义核心价值观，可以增强社会主义核心价值观认同教育，对于人生价值有着更好的引导与启发作用；同时大学

生有较强的自我教育能力，能更加主动、自觉、有效地参与认同教育活动，从而促使教育目标更好地实现。

(4) 充分发挥大学生思想政治教育骨干力量的作用

依托高校力量，强化思想政治理论课的主渠道作用，加强班主任和高校辅导员的作用，以增强社会主义核心价值观认同教育的效果。辅导员、班主任是大学生思想政治教育的骨干力量，辅导员按照党委的部署有针对性地开展思想政治教育活动，班主任负有在思想、学习和生活等方面指导学生的职责。辅导员是高等学校学生日常思想政治教育和管理工作的组织者、实施者、指导者。辅导员应当努力成为学生成长成才的人生导师和健康生活的知心朋友。班主任、辅导员在对大学生进行社会主义核心价值观认同教育时，应结合大学生自身的特点以及自我定位、学习目标来开展针对性教育活动，加强大学生爱国主义教育、人生理想信念教育、诚信教育等，切实营造大学生对社会主义核心价值观认同的浓厚氛围，从而强化社会主义核心价值观认同教育。

(5) 坚持传统文化与校园文化相结合助推认同教育

传承优秀传统文化，创建高品位的大学校园文化，与时俱进地助推认同教育。中华民族优秀传统文化是社会主义核心价值观的重要思想来源，它为社会主义核心价值观提供了丰富滋养。大学生通过亲身的感悟认识到传统文化是社会主义核心价值观的价值之源，从而帮助大学生树立文化自信，增加民族自豪感，加深对社会主义核心价值观的认同，增强文化认同和国家认同。应继承发扬优秀传统文化，通过实际行动来加强社会主义核心价值观认同教育。而校园制度文化有着指导性、约束性的特点，高校的制度不仅仅体现在说、教、规范等方式上，还体现在与思想精神和道德理念相结合上。在校园制度中融入社会主义核心价值观的重要思想，可与之形成有机的统一体，以校园制度文化建设增进大学生的心理认同。构建和谐的校园文化，是提高当代大学生社会主义核心价值观认同教育必不可少的重要条件。

4. 强化社会实践在社会主义核心价值观认同教育中的作用

社会主义核心价值观的认同培育需经过教育引导、实践养成、制度保障等多种举措来实现。有序推进大学生群体核心价值观认同培育，社会实践是最好的渠道和方式方法，大学生群体将理论学习与实践运用有机融合，可实现社会主义核心价值观认同与实践育人相统一。

(1) 重视校园文化在认同教育中的作用

加强社会主义核心价值观教育，重视校园文化的价值主导，在高校文化建设中，突出社会主义核心价值观的主旋律教育。通过中心组学习、教职工政治学习，加强教师队伍的理论武装；通过主题班会、组织生活等多种形式，结合重大节日开展主题教育活动，营造校园氛围、引领校园舆论，以中国特色社会主义共同理想培养学生的宽阔胸怀和奋斗品质，以民族精神和时代精神培养学生的爱国情怀和创新能力。

(2) 将社会主义核心价值观融入校园文化管理

将社会主义核心价值观融入校园文化管理，确保校园文化可管可控，一方面加强制度化管理，将社会主义核心价值观的丰富内涵与校园文化活动相结合，形成具体的管理文件，以确保校园文化发展的正确导向；另一方面把握舆论动态，不仅要从正面积极建设健康向上的校园文化，还要关注校园文化中负面的思想和言论，做到时时监控、及时引导，进而充分、有效地发挥社会主义核心价值观的引领作用。

(3) 突出学校校园文化特色

把社会主义核心价值观渗入校园文化活动，打造良性的文化氛围。良性的校园文化氛围的产生，实际上有赖于文化自身对师生"春风化雨"般的"内化"功能。以哈尔滨工程大学为例，为传扬"哈军工文化"核心价值体系，哈尔滨工程大学建设了兼具教育与文化功能的"哈军工文化园"，包含了军工历史区、文化景观区、船海特色区和军工纪念馆、海洋文化馆，更好地增强了"哈军工文化园"的教育能力和开放能力，以引领学生成长成才，培育学生建立先进健康的核心价值观。"哈军工文化园"的成功，证明了社会主义核心价值观对校园文化建设的指导性作用需要通过丰富多彩的文化形式来实现。

（4）抢占价值观教育网络新媒体新阵地

创新社会主义核心价值观的网络宣传形式，建设校园文化的新阵地。校园新媒体作为新生代信息传播平台，在高校中迅速被广大青年接纳，微博、微信、网络论坛、博客等新媒体互动平台，凭借直接、便捷等卓越优势，为不同的思想观念和思维方式打开了交流与碰撞的机会，已然成为校园文化传播的重要路径。利用网络这一新媒体平台，把握网络文化建设的主动权，积极开展高校网络平台建设，打造出独具校园魅力的品牌门户网站，加强校园网核心价值观教育主题网站和主题网页建设，积极开展各种线上网络核心价值观教育活动。积极拓展网上社会主义核心价值观教育阵地，加强社会主义核心价值观主题教育网站建设，使大学生可以随时随地阅读和下载有关学习资料。打造具有时代特色、地域情怀的网络文化圈，将为社会主义核心价值观的传播与弘扬提供行之有效的技术依托，从而推进校园文化新阵地的建设。

第二章　大学生社会主义核心价值观认同教育理论框架

大学生社会主义核心价值观认同教育的理论框架，是大学生社会主义核心价值观认同教育理论研究和实践所依据的理论基础。理论框架具体包括马克思主义基本原理、中国特色社会主义理论和西方价值认同理论。大学生社会主义核心价值观认同教育是一项科学性、系统性极强的教育工程，对教育的内容、模式、方法、队伍、评价等都有很高的要求。因此，只有在科学理论的指导和支撑下，科学、完整、系统的大学生社会主义核心价值观认同教育体系才能构建并运行。

一、马克思主义基本原理是认同教育的逻辑起点

马克思主义基本原理是大学生社会主义核心价值观认同教育的逻辑起点，马克思主义基本原理包括马克思主义认识论、马克思主义实践论和马克思主义方法论。其中，马克思主义认识论为认同教育提供了科学世界观；马克思主义唯物辩证法为认同教育确立了根本方法；马克思主义实践论为认同教育指明了认同的体验路径。

1. 马克思主义认识论为认同教育提供了科学规律

马克思主义认识论揭示了大学生认同社会主义核心价值观形成、发展与教

育的基本规律，为大学生社会主义核心价值观认同教育提供了科学的认知方法系统。认识论认为，认识的主体是处在一定社会条件下的具有社会性的现实的人，是从事改造世界活动的实践着的人，认识的主体最本质的特性是它的社会性、实践性。认同的主体是处在一定社会关系中的人，认同的客体就是认同主体通过理论认知和社会实践活动相结合后认同的对象，是和主体发生联系并融入主体实践活动领域的一切客观事物。就本书而言，认同主体是大学生群体，认同的客体是社会主义核心价值观。认同作为理性认识的高级形式，必须以马克思主义认识论为指导。作为认同主体的大学生在对社会主义核心价值观认同的过程中，也必须是以社会实践为基础的马克思主义认识论为指引的。只有在马克思主义认识论的正确指导下，大学生才能真正准确把握社会主义核心价值观的思想精髓，才能通过社会实践将社会主义核心价值观内化为自身个体价值观。大学生对社会主义核心价值观的认同实质上是认同主体在对社会主义核心价值观理性认识的基础上，从正反两面具体分析树立社会主义核心价值观后给自己、给社会带来的利弊后，再进行价值选择的过程。

  马克思主义认识论为大学生社会主义核心价值观认同教育提供了科学完整的认知历程。大学生对社会主义核心价值观认同的一般过程要经过三个阶段，第一阶段为认知阶段，即指大学生对社会主义核心价值观的了解、感知和认识，这是大学生对社会主义核心价值观认同的逻辑起点。这一阶段相当于大学生对社会主义核心价值观认同的初级阶段，因为在这一阶段中，大学生只是对社会主义核心价值观的意义、地位、作用和要求有了自己的理解，但对其科学性、正确性和必要性不一定认可。而认知认同则是大学生在认知的基础上对社会主义核心价值观表示承认、认可和赞同；而且，认知认同需要在不同的时间内多次循环往复进行，才能达到大学生对其涵盖知识全面而深入理解的程度，并达到熟知与承认，进而实现认知认同。第二阶段为内化阶段，即指大学生在社会主义核心价值观认知认同的基础上，对自己已有的价值观念进行重构，将社会主义核心价值观转化为自己的价值准则和行为规范，形成符合社会主义核心价值观的新的价值观念。列宁指出："没有情感，就不可能有人对真理的追求。"[①]内化阶段的认同属于情感阶段的认同。第三阶段为外化阶段，指大学生在形成符合社会主义核心价值观的新的价值观念后，自觉地将其作为指导自己实践的价值准则和行为规范，进而转化为良好的行为，形成良好的习惯，实现知行统一。

大学生认同社会主义核心价值观的三个阶段，每一阶段都是感性认识和理性认识相互交错的过程，必须以马克思主义认识论为科学的认知规律。

2. 马克思主义唯物辩证法为认同教育确立了根本方法

马克思主义唯物辩证法中联系的观点和发展的观点，为大学生社会主义核心价值观认同教育提供了内化机理，阐明了认同与实践的辩证关系。客观事物普遍联系和科学发展的重要表现就在于它的系统性，客观事物相互作用是以系统的形式存在的，系统具有整体性和有序性。大学生社会主义核心价值观认同教育是一个系统工程，包括理论认知教育体系、文化认同教育体系和行为认同教育体系三个子系统。这三个子系统相互联系、相互依存，理论认知教育体系是文化认同教育体系、行为认同教育体系的前提；文化认同教育体系、行为认同教育体系是理论认知教育体系的目的。构建认同的理论认知教育体系，必须运用唯物辩证法联系和发展的观点，才能使该体系科学化、合理化，才能让大学生易于理解、易于接受。文化认同教育体系、行为认同教育体系是在理论认知教育体系基础上形成的，是大学生通过显性的学习、实践、体验和内在的思辨、选择、融合等活动，将社会主义核心价值观的思想精髓逐步融入自身价值观并不断固化的运行方式的总和。文化认同教育体系、行为认同教育体系不仅要运用到唯物辩证法的根本认识方法和思维方法，还要运用抽象到具体、归纳和演绎、分析和综合等方法。在大学生认同社会主义核心价值观的思维过程中，对思想材料进行"去粗取精、去伪存真"的加工制作。

---

① 《列宁全集》第20卷，人民出版社1972年版，第225页。

马克思主义唯物辩证法中的三大基本规律也是大学生社会主义核心价值观认同教育的根本方法。唯物辩证法有对立统一、质量互变、否定之否定等三大基本规律，其中对立统一规律是核心，它是揭示事物普遍联系的根本内容和事物发展的内在动力。矛盾分析法是认识事物的根本方法，大学生社会主义核心价值观认同教育的研究与实践必须运用矛盾分析法；只有运用矛盾分析法，大学生才能在对社会热点问题的思考中强化对社会主义核心价值观的情感认同，才会在纷繁复杂的社会思潮中理性选择社会主义核心价值观。质量互变规律是指量变和质变的相互关系，量变是质变的必要准备，质变是量变的必然结果。在大学生社会主义核心价值观认同教育的实施过程中，大学生的价值观变化必然要经历由量变到质变转变的过程，也就是大学生通过不断的理论学习和社会实践，在理论与实践的相互映衬下，逐步深化对社会主义核心价值观的理解和感悟，并将其内化为自身价值观而达到内心深处的认同。否定之否定规律实质上就是自我扬弃，它是连续性和非连续性的统一。大学生在接受社会主义核心价值观认同教育的过程中，也会经历自我扬弃的阶段。因此，矛盾分析法、质量互变规律以及自我扬弃法为大学生社会主义核心价值观认同教育确立了根本方法。

3. 马克思主义实践论为认同教育指明了体验路径

马克思说："社会生活本质上是实践的。"[①] 实践论指出，认识活动和实践活动是主体和客体相互作用的两个侧面，是对立统一关系。在认识和实践的相互关系中，实践是认识的基础，对认识起决定作用。马克思主义实践论为大学生社会主义核心价值观认同教育提供了系统、完整的体验路径。大学生要深入理解、准确把握社会主义核心价值观的内涵，必须通过社会实践这条必由之路来实现。大学生只有通过日常的学习生活、寒暑假社会调研、志愿者服务、"三下乡"等社会实践活动，才能对社会主义核心价值观从理性认同上升到情感认

[①] 《马克思恩格斯选集》第1卷，人民出版社1972年版，第18页。

同乃至行为认同。

实践的观点指明了大学生社会主义核心价值观认同教育的体验路径，大学生对社会主义核心价值观的认同与接受，更多地需要发挥其自身主观能动性，要靠在实践中体验、选择、形成和巩固。因此，大学生的社会实践应该作为大学生思想政治教育工作者的工作重点，帮助和指导大学生走进社会，全面认识世情、国情、社情和民情。一方面，把大学生社会实践课程化、体系化，努力探索建立大学生社会实践的长效机制，把大学生社会实践切实纳入学校教学计划，设置实践学分，扎实开展教学实践、专业实习、社会调查等专题实践活动；另一方面，更要重视大学生的日常生活实践。大学生的日常学习、生活本身就是一本良好的社会实践教材，他们从家庭中接受传统，在学习中感受发展，在交往中理解社会。只是这种感受、理解往往没有引起重视。如果我们能够引导学生以哲学的审视和反思态度观察和总结生活，就会极大地加深学生对生活、社会、世界的了解。这是最生动的每时每刻都在发生的社会实践活动，也是大学生认同社会主义核心价值观最普通、平凡的体验路径。

二、中国特色社会主义理论是认同教育的理论支点

中国特色社会主义理论体系包括邓小平理论、"三个代表"重要思想、科学发展观及习近平新时代中国特色社会主义思想等重大战略思想，是大学生社会主义核心价值观认同教育的理论支点。其中，邓小平理论奠定了认同的现代思想基础，"三个代表"重要思想指明了认同的现代价值原则，科学发展观提供了认同的现代人本底蕴，习近平新时代中国特色社会主义思想确立了认同教育的本质核心。

1. 邓小平理论奠定了认同教育的现代思想基础

邓小平理论是我国社会主义核心价值观建设的奠基性思想宝库，为大学生认同社会主义核心价值观奠定了现代思想基础。邓小平对社会主义核心价值思

想的认识是在我国社会主义建设和改革开放实践的基础上产生和形成的，经历了一个从破到立、从自发到自觉、从不成熟到成熟的发展过程。邓小平理论的思想精髓"三个有利于"标准、民主法制思想、精神文明建设理论构成了邓小平社会主义核心价值观的基本点，是大学生认同社会主义核心价值观的根本出发点。"三个有利于"为大学生认同社会主义核心价值观设立了基本标准。邓小平多次在中央会议上强调："没有贫穷的社会主义，社会主义的特点不是穷，而是富。"① "社会主义时期的主要任务是发展生产力，是社会物质财富不断增长，不能有穷的社会主义。"② "我们不要资本主义，但是我们也不要贫穷的社会主义，我们要发达的、生产力发展的、使国家富强的社会主义。"③ 他多次明确提出："社会主义的本质，是解放生产力，发展生产力，消灭剥削，消除两极分化，最终达到共同富裕。""社会主义经济政策对不对，归根到底要看生产力是否发展，人民收入是否增加。"④ "各项工作都要有助于建设有中国特色的社会主义，都要以是否有助于人民的富裕生活，是否有助于国家的兴旺发达，作为衡量做得对或不对的标准。"⑤ 1992年，邓小平在南方讲话中提出"三个有利于"标准："判断的标准，应该主要看是否有利于发展社会主义社会的生产力，是否有利于增强社会主义国家的综合国力，是否有利于提高人民的生活水平。"⑥ 邓小平立足国情，放眼世界，正确阐述了社会主义的本质，提出了衡量社会主义的"三个有利于"标准，为大学生社会主义价值观认同教育奠定了坚实的思想基础。

民主法制思想为大学生社会主义核心价值观认同教育奠定了政治基础，邓小平高度重视民主，认为"没有民主就没有社会主义，就没有社会主义的现代

---

① 《邓小平文选》第2卷，人民出版社，1993年版，第265页。
② 《邓小平文选》第2卷，人民出版社，1993年版，第172–173页。
③ 《邓小平文选》第2卷，人民出版社，1993年版，第223–224页。
④ 《邓小平文选》第2卷，人民出版社，1993年版，第314页。
⑤ 《邓小平文选》第2卷，人民出版社，1993年版，第23页。
⑥ 《邓小平文选》第2卷，人民出版社，1993年版，第372页。

化"①。"一定要向人民和青年着重讲清楚民主问题"。他强调,"中国人民今天所需要的民主,只能是社会主义民主或称人民民主,而不是资产阶级的个人主义的民主"②。不能照搬西方资产阶级的多党竞选、三权分立、两院制,社会主义国家"如果追求形式上的民主,结果是既实现不了民主,经济也得不到发展,只会出现国家混乱、人心涣散的局面"③。社会主义民主必须法制化,这是邓小平核心政治价值观的特色。他深刻指出:"要加强民主就要加强法制。没有广泛的民主是不行的,没有健全的法制也是不行的。"因此,他坚决主张"必须使民主制度化、法律化,使这种制度和法律不因领导人的改变而改变,不因领导人的看法和注意力的改变而改变"。"我们要在大幅度提高社会生产力的同时,改革和完善社会主义的经济制度和政治制度,发展高度的社会主义民主和完备的社会主义法制"④。这些民主法制思想为大学生社会主义核心价值观认同教育奠定了坚实的政治基础,具有非常重要的意义。

精神文明建设理论为大学生社会主义核心价值观认同教育奠定了思想道德基础,邓小平多次强调:"我们要在建设高度的物质文明的同时,提高全民族的科学文化水平,发展高尚的丰富多彩的文化生活,建设高度的社会主义精神文明。"⑤ 所谓精神文明,"不但是指教育、科学、文化(这是完全必要的),而且是指共产主义的思想、理想、信念、道德、纪律,革命的立场和原则等"⑥。"国际主义、爱国主义都属于精神文明的范畴"⑦。这些论断与我们现在构建社会主义核心价值体系的基本内容是相吻合的。他还提出:"我们一定要经常教育我们的人民,尤其是我们的青年,要有理想。"⑧ 使青少年"成为有很高的政治

---

① 《邓小平文选》第2卷,人民出版社,1993年版,第265页。
② 《邓小平文选》第2卷,人民出版社,1993年版,第172-173页。
③ 《邓小平文选》第3卷,人民出版社,1993年版,第284页。
④ 《邓小平文选》第2卷,人民出版社,1993年版,第333、189、146、208页。
⑤ 《邓小平文选》第3卷,人民出版社,1993年版,第208页。
⑥ 《邓小平文选》第2卷,人民出版社,1993年版,第367页。
⑦ 《邓小平文选》第3卷,人民出版社,1993年版,第28页。
⑧ 《邓小平文选》第3卷,人民出版社,1993年版,第110页。

责任心和集体主义精神,有坚定的革命思想和实事求是、群众路线的工作作风,严守纪律,专心致志地为人民积极工作的劳动者"①。邓小平对社会主义精神文明的科学内涵、根本目标、地位作用、指导思想及实施策略做了系统阐述,为大学生认同社会主义核心价值观做了充分的思想准备,为大学生社会主义核心价值观认同教育奠定了良好的道德基础。如果说社会主义核心价值观在改革开放之前还处在理论必然的预设期,那么邓小平则揭示了社会主义核心价值观实现的现实途径和方法,从而真正使社会主义核心价值观从理想走向现实。

2."三个代表"重要思想指明了认同教育的现代价值原则

"三个代表"重要思想为我国社会主义改革和社会主义现代化建设指出了正确的价值取向,也为大学生社会主义核心价值观认同教育指明了基本价值导向。江泽民同志对核心价值观的建设给予了极大关注,虽然没有直接使用"社会主义核心价值体系""社会主义核心价值观"等范畴,但从他提出"三个代表"重要思想体系来看,实际上已经触及了社会主义核心价值观问题。"三个代表"重要思想不仅为社会主义核心价值观的构建提供了丰厚的思想资源,还为大学生认同社会主义核心价值观明确了现代价值原则。

我们党要始终代表中国先进生产力的发展要求,是中国特色社会主义现代化建设的最高价值理想,也为大学生社会主义核心价值观认同教育明确了价值目标。始终代表中国先进生产力的发展要求,"就是党的理论、路线、纲领、方针、政策和各项工作,必须努力符合生产力发展的规律,尤其要体现推动先进生产力发展的要求,通过发展生产力不断提高人民群众的生活水平"②。"先进生产力"的发展要求不仅限于生产力有关的范围和领域,还涵盖社会生活的各个领域,包括文化建设和价值观的建构。为保证我国在激烈的国际竞争中把握主动权,就必须集结全国人民的智慧,凝心聚力搞建设,一心一意求发展,无

---

① 《邓小平文选》第 2 卷,人民出版社,1993 年版,第 106 页。
② 江泽民:《在庆祝中国共产党成立八十周年大会上的讲话》,人民出版社 2001 年版,第 13 页。

论遇到什么情况都不能动摇经济建设这个中心，必须时刻关注先进生产力发展的新特点和新趋势，掌握先进的科学知识，创新高新科学技术，始终代表先进社会生产力的发展要求。构建社会主义核心价值观就是要解决我国凝聚力和创造力的问题。因此，我党始终代表先进社会生产力的发展要求，为大学生认同社会主义核心价值观确立了现代价值目标原则。

我们党要始终代表中国先进文化的前进方向，是中国特色社会主义文化建设的价值原则，也是大学生社会主义核心价值观认同教育的方向原则。始终代表中国先进文化的前进方向"就是党的理论、路线、纲领、方针、政策和各项工作，必须努力体现发展面向现代化、面向世界、面向未来的，民族的科学的大众的社会主义文化的要求，促进全民族思想道德素质和科学文化素质的不断提高，为我国经济发展和社会进步提供精神动力和智力支持"[①]。十九大报告指出，"中国特色社会主义文化，源自中华民族五千多年文明历史所孕育的中华优秀传统文化，熔铸于党领导人民在革命、建设、改革中创造的革命文化和社会主义先进文化，植根于中国特色社会主义伟大实践"。而社会主义核心价值观既内含中国优秀传统文化的精华，又融合了马克思主义的经典，它是我国社会主义政治文明建设、社会主义精神文明建设和社会主义文化发展和繁荣的价值理想和价值目标。始终代表先进文化的前进方向，就是指在社会主义核心价值观的引领下建设中国特色社会主义文化，这就必须以马克思主义为指导，以中国特色社会主义共同理想为灵魂，以弘扬爱国主义和时代精神为主题，不断吸纳人类思想文化的优秀成果，逐步提高全国人民的思想道德素质和科学文化素质。社会主义核心价值观代表着中国先进文化的前进方向，实施大学生社会主义核心价值观认同教育就是坚持中国先进文化的前进方向。

我们党要始终代表中国最广大人民的根本利益是大学生社会主义核心价值观认同教育的主体价值原则。党把人民群众的利益和要求当作最高价值标准，

---

① 江泽民：《在庆祝中国共产党成立八十周年大会上的讲话》，人民出版社2001年版，第13页。

始终代表中国最广大人民的根本利益,"就是党的理论、路线、纲领、方针、政策和各项工作,必须坚持把人民的根本利益作为出发点和归宿,充分发挥人民群众的积极性主动性创造性,在社会不断发展进步的基础上,使人民群众不断获得切实的经济、政治、文化利益"①。江泽民指出:"我们党始终坚持人民的利益高于一切。党除了最广大人民的利益,没有自己特殊的利益。党的一切工作,必须以最广大人民的根本利益为最高标准。全党同志要始终坚持一切为了群众、一切依靠群众的根本观点,坚持党的群众路线,深入群众,深入基层,倾听群众呼声,反映群众意愿,集中群众智慧,使各项决策和工作符合实际和群众要求。所有党员干部必须真正代表人民掌好权、用好权,而绝不允许以权谋私,绝不允许形成既得利益集团。"②党把人民群众作为最高价值主体和评价主体,把人民群众的利益和要求当作最高价值标准和评价标准,这也正是大学生社会主义核心价值观认同教育的价值评价原则。

3. 科学发展观提供了认同教育的现代人本底蕴

科学发展观为我国社会主义核心价值观建设明确了价值方向和价值目标。胡锦涛同志从新世纪新阶段的国情出发,提出了科学发展观、构建社会主义和谐社会、建设社会主义新农村、建设创新型国家、树立社会主义荣辱观等一系列重大战略思想。这些理论成果都蕴涵着以人为本思想和丰富的社会主义核心价值理念。党的十七大报告进一步彰显了以胡锦涛为核心的党中央建设社会主义核心价值体系的坚定信念和决心。

科学发展观以人为本思想为大学生社会主义核心价值观认同教育提供了现代人本底蕴。"以人为本"的本质按照马克思主义的经典解释就是人的全面发展。人的全面发展必然要求人、自然和社会的内在和谐,要求国家在政治、经济、文化社会和生态方面的协调发展。简言之,"以人为本"的科学发展观是

---

① 江泽民:《在庆祝中国共产党成立八十周年大会上的讲话》,人民出版社2001年版,第21页。
② 江泽民:《在庆祝中国共产党成立八十周年大会上的讲话》,人民出版社2001年版,第23页。

"人的自由全面发展"这一马克思主义最高命题的逻辑要求和现代表现。事实上,"以人为本"的科学发展观就是以"每个人的发展"为逻辑起点,包含其劳动过程、社会关系和综合素质诸方面的全面协调发展。从发展的趋势看,"以人为本"的社会主义核心价值目标就是"人的自由全面发展"。"以人为本"作为科学发展观本质和核心,就是要突出人在社会历史发展中的主体作用;就是要尊重人的基本需求、合法权益和独立人格,促进人的全面发展,让全体人民共享社会发展的成果;就是要把广大人民群众的根本利益作为我们一切工作的出发点和落脚点。"以人为本"作为科学发展观的核心价值原则,表明我们党对发展的本质、目的和意义有了更为深刻的认识。发展的本质是人的发展,创造物质财富和精神财富也是为了人更好的发展;发展的目的是为了满足人民日益增长的物质文化需要和精神文化需要;发展的意义在于社会的不断文明进步和人民生活质量的普遍提高,在于全体人民在不断提高生产效率的基础上共同分享社会发展的成果,从而实现人自身的全面发展。正是在这个意义上,我们说科学发展观的以人为本思想为大学生对社会主义核心价值观的认同提供了现代人本底蕴。

"以人为本"是构建社会主义和谐社会的价值原则,也是大学生认同社会主义核心价值观的价值取向。当代中国,以人为本中的"人"就是指广大人民群众,既包括工人、农民、知识分子等劳动者主体,也包括民营企业家、商人、文艺工作者等中国特色社会主义的建设者。"本"就是根本,就是出发点、落脚点,就是最广大人民群众的根本利益。"以人为本",就是"要以实现人的全面发展为目标,从人民群众的根本利益出发谋发展、促发展,不断满足人民群众日益增长的物质文化需要,让发展的成果惠及全体人民"[①],"就是要把人民的利益作为一切工作的出发点和落脚点,不断满足人们的多方面需求和促进人的全面发展。具体地说,就是在经济发展的基础上,不断提高人民群众物质文化

---

① 胡锦涛:《在十六届四中全会第一次全体会议上的讲话》,载《人民日报》,2004年9月16日。

生活水平和健康水平;就是要尊重和保障人权,包括公民的政治、经济、文化权利;就是要不断提高人们的思想道德素质、科学文化素质和健康素质;就是要创造人们平等发展、充分发挥聪明才智的社会环境"①。

以人为本是构建和谐社会的价值基础,也为大学生社会主义核心价值观认同教育提供了人文基础。此外,科学发展观内含的科学精神、创新精神、务实精神,倡导的统筹原则、协调原则、公平原则、效率原则,和社会主义核心价值观的基本内容一脉相承,集中而鲜明地体现了社会主义核心价值观。因此,大学生认同了科学发展观也理应认同社会主义核心价值观。

4. 习近平新时代中国特色社会主义思想确立了认同教育的本质核心

党的十九大报告明确指出:"社会主义核心价值观是当代中国精神的集中体现,凝结着全体人民共同的价值追求。要以培育担当民族复兴大任的时代新人为着眼点,强化教育引导、实践养成、制度保障……","要以培养担当民族复兴大任的时代新人为着眼点,强化教育引导、实践养成、制度保障,发挥社会主义核心价值观对国民教育、精神文明创建、精神文化产品创作生产传播的引领作用,把社会主义核心价值观融入社会发展各方面,转化为人们的情感认同和行为习惯"。这一论述深刻地回答了我国学校教育的时代责任和历史使命,从根本上回答了大学生社会主义核心价值观认同教育"培育什么人"和"如何培养人"的问题。习近平总书记在中共中央政治局第十三次集体学习时强调:"培育和弘扬核心价值观,有效整合社会意识,是社会系统得以正常运转、社会秩序得以有效维护的重要途径。"在中国特色社会主义进入新时代的历史方位中,在新时代中国特色社会主义伟大实践过程中,习近平总书记抓住时代特征、提升实践经验、定标历史方位、揭示主要矛盾,以巨大的政治勇气和理论智慧,创造性地回答了新时代中国特色社会主义的重大理论和实践问题,创立了习近

---

① 温家宝:《提高认识,统一思想,牢固树立和认真落实科学发展》,载《人民日报(海外版)》,2004年3月1日。

平新时代中国特色社会主义思想,把当代中国的马克思主义推向了一个新的境界。

(1)习近平新时代中国特色社会主义思想提供了认同教育当代发展的基石

习近平新时代中国特色社会主义思想的核心问题,是新时代坚持和发展什么样的中国特色社会主义、怎么样坚持和发展中国特色社会主义。习近平新时代中国特色社会主义思想的精神实质,是创造性地回答新时代坚持和发展中国特色社会主义的一系列重大基本问题。习近平总书记牢牢坚持马克思列宁主义、毛泽东思想、中国特色社会主义理论体系的指导,坚持解放思想、实事求是、与时俱进、求真务实,紧密结合新的时代条件和实践要求,以全新的视野深化对共产党执政规律、社会主义建设规律、人类社会发展规律的认识,进行艰辛的理论探索,从理论和实践结合上系统回答了新时代坚持和发展中国特色社会主义的总目标、总任务、总体布局、战略布局和发展方向、发展方式、发展动力、战略步骤、外部条件、政治保证等一系列重大基本问题,形成了重大理论创新成果。

习近平新时代中国特色社会主义思想是在当代大学生成长环境中孕育出来的伟大思想,与大学生的成长时代同步,能够更容易被其所理解与认同。因此,大学生在社会主义核心价值观认同过程中,对于习近平新时代中国特色社会主义思想的理解有助于大学生强化情感认同。

(2)习近平新时代中国特色社会主义思想指出了认同教育的当代理论体系

习近平新时代中国特色社会主义思想坚持了马克思列宁主义的基本原理,坚持了毛泽东思想和中国特色社会主义的理论精髓和活的灵魂,又结合中国特色社会主义进入新时代的基本特征和发展要求,形成了马克思主义基本原理同中国具体实际和时代特征创造性结合的重大理论创新成果,是党和人民实践经验和集体智慧的结晶,是当代中国最鲜活的马克思主义。习近平新时代中国特色社会主义思想是中国特色社会主义理论体系的重要组成部分,贯穿在新时代中国特色社会主义的基本方略之中。新时代坚持和发展中国特色社会主义,必须坚持党对一切工作的领导，坚持以人民为中心，坚持全面深化改革，坚持新发展理念，坚持人民当家做主，坚持全面依法治国，坚持社会主义核心价值体系，坚持在发展中保障和改善民生，坚持人与自然和谐共生，坚持总体国家安全观，坚持党对人民军队的绝对领导，坚持"一国两制"和推进祖国统一，坚持推动构建人类命运共同体，坚持全面从严治党。这"十四条坚持"构成新时代坚持和发展中国特色社会主义的基本方略，体现了习近平新时代中国特色社会主义思想的精神实质和思想内涵。

习近平新时代中国特色社会主义思想理论体系是当代中国发展时期所总结凝练出的最核心的理论体系，是当代大学生自身发展与国家未来发展的理论基础。因此，大学生在社会主义核心价值观认同过程中，对于习近平新时代中国特色社会主义思想理论体系的学习有助于大学生强化理性认同。

三、西方的价值认同理论是认同教育的理论借鉴

西方认同理论对大学生社会主义核心价值观认同教育的研究与实践具有理论借鉴作用。其中，社会认同理论对大学生核心价值观认同教育发挥着心理启示作用；态度形成理论和认知结构理论对大学生核心价值观认同教育的过程发挥着助推促进作用。

1. 社会认同理论

社会认同理论有助于大学生学习和理解社会主义核心价值观，有助于大学生在心理上接受认同社会主义核心价值观。因此，社会认同理论有助于提升大学生社会主义核心价值观认同教育的实施效果。社会认同理论产生于20世纪70年代的欧洲，以泰弗尔和特纳为代表人物，其研究成果在社会上产生了深远的影响。社会认同理论研究的逻辑起点是建立在每个人都希望归属于拥有独特的和正面的认同群体的基本假设之上。泰弗尔认为，"社会认同是一个人自我概念的一部分，它来自于个人对自己属于特定社会群体的认识，这种群体成员的资

格对他有某种情感的和价值的重要意义。"① 特纳的社会认同理论"是从分类研究开始的,通过分类,人可以对社会环境进行组织,同时定义自己在其中的位置"。他认为"一个人属于某个群体的认知以及与此相关的价值和评判……形成了个人自我概念的重要组成部分。人们都希望自己属于受到赞同、不同于其他群体的、同时能给他们带来正面评价的群体。通过群体间比较,人们会把他们自己的群体看成在心理上是独特的",同时"在与有关比较群体联系在一起的时候,人们会更加肯定内群体"②。这些理论观为大学生认同社会主义核心价值观提供了心理上的启示,有助于不同层次、不同年级和不同专业的大学生在认同社会主义核心价值观上发挥各自群体的作用。

不同类型的大学生群体对社会主义核心价值观的认同需要社会认同理论的心理启示。社会认同就是人们把自己归入某个群体后,便会把自己看成该群体的成员,而不是孤立的个体。③ 同样,大学生把自己归入某个群体后,便会把他看成该群体的成员。例如一名大学生进入青年志愿者服务队后,他有强烈的愿望希望该队群体成员对其所作所为予以认同,但得到群体认同的前提是这名大学生要认真学习和深刻领悟该群体的价值观念,并按照此观念去进行社会实践活动,只有这样他才会得到群体的认同。在价值观多元化的时代,各种社会思潮、价值观纷繁复杂,互相竞争,许多大学生在价值观的选择问题上往往感到茫然失措,因而自身定型的价值观几乎处于一种真空状态。这就需要大学生群体要具有共同属性,达成共识的价值观念。在我国,能够达成各种不同类型大学生群体基本共识的准则就是社会主义核心价值观。社会认同理论阐释个体对自身所在群体成员身份的认识,是怎样影响其社会知觉、态度和行为的。这种情况必然会引起矛盾和冲突,为了解决问题,调节社会关系,就逐渐产生了一

---

① [美]迈克尔·休斯、卡罗琳·克雷勒:《社会学和我们》(第7版),周杨、邱文平译,上海社会科学院出版社2008年版,第179页。
② 王殿:《认同理论的起源、发展与评述》,新疆社科论坛,2009年第2期,第78—83页。
③ John Schwarzmantel. *Citizenship and Identity*: *Towards a New Republic*, London and New York: Routledge, 2003, pp: 58–59.

些基本的行为准则和观念。我国处于改革和发展的关键时期，群体之间以及群体内部会有很多矛盾冲突，加之社会上各种消极负面因素的影响，大学生群体对社会核心价值观的认同必然存在一定的问题。社会认同理论对大学生群体达成共识认同社会主义核心价值观具有积极的作用。为了大学生更好地成长发展，我们思想政治教育工作者要运用社会认同理论让大学生个体清楚地对自己所在的群体进行了解，加强社会主义核心价值观对大学生群体的导向教育，丰富和完善大学生群体社会主义核心价值观的教育内容，使大学生个体在群体的影响下对社会主义核心价值观形成认同。

2. 态度形成理论和认知结构理论

态度形成理论能够推进大学生社会主义核心价值观认同教育的实施。大学生对社会主义核心价值体系认同的过程，与态度形成的过程有着重要的联系。美国学者凯尔曼指出态度分为三个阶段，即依从、认同和内化。依从阶段是态度形成的开始阶段，此阶段的个体经常受到外界的规范和限制，且为避免受到排斥、获得认可，个体的要求和行为总是被动地与他人保持一致。认同阶段是个体主动去理解接受别人的观点或社会规范，促使自身的言行与社会要求相一致。在此阶段，情感起着重要的作用。态度的内化阶段是"个体从内心里真正接受他人的观点，使之进入自己的态度体系，成为其一部分。内化是自身的态度与需要认同的态度协调一致的结果，这是一种理性的认知成分为基础的"[1]。认同分为认知认同、情感认同及行为认同，它们三者是相互联系逐步递进的关系。认同本身就是态度形成的关键环节，价值认同的过程就是主体不断调整与客体的关系，对自己的观念重新选择和定位，再经过实践体验，形成较为固定的态度的过程。社会主义核心价值观作为大学生的认同客体，只有通过思想政治理论工作者对其进行大众化解读之后，才能够让大学生深刻理解。大学生认同社会主义核心价值观的效果，就有必要借鉴态度形成理论，注重大学生对社

---

[1] 中国心理卫生协会编写：《心理咨询师》，民族出版社2005年版，第138页。

会主义核心价值对观认同的过程,依据大学生的自身需求,实施相应的教育内容、手段和方法,从而提升大学生认同社会主义核心价值观的效果。

认知结构理论对推动大学生认同社会主义核心价值观有着积极的促进作用。心理学家皮亚杰指出,"知识产生于不断的建构,因为在每一个理解活动中都包含有某种程度的发明;在发展中一个阶段向另一个阶段的过渡,其特征总在于形成一些在外部世界或主体内心中原先并不存在的新结构"①。"认识既不来源于独立于某一主体之外的客体,也不来源于独立于客体之外的某一主体。它来源于主体和客体间不能分离的相互作用,即来源于机体和环境之间的相互作用"②。皮亚杰的认知结构理论创造了一些解释学习者如何接受、处理和运用信息的模式,以此来了解许多熟悉的学习行为,解释了主体建构知识的过程,能够很深刻、全面地解释认识过程和学习活动的总体特征,为人的认识能动性理论提供了理论依据。因此,在大学生认同社会主义核心价值观过程中,必须依据大学生的认知特点,依据教学规律循序渐进地对其进行教育,才能提升大学生对社会主义核心价值观的认同效果。

四、当代大学生社会主义核心价值观认同教育体系构建

核心价值观是多层价值观理论聚合的最凝练表达,它缘起于我国的传统哲学思想,始于社会主义核心价值体系。2012年,党的十八大将我国社会主义核心价值观体系进行明确表述;2018年,在党的十九大党章修正案总纲中,在中国共产党领导人民发展社会主义先进文化部分,增写了培育和践行社会主义核心价值观的内容。将我国社会主义核心价值观看作是对中国传统文化的继承与发扬,也是对社会主义核心价值体系的更高层次概括。

---

① [瑞士] 皮亚杰:《发生认识论原理》,王宪钿等译,商务印书馆1990年版,第112页。
② [瑞士] 皮亚杰:《发生认识论原理》,王宪钿等译,商务印书馆1990年版,第189页。

1. 大学生社会主义核心价值观认同教育的特点

大学生社会主义核心价值观认同特点是根据大学生年龄阶段的心理特征以及相应的学习能力来分析的，依照大学生社会主义核心价值观认同教育的过程，即认知认同、情感认同、行为认同这三个递进往复阶段，划分为认知认同的长期性、情感认同的体验性、行为认同的往复性等特征。

大学生社会主义核心价值观认知认同的长期性，一方面是因为高校进行认知认同教育的体系在逐渐完善与成熟的发展过程中，不仅体现在理论课程的课程传授上，还体现在课程的整体架构、分解进度、协调配合、考核形式等方面，这些课程体系建设应当是全员参与的体系，因此，这个过程的优化以及体系的建设是庞大的工程；另一方面是来源于大学生自身对于理性认知层面的接受度，包括内心接纳度和智力吸收度，这是一个从被动学习到主动学习转变的重要过程，需要一定的时间。

大学生对社会主义核心价值观的情感认同以自身体验为重要特点。情感认同阶段的主要任务为以启发、鼓励、激发等形式帮助受教育主体体验认同内容并帮助其获得"固化于心、身体力行"的正确的体验结果。只有通过自身主体体验，获得正确的感悟，才能进一步坚持正确的行为。因此，情感体验活动贯穿于认同教育的整体过程，行为认同也是在情感体验不断重复与感悟中逐渐形成与稳定的。

行为认同是指大学生以社会主义核心价值观所倡导的价值理念和行为标准去指导、约束自己的行为，并通过对行为结果的不断消化和心理调适而逐步趋于稳定的。行为结果若能满足自我心理预期，就能加速行为认同的发展；反之，根据大学生自我心理调整能力，行为认同就会出现两种发展状况，在短暂心理调整后继续向前发展，或是长期的停滞、反复甚至倒退。因此，大学生社会主义核心价值观行为认同的过程具有更强的往复性。

2. 大学生社会主义核心价值观认同教育体系构建的原则

首先，必须符合广大学生的现实需要，价值观认同根源于人的利益诉求，价值认同的过程是个人实现利益的过程。正如马克思所说:"人们为之奋斗的一切,都同他们的利益有关。"① 有些大学生理解的社会主义核心价值观与自身的利益诉求没有进行很好的契合与关联,是导致大学生社会主义核心价值观缺失的一部分原因。因此,进行社会主义核心价值观认同教育就必须首先考虑要以满足广大学生的需要为出发点,只有满足了广大学生现实和理想的需要,特别是个人价值实现的需要,才能使这一价值理念真正得到深刻认同和广泛传播。正如毛泽东曾指出的:一切群众的实际生活问题,都是我们应当注意的问题……满足了群众的需要……群众就会真正围绕在我们的周围,热烈地拥护我们。一般而言,当个人利益得到满足时,个人往往会对社会怀有感恩之心,且更愿意接受社会主流的价值观;反之,则会产生一种抵触情绪,这十分不利于价值观认同的发展。也就是说,学生只有对社会主义核心价值观所倡导的理念感同身受,并且觉得其对人生的发展具有指导价值,才能促使他们坚持以社会主义核心价值观为引领,而且,在日常的社会生活中加以实践。如果仅仅是单向地进行灌输,缺乏对客体足够关注和考察,那么这种价值观教育便是无效的。

其次,必须符合大学生心理认同规律。著名心理学家沙莲香认为,认同是维系人格与社会及文化之间互动的内在力量,从而维系人格统一性和一贯性的内在力量,因此,这个概念又用来表示主体性、归属感。认同过程既包括自我认同也包括社会认同,"自我认同是个体对自我行为的反思,个体通过向内用力,通过内在参照系而形成了自我反思性,人们由此形成自我认同的过程"②。社会认同是社会成员共同拥有的信仰、价值和行动取向的集中体现,本质上是一种集体观念;与利益联系相比,注重归属感的社会认同更加具有稳定性。也就是说,认同过程作为一个体验性的过程,是不断探索人的内心需求与个人利益实现匹配程度的过程,这一过程也是与社会发展规律与社会价值观念相互统

---

① 《马克思恩格斯全集》第 2 卷,人民出版社,1957 年版,第 82 页。
② 李春治:《大学生认同践行社会主义核心价值观内在机制分析》,载《北京教育》,2015 年第 9 期,第 60-62 页。

一的过程。本质上，认同过程就是对自我需求与个人利益实现契合的不断确认过程，是对自我的肯定过程，也是对价值观的认可并愿意身体力行的过程。在自我认同和社会认同中，个人通过广泛的社会实践活动，逐渐形成和确立了社会归属感。因此，提升大学生的社会主义核心价值观认同教育的效果，必须要处理好个人与集体之间的相互关系，通过积极参与社会实践与社会分工，扩大相互的社会归属感和他人认可度。在此基础上，使之扩大对社会主义核心价值观的认同程度。

最后，必须符合传播学规律，即社会主义核心价值观的认同教育必须符合信息传播规律。社会主义核心价值观的传播要立足于价值观的互动和共享，必须保证社会主义核心价值观的理论与个人的价值取向有所趋同或者相近，只有这样，社会主义核心价值观的信息才能得到广泛的认同。如果社会主义核心价值观的传播不符合大学生的心理预期和心理认知程度，这样的信息便是一种无效的传播。因此，相较于那种简单和直接的传播方式，通过一些喜闻乐见特别是符合大学生兴趣爱好的方式更有利于社会主义核心价值观的传播，从而形成良好的接受和传播氛围，起到耳濡目染、内化于心的效果。

3. 大学生社会主义核心价值观认同教育体系的主体要素

马克思认为，人类的认识过程包含感性认识和理性认识两种形式，也是认同的两个阶段。感性认知是认知过程的初级阶段，是受教育主体对与外部环境直接的感知；理性认知是认知过程的高级阶段，是受教育主体对于原始理论材料进行第一阶段的感性理解后而进一步加工消化的过程，更多的体现了受教育的认知主体对事物本质的探求。社会主义核心价值观的"认知—认同"阶段就是大学生群体通过对社会主义核心价值观念的内涵和外延的理解，形成自身认知态度的过程，也是大学生群体的认识从感性认知到理性认知的突变过程。

理性认知是接受信息主体通过大脑抽象思维，将信息进行读取、判断、推理。具体来说，是将信息材料进行感性层面的整体、概括，从而对于事物进行全面、系统的认识。大学生群体对于社会主义核心价值观的认同过程就是对学习到的社会主义核心价值观的感性材料进行主体的加工制作,通过个体的分析、对比、筛选,最终形成自身的一种态度。由于它是以反映社会主义核心价值观的本质为内容,因此,它是深刻的、真实的。

感性认知是接受信息主体自身在从事实践活动中,通过感知器官直观看到、听到和闻到的事物的外在表象,或者是所观察到的事物之间的联系。因此,大学生群体对于社会主义核心价值观的认知就是由最初的书本概念、新闻宣传标语等传播途径来形成的。它是一种"生动的直观",因而,社会主义核心价值观"认知"阶段便是一种感性认知,是存在于事物表面或者事物之间的一种状态。大学生群体对于社会主义核心价值观"认知"便属于感性认知阶段。

行为认同是指大学生在接受了系统性的社会主义核心价值观教育后,结合自我生活、学习、工作等方面的经历,将社会主义核心价值观与自我价值观于内心进行反复的对比、揣摩、选择、认定,并以社会主义核心价值观为指导,在特定时机进行行动上的尝试和验证,通过对行为结果的反复消化不断稳定的过程。

"认知"和"认同"分属认识的不同阶段,大学生群体对于社会主义核心价值观的"认知"是停留在感性认知阶段,因为认知过程的不断深化,在"认同"阶段,通过大脑的加工过程使得大学生群体将自身所习得的感性材料发展为理性认知。[①] 因此,从"认知"上升到"认同"就是大学生群体对于社会主义核心价值观从感性认知到理性认知的过渡阶段,这一阶段也是大学生群体从了解社会主义核心价值观的概念和表象到形成自身对于社会主义核心价值观的态度的过渡过程。所以,这个过程就实现了大学生群体对社会主义核心价值观的认知和认同的过渡。

4. 大学生社会主义核心价值观认同教育体系要素间的关系

认同理论指出,对某一个价值观的认同是一个复杂、动态、发展变化的过

---

① 蒋道平,张荣:《社会主义核心价值体系与大学生思想政治教育研究》,成都电子科技大学出版社,2012年版,第24页。

程，一般要经历认知认同、情感认同和行为认同等三个动态过程。这三个过程不是绝对孤立的，而是循环反复的动态迭代过程，每一段迭代后行为认同的结果都会作为下一次社会主义核心价值观认同教育的起点。① 大学生群体的认识过程是辩证发展的、动态往复的，也如人类社会群体一样经历三个基本阶段：第一阶段是从实践到认识，第二阶段是从认识到实践，第三阶段则是从实践到认识、再到实践、再到认识的无限上升发展。三个阶段当中，每一个阶段都有具体的演变过程，比如感性认知到理性认知的发展就是在第一个阶段"从实践到认识"完成的，第一阶段过程中受教育主体的情感、意志、欲望、动机、信念、习惯、本能等非理性因素的影响。第二个阶段"从认识到实践"需要受教育主体从实践中得出的真理用来指导实践。第三个阶段由于认识主体的主观因素和环境的客观因素的影响，导致了认识运动的反复和无限发展。社会主义核心价值观"认知—认同—实践"机制也经历了这样三个阶段：第一阶段，"认知"内化为文化"认同"；第二阶段，"认同"外化为"实践"行动；第三阶段，"实践"行动固化"认知"和"认同"。

（1）理性认知内化为文化认同

认知过程是受教育者获取、读懂、加工、消化、理解、转化知识的基本心理过程，具体而言，它经过了感觉—知觉—记忆—想象—思维以及产生语言的过程。换言之，大学生对自身所接受事物概念的形成与判断的过程就是认知的过程。大学生群体对社会主义核心价值观的认知主要通过对新接受信息的感知程度来体现。随着认知程度的深入，大学生在学习理论知识和信息的过程中不断思考社会主义核心价值观与个体自身的关系，并将二者作为一个整体来权衡。在这个过程中，大学生群体也不断反思、审视自身，对于信息的深入理解帮助大学生进一步认识当前热点，在潜意识中开始自发用社会主义核心价值观来作为自身思维的参考，它是认同的前阶段。当一种理论体系上升到社会共识层面

---

① 陈文：《社会主义核心价值观认知、认同、实践机制构建理论研究》，西南科技大学硕士学位论文，2017年，第17页。

的时候，社会认同就产生了。弗洛伊德认为："认同是社会群体成员在认识和感情上的同化过程，即个体或群体在感情上、心理上趋同的过程。"因而，社会核心价值观对社会成员的思想具有凝聚及整合作用，以帮助社会成员形成精神支撑和价值导向。大学生群体对社会主义核心价值观的文化认同建立在对其理论认知的基础上，调动大学生群体的非理性因素，以激发其积极的正能量是增强其认同度的重要条件。社会主义核心价值观的"认知"与"认同"是认识阶段的两个具体环节，二者前后相继、互相促进。只有将理性"认知"内化为文化"认同"，社会主义核心价值观才能在大学生群体的内心形成强大的约束力量，促进大学生群体达成价值观共识。

（2）文化认同外化为行动实践

大学生群体从认识到实践是认知过程的第二次飞跃，这一阶段是检验客观事物的关键时刻，因为理论要成为真理就必须接受实践的检验。社会认同外化为实践活动，也是检验其是否为社会所适应的必然过程。人是社会关系的产物，而全部的社会生活在本质上是实践的，社会主义核心价值观本身就是一种实践理论，因此，它是社会群体的价值观念和价值行为的统一，其基本矛盾是思想与行动的矛盾。所以，如何使社会主义核心价值观理性与文化"认同"转化为行为"实践"，是这一环节中较为关键的问题。解决这一问题需要做到引导大学生群体由系统地学习社会主义核心价值观到自觉践行社会主义核心价值观；协调个人实践社会主义核心价值观和群体实践社会主义核心价值观之间的关系；将社会群体价值观的经济意识上升到政治自觉。社会成员能够相互团结、配合、协作，是社会主义核心价值观大众实践的必要条件。社会成员的有效协作不仅极大地调动着他们生产生活的积极性，而且有效增强了社会成员的信任程度和价值观认同度。因此，思想是行动的先导，要想统一行动就要统一思想、统一价值观。集体的力量是非常强大的，只有将个体的物质和经济利益上升为多数人民所认同和实践的政治诉求时，社会主义核心价值观才能显示出其真正伟大的意义。

(3) 行动实践检验理性认知与文化认同

"认知"和"认同"源于"实践"作为"认识"过程的第三阶段，社会主义核心价值观最终都会归结于实践，它是形成文化和理性"认知"和行为"认同"的基础。行为"实践"是人类社会生存和发展的基础，是一切社会物质和精神现象的根据，是形成一切社会关系的良好地基。社会主义核心价值体系形成了社会主义形态下的物质生活富足、政治生活透明、精神生活丰富，有效地驱动了社会主义发展。行为"实践"决定着文化和理性"认识"，具体说来，社会主义核心价值观就是从古人的思想精髓中提炼出来的，它对于当下的中国有着非常重要的指导意义，可以说在社会主义核心价值观"认知—认同—实践"机制这一过程中是最重要的一环。在"认知—认同—实践"机制过程中，社会主义核心价值观"认知"引导"认同"进一步深化，而"认同"又促进社会群体的"实践"，大学生群体对社会主义核心价值观"实践"能够进一步推动社会群体认识的深化。这既体现了"认知""认同""实践"三者间的密切关系，又阐述了其相互作用的相关性，因此，在整个社会主义核心价值观"认知—认同—实践"机制的构建过程中，灵活运用三者的关系具有深远的意义。

5. 大学生社会主义核心价值观认同教育体系的运行机制

人类的认识来源于实践，而认识的过程又是感性认识升华到理性认识，再从理性认识通过实践确认为行为认同的过程。人类历史不断向前发展，呈现螺旋式上升趋势。因此，感性认识也会经过一系列的过程成为理性认识。首先，接受信息的主体将通过感性、直观的方式从实践中获得大量的材料、信息，经过认识的主体的辩证思维方法来进行加工，形成与自身利益相契合的有效实践指导方法。所以，社会主义核心价值观的"认知—认同"过程，也就是大学生群体对于通过不同途径了解到的社会主义核心价值观内涵和外延的具体分析和综合的结果，从而将作为客体的内容内化为主体自身价值观的评判标准。而且在这个过程中，大学生群体的知、情、意、信、行的主观因素直接或间接地影响着社会主义核心价值观的认知和认同。所以，基于实践基础上的社会主义核心价值观的认知、认同,在感性认识到理性认识的加工制作之后所形成的指导思想,又会统一于实践。

实现大学生群体对于社会主义核心价值观从理性认识向感性认识的升华,需要促进个体认识向社会认识的转化。帮助大学生群体进行理性、文化认知向行为认同的固化,从纵向来讲,大学生群体对社会主义核心价值观内在的"认知""认同"转化为外在的"实践";从横向来讲就是大学生群体要有整个人类和社会的视野,从个体认识成为普遍的社会共识。个体认识和社会认识又是人类认识的两种不同状态,他们又是在感性认识和理性认识之上的认识阶段,是一个由个体向集体的过渡阶段,需要经历更为严格的考验。个体认识的基础是个体的实践经验,是一种单独实践观念的反映。社会认识则是在整个人类社会实践的基础上形成的社会群体对人类社会实践的理论总的概括,它具有强烈的共性特征。社会主义核心价值观就上升到了一种意识形态,它是大学生群体共同认同的价值观,其稳定性是很强的。社会主义核心价值观"认知—认同"过程的实现,是大学生群体从倡导的内涵到在实际生活和工作中具体实践和得出自身的判断过程,也是从个体对于这些理念的认同到群体对于这一价值观观念的推崇的过程,因此,它具有鲜明的时代性和民族性。这一过程就是要将这种个体认识凝聚成为民族精神和力量,不断激励和鼓舞国民积极践行社会主义核心价值观。

(1)"认同"的量变向"实践"的质变转化过程

马克思主义基本原理中的质和量是这样定义的:"质是区别于其他事物的内在规定性。"[1] 而量则是事物在空间上排列组合上,可以用数量来表示的一种具有规模、程度、速度的内在规定性。在马克思看来,量变和质变是事物发展的两种状态。一方面,量变表现了事物发展的连续性,其过程从外在上看来,是相对静止、稳定的,而内部却呈现着微妙的、隐性的变化;另一方面,质变较

---

[1] 李秀林,王于,李淮春《辩证唯物主义和历史唯物主义原理》,人民出版社1995版,第169、221、222、170页。

量变而言产生了截然不同的变化,质变的过程是明显的事物根本性变化,是在事物的外部由一种状态向另一种状态所发生的飞跃,具有急剧变化的特征。因此,在高校进行社会主义核心价值观教育时,大学生群体对社会主义核心价值观的感性认知向理性认知阶段过渡过程是一个量变的过程。大学生群体首先从高校构建的社会主义核心价值观教育体系了解到社会主义核心价值观的基本内容和根本内涵,这属于感性认识的过程,它具有鲜明的客观性。大学生群体通过认知、认同,将社会主义核心价值观变成自身的信仰之后,作为指导思想指挥其在实际行为中积极践行社会主义核心价值观,这个过程就是质变的过程。

通过对社会主义核心价值观的进一步了解,社会群体会思考社会主义核心价值观"是什么""为什么""怎么样""他与我有什么关系",在这一系列提问中进一步分析和提炼出社会主义核心价值观与自身实际利益更为契合的内容,完成感性认知向理性认知的过渡。① 这个过程的发生和发展是不明显的、微小的,是在认识程度上发生的变化,因此,它是感性认知的过程。大学生群体对于社会主义核心价值观的认同就会引发他们实践的动力,这个过程的变化是外显的、急剧变化的,是可以直观看到的。所以,从理性认知到行动实践的过程是质变的过程。这个结构中的量变和质变相辅相成,统一了大学生群体对社会主义核心价值观的认识和实践。因此,"认同"和"实践"之间的变化既合乎人类认识发展的自然规律,符合事物认识、吸收、转化的规律,又是"认同"和"实践"两者在现实社会所需要的过程,也符合当代现实。

(2)"实践"的质变向"认同"的量变增效过程

社会主义核心价值观的认同和实践是从受教育主体个体的思想转化为行动的阶段。这个过程是从理性认知到实际应用的质变过程,是认识到实践的根本性变化,推动了社会主义核心价值观从大学生群体的感性认知的低级阶段向行为认同的高级阶段发展。因此,社会主义核心价值观"认同—实践"的质量互

---

① 吴春华:《西方政治思想史》第4卷,天津人民出版社2006年版,第129页。

变过程体现了大学生群体内化社会主义核心价值观的积极程度。在西方政治思想史上，对于国家和精神的关系认为"国家是精神的产物，国家表现精神，受精神制约，只要精神发展，国家也就必须发展"。虽然我国哲学思想更为认同的是"国家是阶级统治的工具这一说法"，但是，显而易见，精神领域的发展对于一个国家十分重要，它是文化的体现，而文化也孕育着国家未来接棒者的思想。社会主义核心价值观"认同—实践"的过程体现了大学生群体的价值观自信和自觉，要推动这个过程量变到质变的速度还需要适合的利益驱动力。适度的利益驱动可以催化社会主义核心价值观"认同—实践"从量变到质变的过程。社会学家科尔曼提出"理性选择"理论，即人们在做出选择之前，所考虑的核心内容是根据利益的最大化，从而导致行动的发生的可能性则可以用函数来表示。此外，马斯洛提出的人类由低级生物本能向高级的自我实现的"需求层次理论"也反映出利益驱动的积极能动作用。由此可知，利益驱动可以促使社会群体选择对自身有利的价值观或行为准则，也就是说，在大学生群体中，利益驱动可以促进其对于社会主义核心价值观认同产生供需关系。因此，社会主义核心价值观的"认同—实践"的过程需要教育的设计者、实施者对路径、方法、进行选择，需要探索恰当的利益区间刺激，选择最佳的催化方式，实现推动社会主义核心价值观从"认知—实践"的量变到质变过程的效果呈现最佳化。

社会主义核心价值观"认知—认同—实践"机制的内部逻辑是一个有机统一的整体，成为一个系统，大学生群体对它的认知可以引导其深层次认同，认同又会促进实践，而实践又会反作用于认同和认知。大学生群体从社会主义核心价值观的实践过程中总结出实践经验，进一步激发他们去深入认知和认同的动力，推动实践的发展。由此循环往复，螺旋上升，进而推动整个社会价值观的贯穿和渗透，从而形成一种中国特色的社会共识和意识形态，增强民族凝聚力，提高国民整体素质，提升国家软实力。

（3）"理性认知""感性认同"与"行为认同"三者之间互促提升过程

社会主义核心价值观的认知过程属于理性认知、感性认同、行为认同的有机统一。首先，感性认知是整个过程的前提，没有感性认知就没有后面理性认同和行为实践的发展；其次，社会主义核心价值观的认同是在这个阶段上的更高层次，属于理性认识的过程，它是整个机制逻辑中的基础环节，认同直接或间接地引导实践的发生和发展；最后，社会主义核心价值观的实践环节是整个机制中最后的归宿，是检验前两个阶段的发展情况最为直接可视的标准。

第一，以理论教育为前提，晓之以理，深化认知认同。朱熹的《语类》中提到"论先后，知为先；论轻重，行为重"。知是行的前提，行是知的目的。我们要用知识来指导行动，用行动来深化知识。理性认识是以事物的本质规律为认识对象，是对事物内在联系的认识，具有抽象性、间接性、普遍性。

第二，以文化融入为动力，动之以情，增强文化认同。列宁指出，没有情感，就没有人对真理的追求。而文化认同就是情感导入的结果和特征。如果说认知认同解决的是知不知的问题，那么文化认同解决的就是信不信的问题。文化认同不像认知认同那样理性客观，更多的是一种文化共鸣。积极、正面的文化体验能促进对社会主义核心价值观的认同，而消极、负面的文化体验会阻碍认同。

第三，以日常养成为核心，持之以恒，落实行为认同。《荀子·儒效》里提到"知之而不行，虽敦必困"。这句话说明"知"很重要，但"知"并不是目的，"知"是为了"用"，"知"而不会用，就不能变成行动，再丰富的知识也无用。社会主义核心价值观的生命力就在于从理论向实践转化。

从社会主义核心价值观的认知到认同经历了一个由感性认识到理性认识的量变过程，而从认同到实践则是经历了一个从理性认识到实际应用的质变过程，从社会群体的意识和动机引发了他们的实践动力。

第三章 当代大学生社会主义核心价值观认同现状

当代大学生是高校进行社会主义核心价值观培育的重点对象,分析把握当代大学生对社会主义核心价值观的认同现状,是提高社会主义核心价值观培育针对性、时效性的前提和基础。在较大规模问卷调查的基础上,对当代大学生社会主义核心价值观的认同状况进行较为全面、系统的分析。

调查问卷编制根据中共中央办公厅印发的《关于培育和践行社会主义核心价值观的意见》文件精神,将社会主义核心价值观分解为国家层面的价值目标、社会层面的价值目标和个人层面的价值目标三个层面的内容(一级指标),进一步根据12项价值取向(二级指标),每一项价值取向设计三个观测点(三级指标),分别是对社会主义核心价值观现状的认同、对社会主义核心价值观目标的认同和对社会主义核心价值观内涵的认同。问卷编制后在哈尔滨工程大学的大学生中选取800人进行初测,根据初测数据的探索性因素分析结果修订题项,保留信效度较高的题项,最终形成社会主义核心价值观认同感测评体系的题项。最后保留36个有效观测点,详细结构见图3-1。

正式调查过程的样本取样在充分考虑高校的地域分布、学校层次、学科特点的基础上,分别选取了电子科技大学、重庆大学、华东理工大学、黑龙江中医药大学和黑龙江科技大学共五所大学为调查对象。每所高校采取简单随机抽样的方法,共发放问卷3500份,回收有效问卷3376份,有效回收率为96.46%。

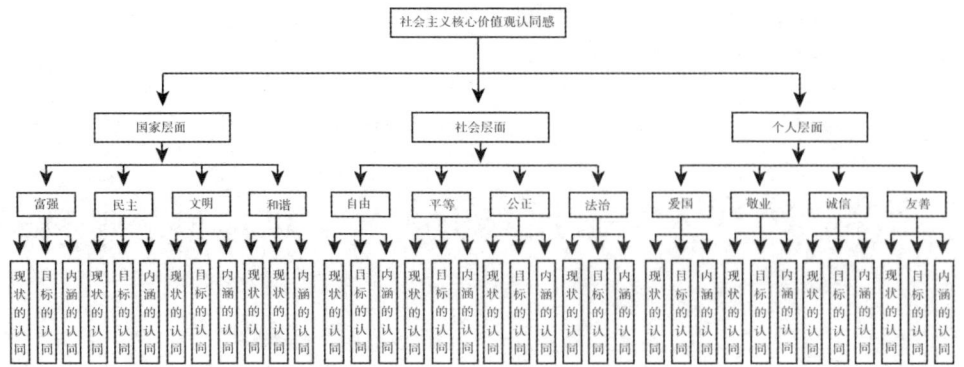

图 3-1　社会主义核心价值观认同感结构图

一、关于社会主义价值观国家层面认同感状况

十九大报告中提出，到本世纪中叶把我国建设成为富强、民主、文明、和谐、美丽的社会主义现代化强国。富强、民主、文明、和谐是社会主义核心价值观在国家层面的价值目标，在社会主义核心价值体系中处于统领地位，是实现中华民族伟大复兴宏伟目标的集中体现，为全党全国全军指明了奋斗方向，与党中央"五位一体"总体布局紧密相连。具体分析，富强是中国特色社会主义经济建设的目标；民主是中国特色社会主义政治建设的目标；文明是中国特色社会主义文化建设的目标；和谐是社会建设和生态文明建设的目标。富强、民主、文明、和谐是国家发展的目标和奋斗方向，代表了广大人民群众的根本利益和共同愿望，理应具有广泛的群众基础。

1. 富强层面分析

富强的本义是富足而强盛，用富强形容一个国家，可以指人民富裕、国家强盛，民富国强是其简明的概括。邓小平明确指出："社会主义的特点不是穷，而是富，但这种富是人民共同富裕。"富裕指的是人民的普遍富裕、共同富裕。这是社会主义的本质要求，也是社会主义制度优越性的集中展现。这表明我国所追求的富裕，同西方国家普遍存在的多数人贫穷基础上的少数人富有，同资本主义社会的贫富两极分化，有着原则区别。国家强盛是指社会主义国家的强大昌盛。社会主义国家强盛的目的不是要搞霸权主义，称霸世界，不是要侵犯别国主权，欺负别国人民，而是要维护世界的和平、稳定与发展，做促进人类进步事业的坚定力量。中国的发展是和平的发展，中国的崛起是和平的崛起。中国愿同各国人民一道为人类和平与发展的崇高事业不懈努力。这些对外方针政策的提出和实施，表明我国的强盛之路区别于西方列强的侵略殖民霸权之路。富强层面的考察项目涉及三个方面的内容，即对目前我国富强现状的认同、对我国富强目标的认同以及对富强社会内涵的认同。

（1）富强现状的认同情况

大学生对目前我国的富强现状认同感较高，调查结果显示，有94.07%的学生对"我国离富强的国家还有一定差距"表示认同，详细结果如图3-2所示。

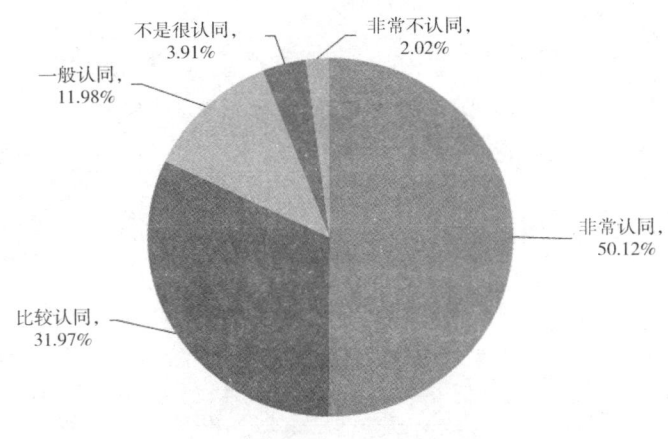

图3-2 富强现状的认同情况

通过数据可以看出大学生普遍对我国目前的发展状况是了解的，对我国仍处于社会主义初级阶段这一基本国情是有清楚认识的，对我国经济发展水平和人民生活水平处在什么位置是知道的。说明在这一点上开展的大学生思想政治教育工作起到了应有的作用。无论是思想政治理论课还是大学生日常思想政教育工作都是基于我国目前的基本国情、经济社会发展的基本情况展开的，也不应该更不可能脱离这一点，而且教育内容都具有一定的系统性，能让大学生对国情、民情有一个比较准确和全面的认识。高校开展思想政治教育工作是具有系统性和完整性的，但学生接收的信息除学校提供之外，还有很多渠道，比如互联网的飞速发展使学生可以在短时间内接收到各方面信息，社会发展的多元化带来价值观的多元化，这些对大学生的价值观会造成一定冲击，从而导致其对事物的看法呈现出一定的片面性、局限性。从调查数据上看，有5%左右的大学生对我国目前在"富强"层面的现状不认同，对于距离"富强""有一定差距"不认同，那可能意味着两种情况：一是认为我国目前已经是或基本上是"富强"的了；二是认为我国距离"富强"的差距还很大，并不是"有一定差距"，或者说用"有一定差距"来形容不准确，应该是差距更大的意思。对于这部分大学生的观点是什么，这样的观点是怎样产生的，有待于进一步调查研究。

（2）富强目标的认同情况

大学生对目前我国的富强目标认同感较高，调查结果显示，有98.15%的学生对"虽然中国已经成为全球第二大经济体，但从大国到强国还有很长的路要走，富强仍然是我们追求的目标"表示认同，详细结果如图3－3所示。

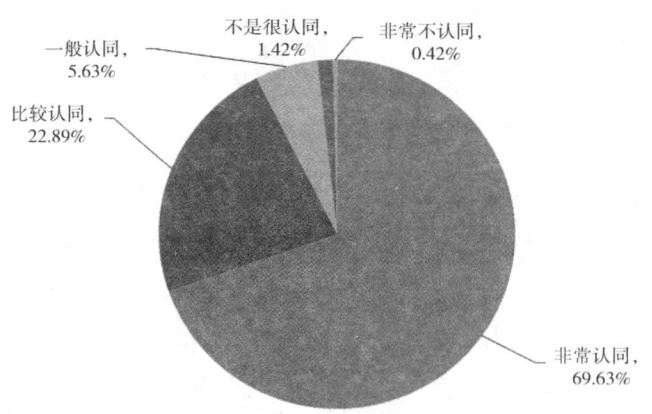

图3－3　富强目标的认同情况

这一数据既是对"富强"作为目标认同的体现,也包含了一定程度的对于我国经济发展现状的认同。我国已成为全球第二大经济体这一事实众人皆知,大国与强国的概念对于大学生来说也容易区分,这基于一个众所周知的基本现实,就是我国是一个拥有十三亿人口的多民族国家,虽然经济总量排在全球第二,但人均经济指标与发达国家的差距仍然较大。因此,对于"大国到强国还有很长的路要走,富强仍然是我们追求的目标"的认同度很高。对比前文提到的大学生对于富强现状的认同情况,对于富强目标的认同度更高一些,也印证了前文所分析的情况,即一部分大学生认为我国目前距离"富强"差距还很大,需要把"富强"作为奋斗目标。

(3) 富强内涵的认同情况

大学生对目前我国的富强内涵认同感较高,调查结果显示,有98.33%的学生对"我会勤奋刻苦、努力学习、不懈奋斗,以国家的繁荣和富强为己任"表示认同,详细结果如图3-4所示。

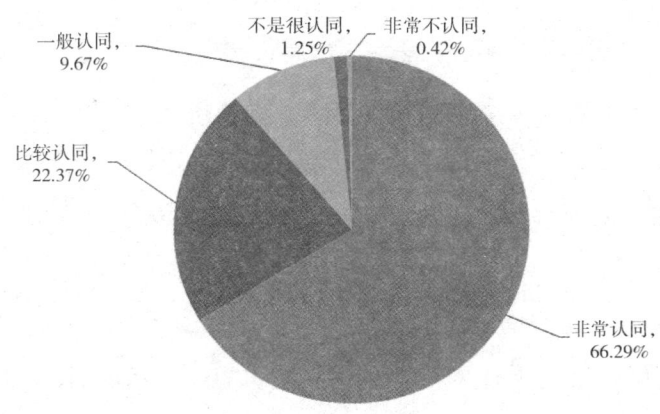

图3-4 富强内涵的认同情况

通过数据可以看出大学生是高度爱国的,"以国家的繁荣和富强为己任"是能充分表明爱国的。习近平总书记说过:"爱国,是人世间最深层、最持久的情感,是一个人立德之源、立功之本。"这说明对于大学生的爱国主义教育、理想信念教育是卓有成效的,也体现了当代大学生的精神风貌。对于价值观的认同是分不同层次的,至少包括在观念上的认同和行为上的认同。这一调研数据能说明观念上的认同,即大学生表示自己能以国家繁荣富强为己任,行为上的认同尚需进一步研究。

2. 民主层面分析

作为社会主义核心价值观的重要内容,民主是社会主义国家政治价值的集中概括和本质表达,决定了社会主义政治发展的价值标准、价值目标和价值导向。民主是社会主义的生命,是社会主义民主政治的本质和核心,中国特色社会主义民主是维护和实现人民整体利益和根本利益的人民民主。它建立在人民根本利益一致的基础上,以维护和实现人民的整体利益和根本利益为目标,而不是以个人利益为基础,任由某个阶级或某些垄断集团进行利益博弈。在民主的实现形式上,人民民主是通过一系列的制度建设把人民当家做主的各项权利落实下来。我国在实践中形成了一整套适合国情的比较成熟的民主制度,就是坚持党的领导、人民当家做主、依法治国的有机统一,坚持人民代表大会制度、中国共产党领导的多党合作和政治协商制度、民族区域自治制度、基层群众自治制度等。民主层面的考察项目涉及三个方面的内容,即对目前我国民主现状的认同、对我国民主目标的认同以及对民主社会内涵的认同。

(1) 民主现状的认同情况

大学生对目前我国的民主现状认同感较高,调查结果显示,有94.84%的学生对"目前我国的民主水平是符合当前国家利益的"表示认同,详细结果如图3-5所示。

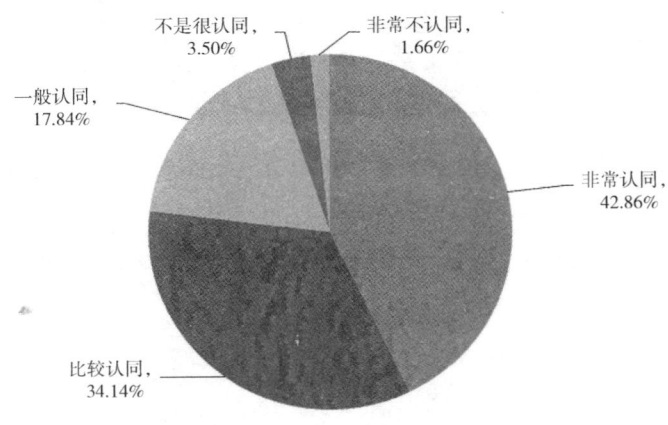

图 3-5 民主现状的认同情况

通过数据可以看出大学生普遍能立足我国国情来看待民主的问题，并且知道在我国实现人民民主，必须坚定不移地走中国特色社会主义政治发展道路，西方民主模式并不适合我国。对此不够认同的是没有摆脱"一人一票"的迷雾，受西方宣称的普世价值观的影响，把选举的投票权单一地、片面地作为民主的衡量标准。

（2）民主目标的认同情况

大学生对目前我国的民主目标认同感较高，调查结果显示，有97.39%的学生对"发展社会主义民主政治，是中国现代化的重要使命之一"表示认同，详细结果如图3-6所示。

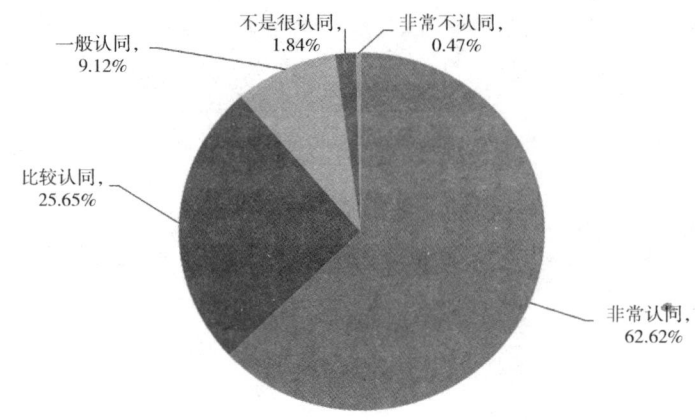

图 3-6 民主目标的认同情况

通过数据可以看出大学生对于中国特色社会主义民主政治制度是高度认同的，是充满信心的，同时认为政治建设是实现国家现代化的重要内容。对于社会主义现代化强国来说，这是一个高度综合的概念，其中包括政治、经济、社会、文化、生态文明等多方面内容，其中政治建设是重要组成部分，学生对此具有一定的认识，是认同的。

（3）民主内涵的认同情况

大学生对目前我国的民主内涵认同感较高，调查结果显示，有98.23%的学生对"我会通过自身的努力为社会的民主贡献一份力量"表示认同，详细结果如图3-7所示。

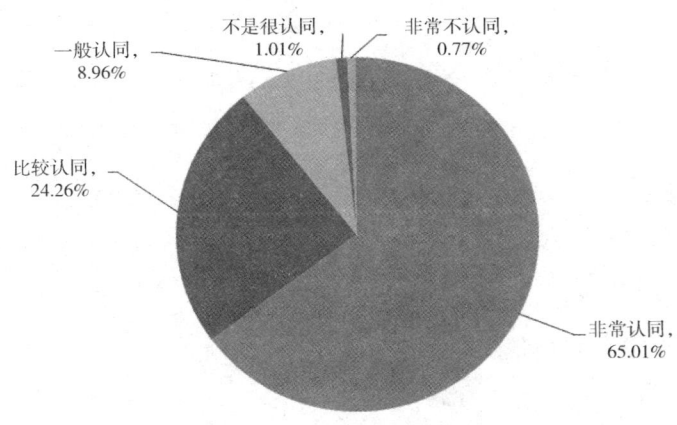

图 3-7 民主内涵的认同情况

通过数据可以看出大学生对实现更好的民主具有期待,具有更加美好的愿景,而且愿意为此付出努力。目前高校越来越重视培养大学生的责任意识、担当意识,越来越注重维护大学生的民主权利。比如高校中每隔几年召开的党代会、团代会、学代会,这些重要会议都离不开学生的参与,都是学生行使民主权利的重要时刻,为此高校高度重视这些会议的召开的规范性、合理性,让学生充分行使民主权利。此外,各类"先""优""模"的评比推荐都需要广泛征求学生的意见。上述这些事件都是充分尊重学生的意愿,为学生提供行使民主权利的机会。通过参与这些事情使学生对民主具有切身的体会和进一步的认识,有利于培养学生的主人翁精神和责任感。

3. 文明层面分析

文明是人类由漫长的野蛮时代进化到较高发展阶段的重要标志,是人类所创造的一切物质财富、精神财富的总和,是对人类取得的所有进步方面和积极成果的统称。社会主义文明是全方位的文明,包括物质文明、精神文明、政治文明、社会文明、生态文明。2018 年 3 月 11 日,第十三届全国人民代表大会第一次会议通过的宪法修正案,将"推动物质文明、政治文明和精神文明协调发展,把我国建设成为富强、民主、文明的社会主义国家"修改为"推动物质文明、政治文明、精神文明、社会文明、生态文明协调发展,把我国建设成为富强民主文明和谐美丽的社会主义现代化强国,实现中华民族伟大复兴"。"文明"作为文化发展维度的价值追求,是对马克思主义文化发展理论的继承和发展。文明层面的考察项目涉及三个方面的内容,即对目前我国文明现状的认同、对我国文明目标的认同以及对文明社会内涵的认同。

(1) 文明现状的认同情况

大学生对目前我国的文明现状认同感一般,调查结果显示,有87.03%的学生对"目前,我国社会已经是文明社会"表示认同,详细结果如图3-8所示。

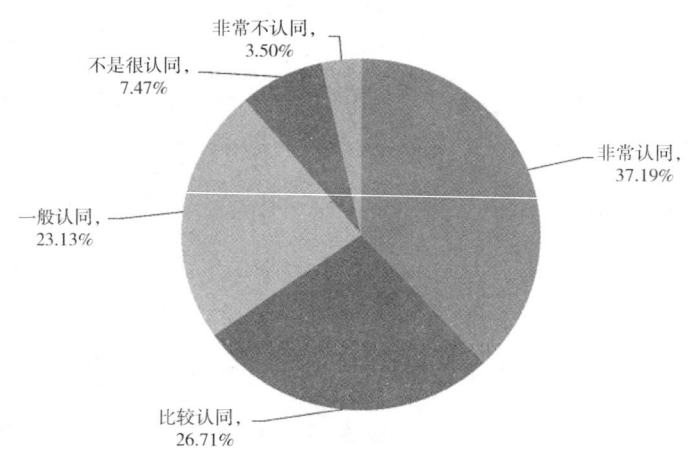

图 3-8 文明现状的认同情况

文明一词的内涵是十分丰富的,但这里的文明还是侧重于精神层面的东西,与人的道德素质、社会风气思潮等息息相关。精神文明建设历来受到党和国家的高度重视,长期以来我国在精神文明建设方面取得了很多成绩,人们的思想道德水平得到了持续提升,社会风气不断得到净化。比如国家开展的文明城市创建活动,评选出了很多全国文明城市,这应该说明很多城市是能达到"文明"要求的。大部分的大学生认同我国已经是文明社会,是对我国这么多年来精神文明建设成绩的肯定，对我国公民道德素质整体水平的认可，对我国整体社会风气良好的认可。但随着全球化的进程加快，文化的发展呈现多样化、多元化的趋势，一些不良现象、不良思潮也在不断影响着人们的观念和行为，影响着社会风气。社会中的不文明现象仍在不断发生，而且有的影响很广、很大。由于"小悦悦事件"、扶摔倒老人反被讹等事情一直存在，这些都会对大学生的思想观念产生重要影响，因此对文明的认同程度不够高。

（2）文明目标的认同情况

大学生对目前我国的文明目标认同感较高，调查结果显示，有98.75%的学生对"应把文明作为中国特色社会主义的精神追求"表示认同，详细结果如图3-9所示。

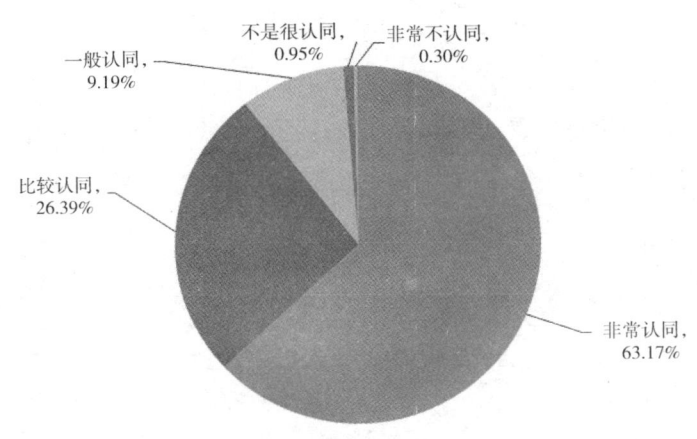

图3-9 文明目标的认同情况

通过数据可以看出，绝大多数大学生希望国家、社会能进一步向更加文明的方向发展，这一点是毋庸置疑的，说明大学生的思想普遍是积极向上的。

（3）文明内涵的认同情况

大学生对目前我国的文明内涵认同感较高，调查结果显示，有93.17%的学生对"如果我在路上遇到老人摔倒，我会毫不犹豫地将老人扶起来"表示认同，详细结果如图 3-10 所示。

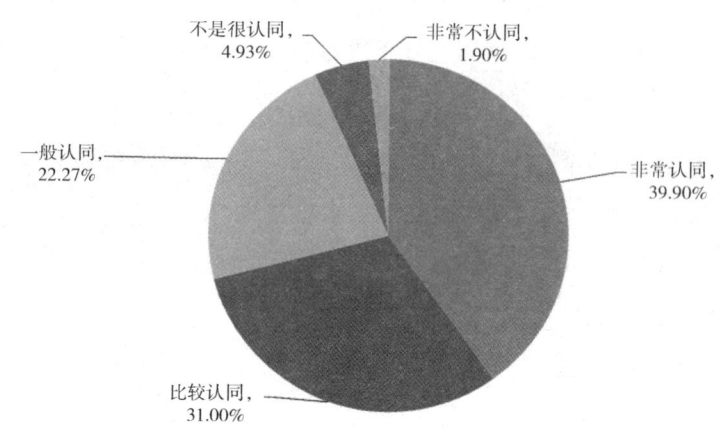

图 3-10 文明内涵的认同情况

遇到老人摔倒扶不扶曾一度成为社会热点、焦点话题，尽管存在争议，但主流的、正向的观点无疑是提倡去扶的。虽然在救助老人的方法上也存在适不适合扶的问题，但这里的"扶不扶"不代表方法，而在于态度，在于是否对人友善。数据说明大学生愿意通过自身的行为向社会传递正能量，表明大学生整体的思想道德素质是较高的。

4. 和谐层面分析

和谐，源自我国古代人们对美好社会状态的一种向往和追求。我国现阶段把和谐作为社会主义核心价值观国家发展总目标，是有其特定涵义的。哲学上的和谐并非指无矛盾无斗争的和谐，而是体现在解决矛盾的过程中，通过卓有成效的工作，努力使对抗性矛盾转化为非对抗性矛盾，并使之以非对抗性的方式得到处理，在此基础上实现社会的团结和稳定。在中国特色社会主义实践的理论语境中，所谓和谐，就是实现社会主义社会中人与人、人与社会、人与自然环境良好互动、相互促进的关系状态。党的十六届六中全会确定了构建社会主义和谐社会的指导思想、目标任务和原则，提出到 2020 年实现全面建设惠及十几亿人口的更高水平的小康社会的目标,努力形成全体人民各尽其能、各得其所而又和谐相处的局面。党的十八大把和谐作为国家层面上的重要价值目标写入了社会主义核心价值观;十九大报告再次提出"把我国建设成为富强民主文明和谐美丽的社会主义现代化强国"。和谐层面的考察项目涉及三个方面的内容,即对目前我国和谐现状的认同、对我国和谐目标的认同以及对和谐社会内涵的认同。

(1) 和谐现状的认同情况

大学生对目前我国的和谐现状认同感一般,调查结果显示,有82.32%的学生对"我国目前已经是和谐社会"表示认同,详细结果如图3-11所示。

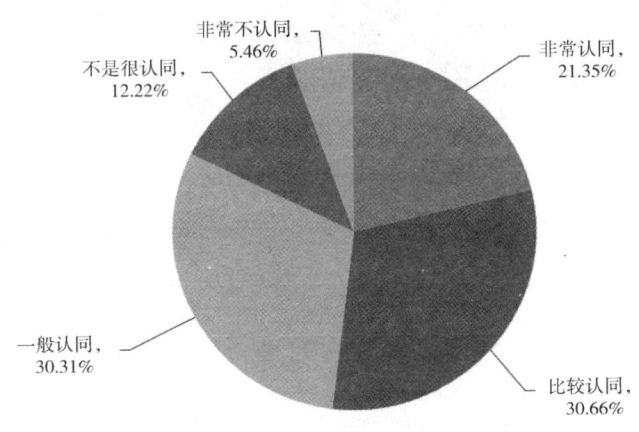

图 3-11 和谐现状的认同情况

和谐主要体现在人与人的和谐、人与社会的和谐、人与自然的和谐。目前我国仍处于社会主义初级阶段,人们日益增长的美好生活需求与不平衡不充分的发展之间的矛盾仍然存在,大学生对此有比较清楚的认识。在经济高速发展的同时,环境问题仍然比较突出,例如雾霾在全国各地普遍存在,说明我国在改善环境的方面还有很长的路要走。人与社会、人与自然之间的矛盾持续存在这一现实是大学生普遍了解的,因此目前对和谐现状的认同感一般是可以理解的。

(2) 和谐目标的认同情况

大学生对目前我国的和谐目标认同感较高,调查结果显示,有 98.22% 的学生对"团结和睦的社会环境是实现民族复兴的前提和基础"表示认同,详细结果如图 3-12 所示。

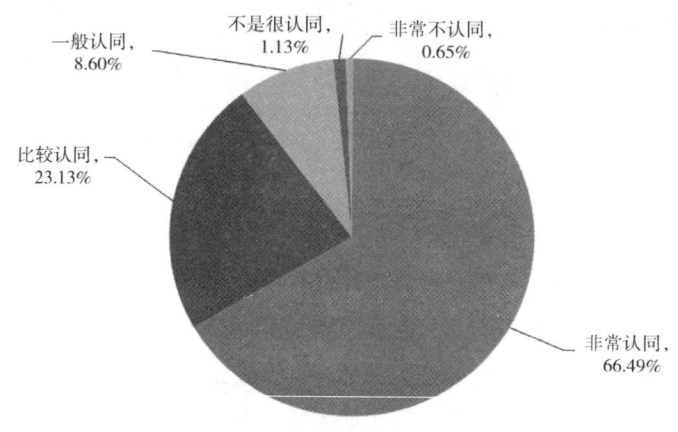

图 3-12 和谐目标的认同情况

中国自古以来就崇尚和谐,在某种意义上,可以说追求和谐就是中国的文化传统。在日常生活语言中,大家常常听到"和为贵""和气生财""家和万事兴"等等;在政治话语中,我们也常常说"和衷共济""政通人和""协和万邦""和平发展"等等。这些关于和谐、和睦的观念深入人心,大学生对和谐目标的高度认同应该是受到了家庭、学校、社会等方方面面思想的熏陶。

(3) 和谐内涵的认同情况

大学生对目前我国的和谐内涵认同感较高,调查结果显示,有 97.92% 的学生对"我会从自身实际出发为和谐社会建设贡献自己的一份力量"表示认同,详细结果如图 3-13 所示。

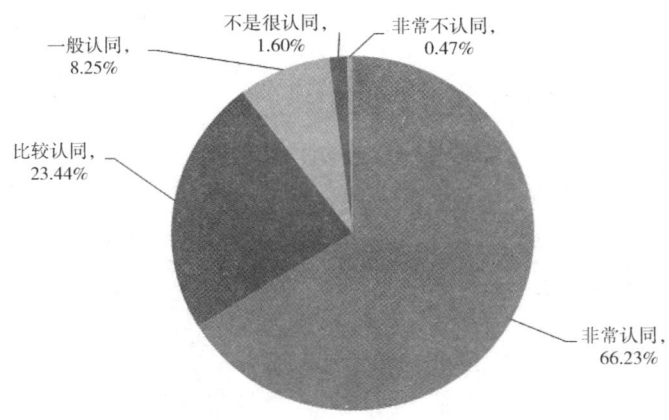

图 3-13 和谐内涵的认同情况

通过数据可以看出,大学生对于和谐内涵的认同度是很高的,这源于对和谐目标的高度认同,大学生愿意通过自身努力为实现这个目标贡献力量,这是顺理成章的。

二、关于社会主义价值观社会层面认同感状况

"自由、平等、公正、法治"是基于社会层面提出的核心价值观,社会层面涉及人与自身、他人、社会、国家的关系。自由、平等、公正、法治的要求,与文明社会的最终目标相一致。文明社会就是自由的社会、平等的社会、公正的社会、法治的社会,有了自由才会有人格尊严;有了平等才能打破阶层固化;有了公正才会有社会和谐;有了法治,才会有权利的保障。"自由、平等、公正、法治"是从社会层面的角度进行概括。它突出了中国特色社会主义的基本社会属性,也就是社会和谐这一属性。社会层面的价值取向为个人判断自己的行为、确定合理的价值取向提供了道路。这些基本的价值取向都可能具体化为制度,成为人们遵从的行为指南。

"自由、平等、公正、法治"作为社会层面的价值取向,它是社会主义核心价值观的重要支柱,它在社会主义核心价值观三个层面中起到承上启下的作用,是连接国家层面价值目标和个人层面价值准则的纽带。其中自由是社会主义的价值理想,平等是社会主义制度的基本原则,公正是社会主义的基本价值取向,法治是现代社会治理的基本方式。它为更好实现国家层面的价值目标和践行个人层面的价值准则创造良好的社会环境。

1. 自由层面分析

"自由"不是随心所欲,不是为所欲为,而是在一定规则约束下个人意志和个人活动的自由状态以及个性的充分展现的权利。自由是人们的一项最基本的权利,这种权利是每一个公民都应当拥有的。把"自由"作为社会主义核心价值观的重要部分,让广大人民群众在一系列制度的保障之下充分享受公民权利,最大限度发挥个性是社会主义社会的最终目标。党的十九大报告指出要"维护国家法制统一、尊严、权威,加强人权法治保障,保证人民依法享有广泛权利和自由"。自由层面的考察项目涉及三个方面的内容,即大学生对目前我国自由现状的认同、对我国自由目标的认同以及对自由社会内涵的认同。

(1) 自由现状的认同情况

大学生对目前我国的自由现状认同感较高,调查结果显示,有91.34%的学生对"你对目前我国的自由程度是否认同"表示认同,详细结果如图3-14所示。

通过数据可以看出绝大多数大学生认为中国是世界上最自由的国度之一,一些"西方国家"说我们"不自由",主要源于不了解中国以及对中国怀有"特殊目的"的敌视。

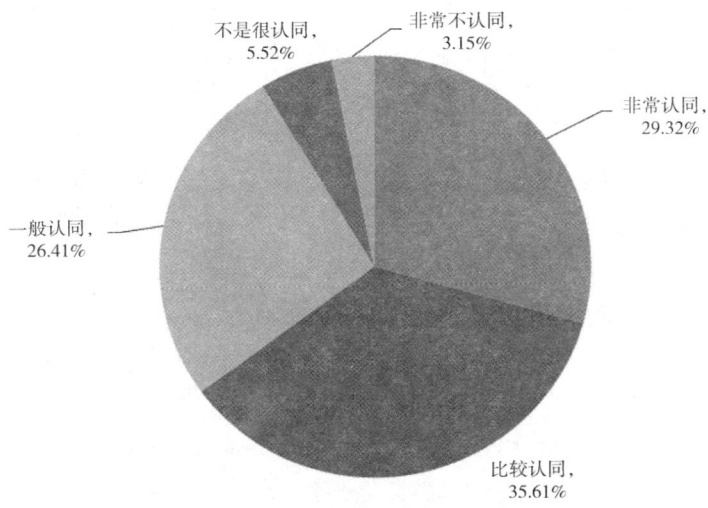

图 3－14　自由现状的认同情况

（2）自由目标的认同情况

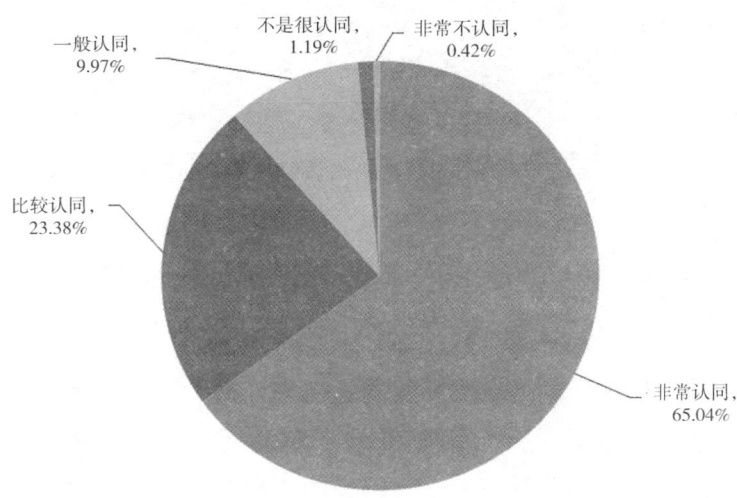

图 3－15　自由目标的认同情况

大学生对目前我国的自由目标认同感较高,调查结果显示,有98.39%的学生认为"社会应为每一个成员的自由全面发展创造良好环境",详细结果如图3-15所示。

通过数据可以看出绝大多数大学生认为当代中国比历史上任何一个时期都要"自由""开放",这为中国走向世界和世界了解中国,提供了一个良好的基础条件。

(3) 自由内涵的认同情况

大学生对目前我国的自由内涵认同感较高,调查结果显示,有97.92%的学生对"世界上所有国家的自由都是相对的,没有绝对的自由"表示认同,详细结果如图3-16所示。

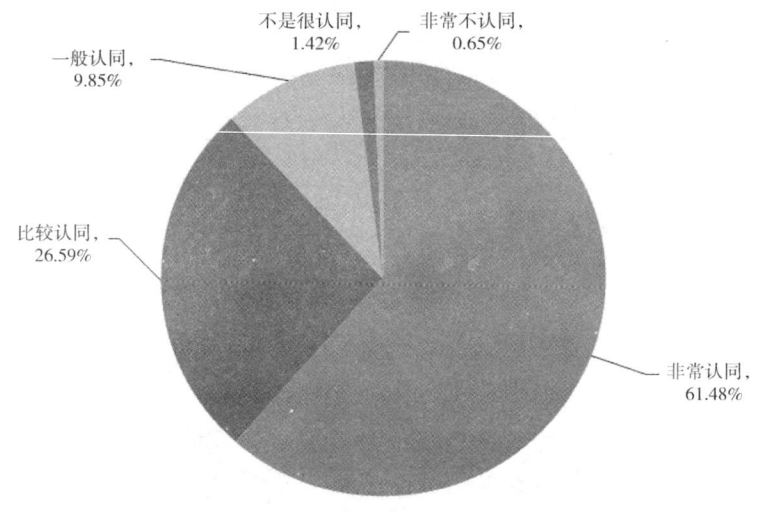

图3-16 自由内涵的认同情况

通过数据可以看出绝大多数大学生认为西方所谓的"绝对的自由"完全是不能"自圆其说"的"谬论"。

关于大学生如何看待言论自由特别是互联网时代下的言论自由,某高校曾在"大学生如何看待网络言论自由观"专门座谈中进行过相关调查,结果显示:大学生能够准确认识言论自由,且不被西方所谓的"言论自由"观点所迷惑,大学生们完全支持国家的相关法律法规。其中,一位法学专业的大学生还举例说明了所谓美国的"言论自由"也存在许多的限制,并举了许多的例子来说明美国是如何进行"言论自由"管控的。座谈会上,对于国家依法依规,惩治违法违规的网络"大V"、网络"公众号"的工作,同学们更是举双手赞成。对于互联网世界的"言论自由",一位同学有如下表述:"针对少数网络名人、网络'大V'无视社会责任,滥用自身影响力,在网上多次发布反对宪法所确定的基本原则、损害国家荣誉和利益以及造谣传谣、扰乱社会秩序等违法违规的行为,国家有关部门对其依法关闭账号,我本人也坚决支持党和国家的决定。""自由与秩序是相统一的,秩序的存在不是单方面的为了限制自由,也是为了让自由的权益得到更好的保护。这好比在一个十字路口,如果车辆随意行驶,红灯不停,遇人不让,那么交通必然瘫痪,这就是只讲自由不谈秩序的情况,所以哪里要自由,哪里就要有秩序。如果网络没了秩序,'自由'就有可能疯狂滋生,没有理性,价值偏激,突破底线,这对于国家和社会的危害是巨大的。"

国内其他高校也有许多好的做法。例如湖北大学为提升师生的网络安全意识,倡导师生依规守法、文明用网,构建"安全、健康、和谐"的校园网络环境,让互联网成为真实便捷的知识库、温暖可靠的朋友圈、文明理性的舆论场。湖北大学面向全校师生发布了"共建网络安全,共享网络文明——践行《中华人民共和国网络安全法》倡议书",倡导全校师生:"一、自觉遵守法律法规;二、自觉倡导网络文明;三、自觉约束个人行为;四、自觉抵制不良信息。""争做网络文明志愿者,努力成为国家网络主权的坚定捍卫者,网络秩序的坚定维护者,网络文明的坚定践行者,为实现中华民族伟大复兴的中国梦凝聚强大的青春正能量。"

2. 平等层面分析

平等作为一个社会历史范畴,强调"等",标志着不同社会主体在特定历史阶段的交往过程中处于同等的社会地位,在社会各个领域享有同等的权利,履行同等的义务,包括权利平等、机会平等和规则平等。权利平等,包括政治权利、经济权利、社会权利、文化权利等各方面权利平等。十九大报告强调"人民平等参与、平等发展权利得到充分保障"。而将平等内化为社会主义核心价值观,更是为了努力达到实质的公平,更好地保障人们在社会生活的各个方面都享有同等的权利。这是我国在实现平等道路上不断前进的重要见证。平等层面的考察项目涉及三个方面的内容,即对目前我国平等现状的认同、对我国平等目标的认同以及对平等社会内涵的认同。

(1) 平等现状的认同情况

大学生对目前我国的平等现状认同感一般,调查结果显示,有83.87%的学生认为"我国目前的社会是平等的社会",详细结果如图3-17所示。

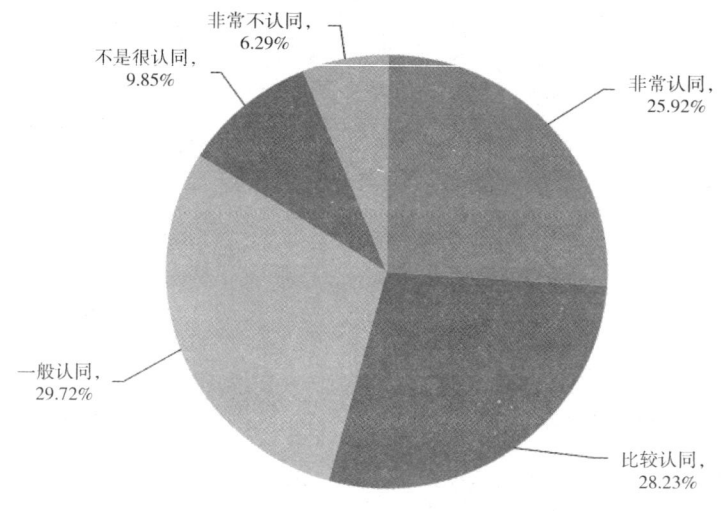

图3-17 平等现状的认同情况

通过数据可以看出绝大多数大学生对平等概念的认知不全面,对在法律领域的平等观较为一致,在道德领域的平等观呈现多元倾向;对身份平等的认知不足，存在歧视倾向；对平等相对性认知不足。大学生对于平等现状认同感一般的原因可大致分为以下几方面：社会转型期存在贫富差距；文化因素上中国传统平等思想与接触到的西方平等思想的对比冲击；教育因素和大学生自身因素也造成了相应的影响。比如，当前社会偶尔出现的"贫二代""富二代""官二代"现象，使青少年群体较为注重父母的经济背景、权力背景，影响了大学生对平等影响要素的认知，使其平等观存在片面性。这也提醒教育工作者，要加强对大学生平等观教育，重点做好以下几个方面的平等观教育培育工作：经济平等观、政治平等观、法律平等观和机会平等观。

（2）平等目标的认同情况

大学生对目前我国的平等目标认同感较高，调查结果显示，绝大多数的学生认为"国家应该想办法减小贫富差距，消除两极分化，努力实现社会平等"，持这一观点的学生占96.86%，详细结果如图3-18所示。

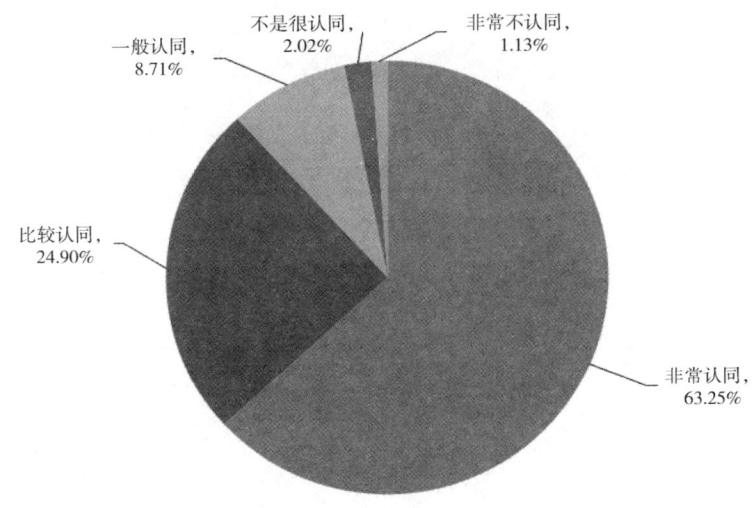

图3-18 平等目标的认同情况

党的十八大以来，我国政府就把扶贫开发作为实现第一个百年奋斗目标的重点工作,大力实施精准扶贫、精准脱贫,不断开创扶贫开发事业新局面。在全党全社会的共同努力下,脱贫攻坚取得显著成绩。这是一张令世界瞩目的脱贫成绩单,作为世界上最大的发展中国家,我国率先实现联合国千年发展脱贫目标,不仅为全面建成小康社会奠定了坚实基础,也为世界减贫事业做出了重大贡献。

(3) 平等内涵的认同情况

大学生对目前我国的平等内涵认同感较高,调查结果显示,有98.99%的学生认同"我会为实现全国各民族和平共处贡献自己的一份力量"这一观点,详细结果如图3-19所示。

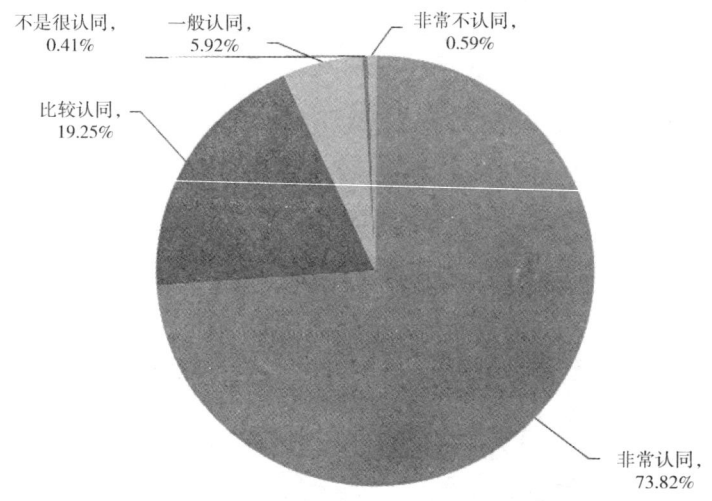

图3-19 平等内涵的认同情况

对于十九大提出的"深化民族团结进步教育,铸牢中华民族共同体意识,加强各民族交往交流交融,促进各民族像石榴籽一样紧紧抱在一起,共同团结奋斗、共同繁荣发展"这一目标,同学们均表示深信不疑、肯定会实现。

3. 公正层面分析

公正强调的是"正",强调事物的伦理性、道德性、法律性和规定性。就是根据一定社会的规定,要使每一个社会成员都能够得其所得,受其所受,贡献要与报酬相匹配,过错要与奖惩相符合。也就是说,"公正就是办事公道,平等待人,主持公平正义"。党的十九大特别强调公正,指出"必须多谋民生之利、多解民生之忧,在发展中补齐民生短板、促进社会公平正义……""坚持人人尽责、人人享有,坚守底线、突出重点、完善制度、引导预期,完善公共服务体系,保障群众基本生活,不断满足人民日益增长的美好生活需要,不断促进社会公平正义,形成有效的社会治理、良好的社会秩序,使人民获得感、幸福感、安全感更加充实、更有保障、更可持续"。公正层面的考察项目涉及三个方面的内容,即对目前我国公正现状的认同、对我国公正目标的认同以及对公正社会内涵的认同。

(1) 公正现状的认同情况

大学生对目前我国的公正现状认同感较高,调查结果显示,有92.06%的学生对"目前我国的社会制度是公正的"表示认同,详细结果如图3-20所示。

我们在进一步调查时了解到,有的大学生认为公正的制度应是"能被普遍良好遵从的制度",也有的认为公正的制度应是"平等设置权利义务的制度",还有的认为公正的制度应是"经由民主程序制定、能够体现大多数人意愿的制度"。受访大学生也表示:我国的社会制度是公平正义的,公正是衡量一个国家或社会文明发展的标准之一。大学生作为社会主义事业的可靠接班人,公正观直接影响着我国未来社会公正的发展方向,很大程度上决定着中国社会的进步程度和公正水平。所以,更要做公平正义的坚定信仰者和执行者。

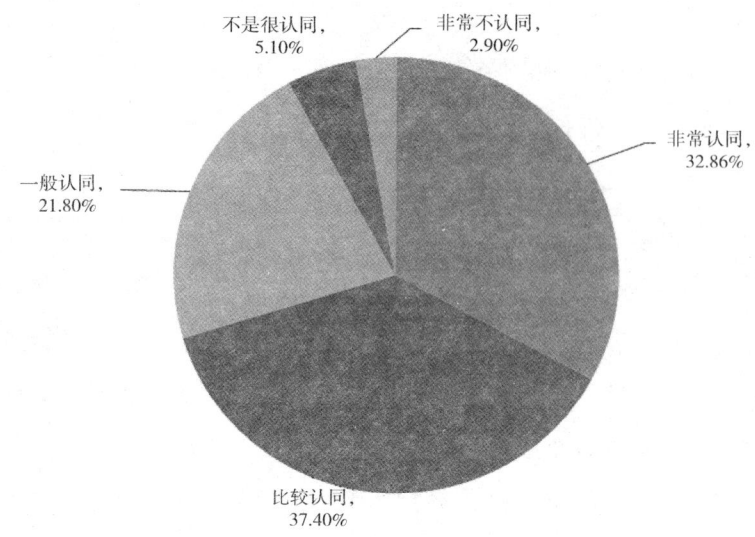

图3-20 公正现状的认同情况

(2) 公正目标的认同情况

大学生对目前我国的公正目标认同感较高，调查结果显示，学生们更加认同"国家应把社会公正作为一个核心的价值目标"，占总调查人数的98.10%，详细结果如图3-21所示。

通过数据可以看出，绝大多数学生认为公正观具有重要的价值。旗帜鲜明地传播以公正观为重点的社会主义核心价值观，有利于提高中国文化软实力，使之与中国道路的影响力相得益彰。

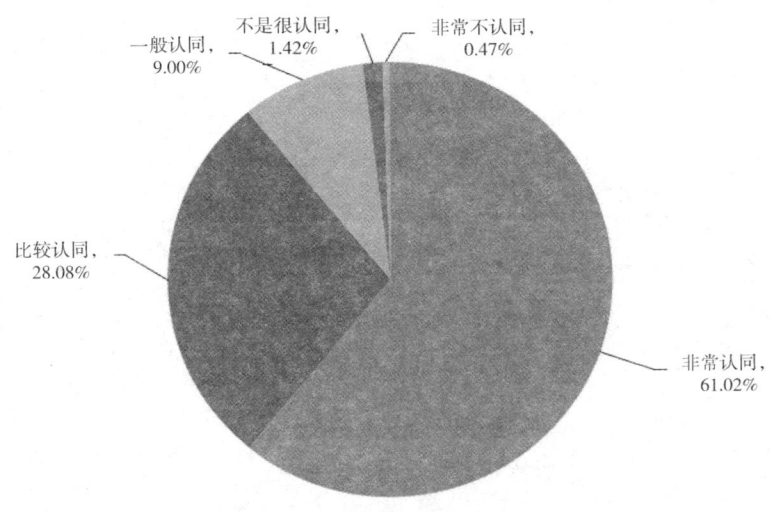

图 3-21　公正目标的认同情况

（3）公正内涵的认同情况

大学生对目前我国的公正内涵认同感较高，调查结果显示，有 97.86% 的学生表示"非常愿意投身社会的建设中，为早日实现公正的社会而奋斗"，详细结果如图 3-22 所示。

对于周围或社会上出现的不公正的现象，大学生们普遍表示深恶痛绝。当问及对这些不公正现象的看法时，身处其中的大学生们反应强烈，但态度有所不同：绝大多数对此表示"深恶痛绝、严厉谴责"，只有极个别大学生表示"现实如此，只能接受"或"内心愤怒，但无能为力"。

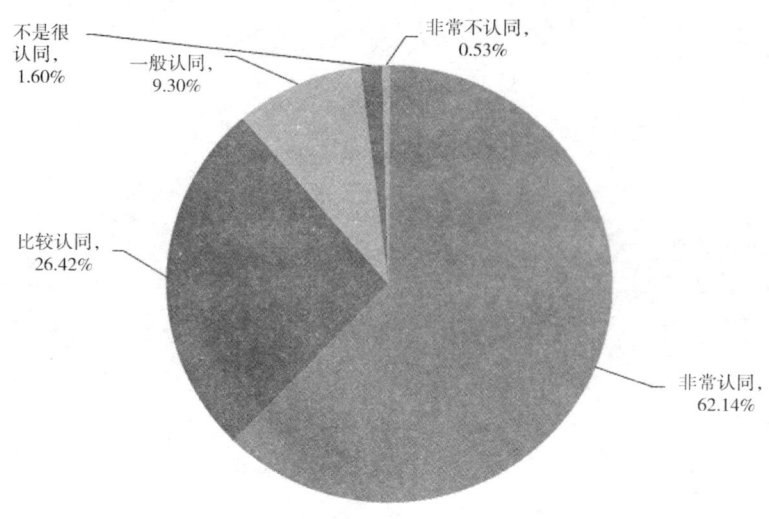

图 3-22 公正内涵的认同情况

4. 法治层面分析

"法治"是相对于"人治"来说的,是指根据法律的规章制度处理社会上的大小事宜,所有公民都应当依靠法律的强制性与权威性约束自己的思想行为。纵观人类历史发展进程,若要彻底地实现人类自由、社会平等、分配公正,必须凭借国家的依法治理。党的十九大报告中多次提到"法治",如"明确全面推进依法治国总目标是建设中国特色社会主义法治体系、建设社会主义法治国家"。"坚持党的领导、人民当家做主、依法治国有机统一是社会主义政治发展的必然要求"。"全面依法治国是中国特色社会主义的本质要求和重要保障。必须把党的领导贯彻落实到依法治国全过程和各方面,坚定不移走中国特色社会主义法治道路,完善以宪法为核心的中国特色社会主义法律体系,建设中国特色社会主义法治体系,建设社会主义法治国家,发展中国特色社会主义法治理论,坚持依法治国、依法执政、依法行政共同推进,坚持法治国家、法治政府、法治社会一体建设,坚持依法治国和以德治国相结合,依法治国和依规治党有机统一,深化司法体制改革,提高全民族法治素养和道德素质"。并且将法治目标写入了工作目标"第一个阶段,从 2020 年到 2035 年……法治国家、法治政府、法治社会基本建成"。

(1) 法治现状的认同情况

大学生对目前我国的法治现状认同感一般,调查结果显示,有 88.92% 的学生认同"我国目前的法治环境非常好"这一观点,详细结果如图 3-23 所示。

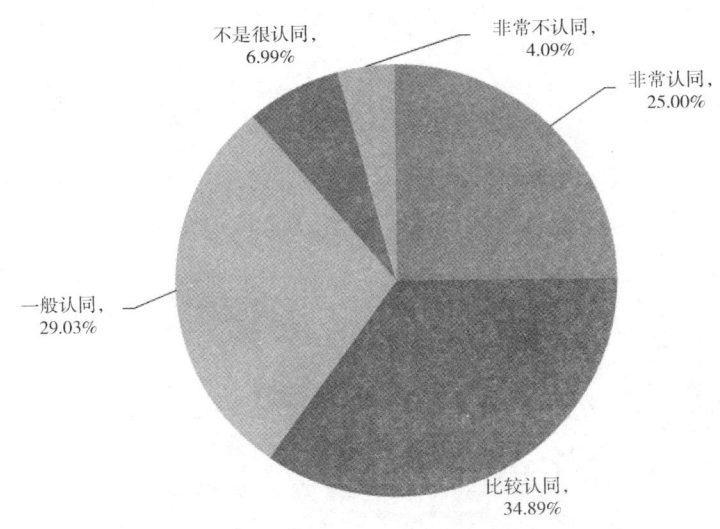

图 3-23　法治现状的认同情况

通过数据可以看出,绝大多数大学生认为十八大以来,我国法治进程成果显著,正如十九大报告提到的那样,"科学立法、严格执法、公正司法、全民守法深入推进,法治国家、法治政府、法治社会建设相互促进,中国特色社会主义法治体系日益完善,全社会法治观念明显增强"。对于未来我国的法治建设,同学们普遍充满信心;特别是对于呼格吉勒图案、赵作海案、佘祥林案等冤假错案的处理,让同学们为党和政府鼓掌欢呼。某高校一位法学专业本科生建议:为防止冤假错案的产生,要加强对刑事辩护的重视。刑事辩护制度是衡量一个国家或地区的法治环境和人权保障水平的重要标尺之一，让律师依法参与刑事诉讼，充分保障被告人的辩护权，对防止冤假错案件具有重要意义。防止冤假错案的产生，不能仅靠司法机关的"自查"，还应引入冤假错案的社会发现机制，以及社会和舆论的依法监督。另一名法学专业的本科生表示："我对依法治国充满信心，我看见全面从严治党真正落到实处，我所信仰的中国共产党变得愈发纯洁而富有生命力。作为一名祖国未来的法律人，我看见全面依法治国正稳步推进，民主法治建设迈出重大步伐！"

（2）法治目标的认同情况

大学生对目前我国的法治目标认同感较高，调查结果显示，有95.85%的学生对"让权力在阳光下运行，应把权力关进制度的笼子里"表示认同，详细结果如图3-24所示。

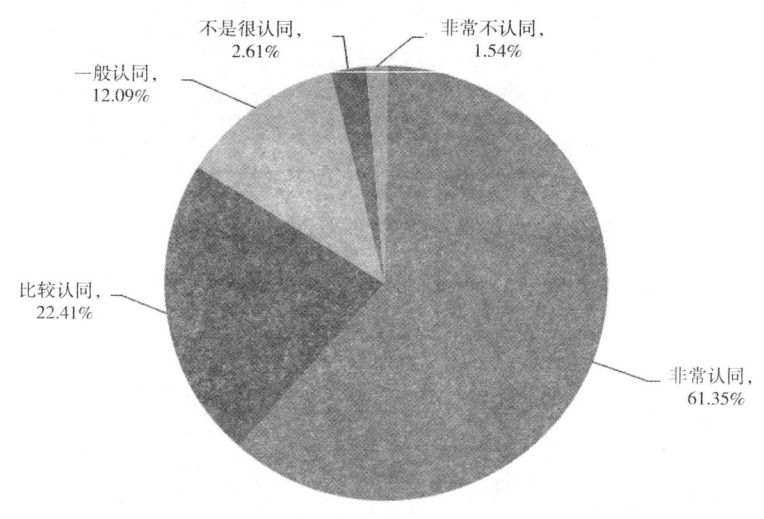

图3-24 法治目标的认同情况

我国高校在大学生普法方面，做出了许多卓有成效的工作，以哈尔滨工程大学为例，近年来按照上级要求和工作部署，从全面推进依法治国的战略高度，结合学校实际,坚持"法治宣传教育与弘扬社会主义法治精神、完善现代大学制度体系、推进学校管理法治实践相结合,全面提升依法治校水平"的指导思想,以更高的标准、更严的要求、更实的举措,在增强领导干部法治意识、提高学生法律素质、制定实施大学章程、全面推进依法治校上下功夫,深入开展法治宣传教育,取得了显著成效,为建设中国特色一流大学提供了法治保障,多次被中央宣传部、司法部、全国普法办公室授予"全国法治宣传教育先进集体"称号。

(3) 法治内涵的认同情况

大学生对目前我国的法治内涵认同感较高,调查结果显示,有95.61%的学生对"我会自觉地遵守交通规则"表示认同,详细结果如图3-25所示。

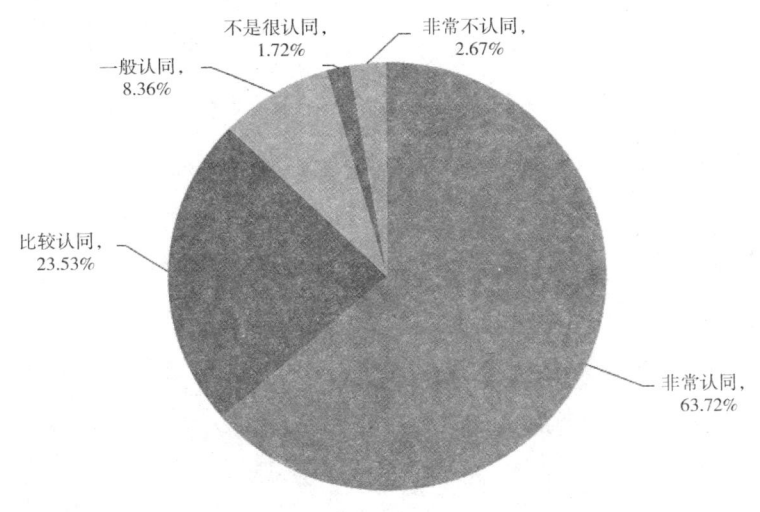

图 3-25 法治内涵的认同情况

我们在进一步调查中发现,绝大多数大学生认为,建设法治中国,我们大学生不仅仅要做到"学法、知法、守法、用法",做社会主义法治的忠实崇尚者,做社会主义法治的自觉遵守者,做社会主义法治的坚定捍卫者。更要从身边的事情做起,从遵守校规校纪做起,从一点一滴做起,培养法治思维,践行"法治中国"理念。

三、关于社会主义价值观个人层面认同感状况

"爱国、敬业、诚信、友善"是公民个人层面的价值准则,是社会主义核心价值观的基石。其中爱国是民族精神的核心,敬业是职业道德的灵魂,诚信是公民道德的基石,友善是社会和谐的润滑剂。只有每一个公民都做到"爱国、敬业、诚信、友善",才能真正实现国家层面的价值目标,才能真正落实社会层面的价值取向。国内各高校十分重视该层面的教育活动,将"爱国、敬业、诚信、友善"教育春风化雨般地融入到各项活动和工作中去,做到润物无声的开展思想政治教育,营造良好的育人环境一直是高校思想政治教育的重要工作之一。

1. 爱国层面分析

爱国层面的考察项目涉及三个方面内容,即对目前我国学生爱国现状的认同、对我国学生爱国目标的认同以及对学生爱国内涵的认同。通过数据可以看出,高校学生在爱国层面的认同度较高,认同度达到了96%以上。通过深入了解发现,各高校开展了各具特色的活动,对大学生进行爱国层面的教育。以哈尔滨工程大学为例,学校开展爱国主题教育激发了学生爱国主义情感。学校始终坚持深入开展中国特色社会主义理想教育,紧紧围绕实现中华民族伟大复兴的中国梦这一时代主题,把爱国主义教育和中国梦宣传教育体现在学生成长成才的各个方面,融入主题宣讲、社会实践、文化建设、典型选树等各个环节,在学生中牢固树立中国特色社会主义是实现中国梦的正确道路这一人生信念。深入开展民族精神教育,把握重大节日和纪念日等教育关键点,开展丰富多彩的主体教育活动,弘扬团结统一、爱好和平、勤劳勇敢、自强不息的伟大民族精神。深入开展以"哈军工"文化为主线的校园文化建设,用品牌文化教育和

引导学生把爱国主义情感转化成为船、为海、为国防而努力学习的动力。

（1）爱国现状的认同情况

调查结果显示，有 97.76% 的学生对"奥运会上，当中国国旗冉冉升起的时候，我感到无比的激动和自豪"表示认同，详细结果如图 3-26 所示。

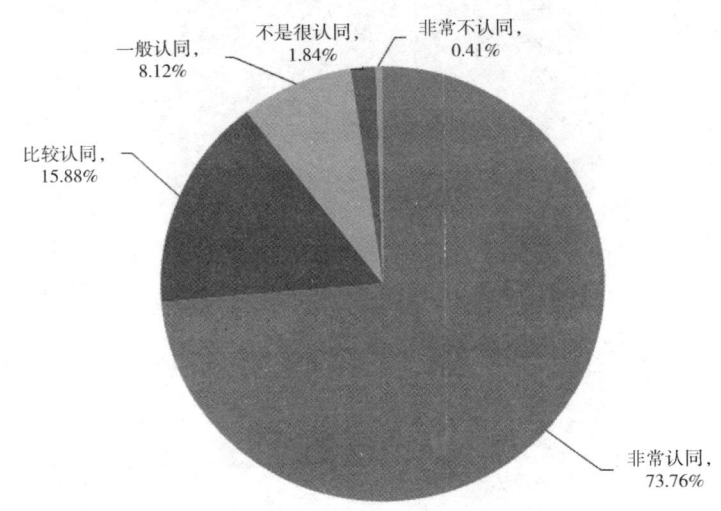

图 3-26　爱国现状的认同情况

对"奥运会上，当中国国旗冉冉升起的时候，我感到无比的激动和自豪"这一问题的认同，可以很好地显示出学生的爱国情怀。对学生深入调查了解到，绝大多数学生对于高校的爱国现状是认同的，尤其是近几年我国社会的飞速发展，国家的综合实力逐渐增加，在国际社会的话语权逐年增强。这些都对在校大学生的爱国情怀产生了很大影响，极大地增加了大学生的爱国情怀，也是形成该问题较高认同度的重要原因。

（2）爱国目标的认同情况

大学生对目前我国学生爱国目标认同感较高，调查结果显示，有 96.15% 的学生对"作为在校大学生，勤奋学习、善于实践，完成好学业就是最好的爱国"

表示认同,详细结果如图 3-27 所示。

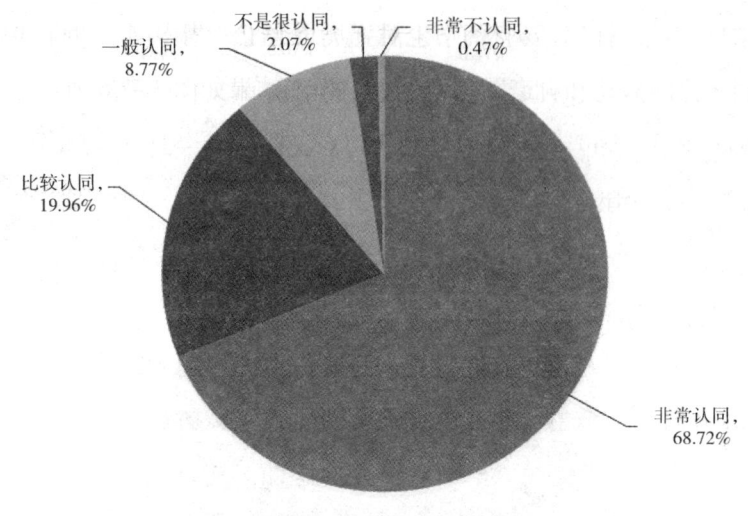

图 3-27 爱国目标的认同情况

对"作为在校大学生,勤奋学习、善于实践,完成好学业就是最好的爱国"这一问题认同,可以很好地显示出高校大学生对于爱国目标认同感的积极程度。"大学生的学生本质就是先学好本领,然后再将学习的知识用于实践,这才是真正的爱国。"这一目标得到了绝大部分人的认可,也可以说绝大多数大学生有着较为正确的爱国观。进一步调查了解到,绝大部分大学生能够正确看待爱国这一问题,能理性表达自己的情感,并将自身的实际情况同爱国理念结合在一起,做好本职工作,为实现中国梦贡献自己的力量。

(3) 爱国内涵的认同情况

大学生对目前我国学生爱国内涵认同感较高,调查结果显示,有 97.45% 的学生对"如果需要,我会义不容辞地为祖国的领土完整和主权独立做出贡献"表示认同,详细结果如图 3-28 所示。

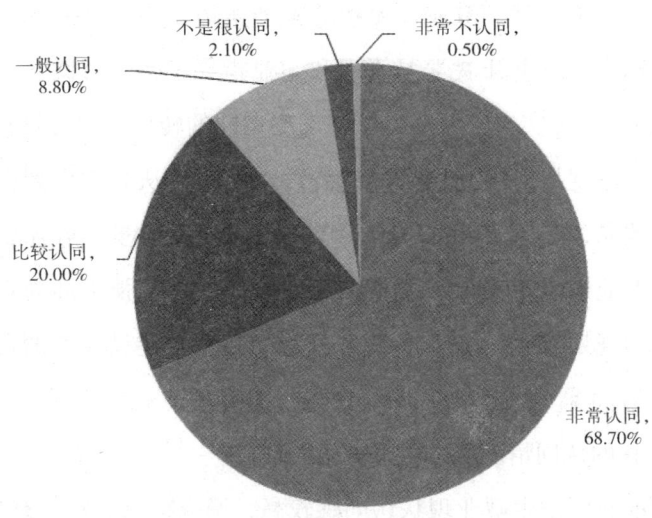

图3-28 爱国内涵的认同情况

对"如果需要,我会义不容辞地为祖国的领土完整和主权独立做出贡献"这一问题认同,可以很好地显示出高校大学生对于爱国内涵的认同感。我们在思想政治状况调查中了解到,大部分大学生十分关注钓鱼岛、台湾、南海等涉及中国领土的问题,并一致表示国家主权不容侵犯。在访谈中,哈尔滨工程大学国防学院一位同学说:"我国有960万平方公里土地,还有300万平方公里的蓝色海疆。如果有敌人胆敢侵犯,我们会用自己的生命保卫祖国的每一寸土地。"

2. 敬业层面分析

敬业层面的考察项目涉及三个方面的内容,即对目前我国学生敬业现状的认同、对我国学生敬业目标的认同以及对学生敬业内涵的认同。通过数据可以看出,高校学生在敬业层面认可度较高,达到了97%以上。通过深入的了解,各高校开展了各具特色的敬业主题教育活动。以哈尔滨工程大学为例,学校通过开展敬业主题教育加强学生职业生涯规划。学校秉承"以学为先,以学为本"

的教育理念,将哈军工奉献、敬业、无私的精神润物无声地融入到日常思想政治教育和学生管理中,着重开展学习管理和学业指导工作,帮助学生完成大学学习的"四个转变",即实现学习动力从被动到主动的转变、学习目标从模糊到清晰的转变、学习态度从消极到积极的转变、学习角色从高中生到大学生的转变,以增强学习效果,提高核心竞争力,提升学风建设质量;加强创新创业指导,帮助学生将专业知识转化为创新精神和实践能力;加强生涯规划和就业指导,帮助学生科学规划人生,尽快成长为符合社会主义建设需要的可靠、顶用之才。

(1)敬业现状的认同情况

大学生对目前我国学生敬业现状认同感较高,调查结果显示,有98.05%的学生对"我非常勤奋的学习、勇于实践,尽最大的努力完成学业"表示认同,详细结果如图3-29所示。

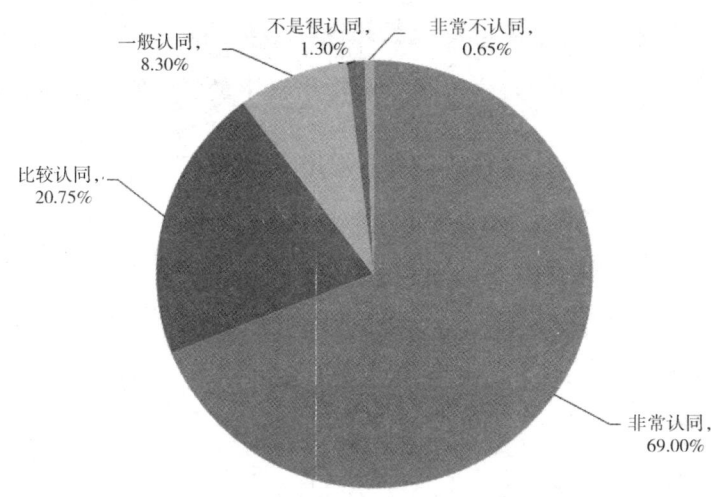

图3-29 敬业现状的认同情况

对"我非常勤奋的学习、勇于实践,尽最大的努力完成学业"这一问题认同,可以很好地显示出高校大学生对于敬业现状的认同感。可以看出,绝大部分学生对于学习的态度较为端正,对于学习能够有一个积极的认知并努力完成学业,这一情况是值得肯定的。同时我们在深入调查中也发现,本调查所采样的群体主要集中在国内较为知名的大学,学生的整体素质较高,因此对于其他高校学生的敬业认可度还需要进行后续研究。

(2) 敬业目标的认同情况

大学生对目前我国学生敬业目标认同感较高,调查结果显示,有98.04%的学生对"每一位社会成员都应该对所从事的职业尽心尽力,在自己的本职工作中实现人生价值"表示认同,详细结果如图3-30所示。

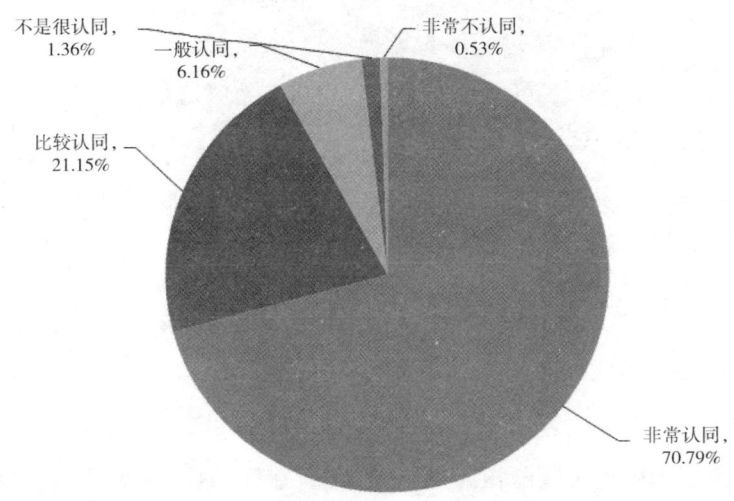

图3-30 敬业目标的认同情况

对"每一位社会成员都应该对所从事的职业尽心尽力,在自己的本职工作中实现人生价值"这一问题认同,可以很好地显示出高校大学生对于敬业目标的认同感。通过数据可以看出,绝大多数大学生能够正确认识敬业目标,并对做好本职工作持肯定态度。这一情况说明目前高校学生有着较为正确的人生观,能够看清楚工作的本质特征,也是各高校持续开展思想政治教育的良好体现。

(3) 敬业内涵的认同情况

大学生对目前我国学生敬业内涵认同感较高,调查结果显示,有 98.05% 的学生对"我愿意为中华民族的振兴做出自己的贡献"表示认同,详细结果如图 3-31 所示。

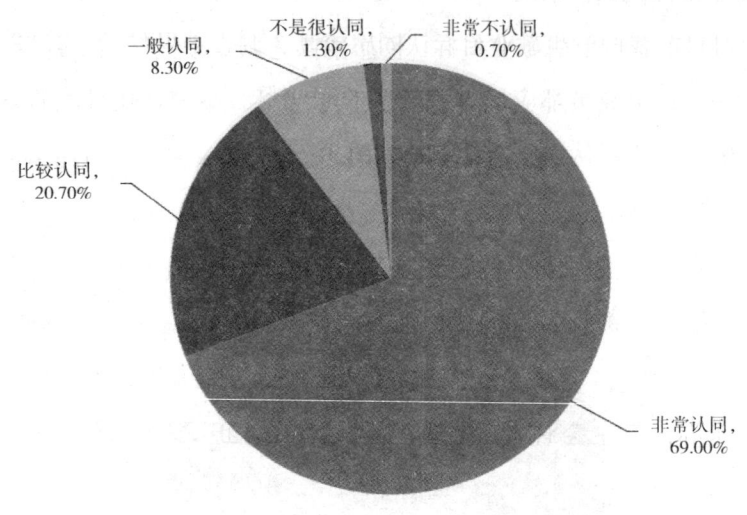

图 3-31 敬业内涵的认同情况

对"我愿意为中华民族的振兴做出自己的贡献"这一问题认同,可以很好地显示出高校大学生对于敬业内涵的认同感。通过数据可以看出,绝大多数大学生能够正确认识敬业的内涵,并且表示愿意为社会主义建设和发展贡献自己的力量。习总书记说过,实现中华民族的复兴不是敲敲锣,打打鼓就能实现的,是需要几代人脚踏实地干出来的。因此高校的大学生们必要踏踏实实学好专业课,做好本职工作,只有这样才能够为中国的发展和中国梦的实现添砖加瓦。

3. 诚信层面分析

诚信层面的考察项目涉及三个方面内容,即对目前我国学生诚信现状的认同、对我国学生诚信目标的认同以及对学生诚信内涵的认同。通过数据可以看出，高校学生在诚信层面的认同度较高，认同度达到了96%以上。通过深入了解发现，各高校开展了各具特色的教育活动，对大学生诚信层面的教育。以哈尔滨工程大学为例，学校开展感恩诚信等主题教育引导学生弘扬传统美德；按层面、分类别地开展诚信主题教育，教育引导学生弘扬中国传统美德；开展感恩主题教育，教育引导学生将感恩之心转化为回报社会、回报学校、回报师长的具体行动；开展"厉行勤俭节约，反对铺张浪费"主题教育，弘扬勤俭节约的传统美德，努力培养人格高尚、素质全面的人才。开展"文明月"教育，促进学生的文明、节约、礼仪、卫生、秩序等行为习惯方面的养成教育，以营造良好的校园文化氛围。

（1）诚信现状的认同情况

大学生对目前我国学生诚信现状认同感较高，调查结果显示，有97.69%的学生对"我认为考试作弊是一种缺乏诚信的表现"表示认同，详细结果如图3－32所示。

对"我认为考试作弊是一种缺乏诚信的表现"这一问题认同，可以很好地显示出高校大学生对于诚信现状的认同感。通过数据可以看出，绝大多数大学生能够正确对待考试作弊的行为，这也是积极价值观的一种表现。以哈尔滨工程大学为例，学校开展的无人监考课堂，可以很好地展现诚信教育的效果；此外，近些年来，国内各高校也越来越重视诚信教育的开展，极大地促进了大学生诚信价值观的形成和发展。

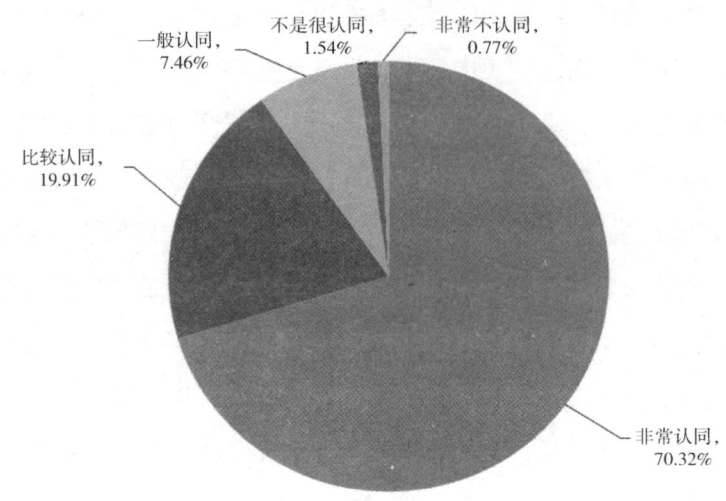

图 3-32　诚信现状的认同情况

（2）诚信目标的认同情况

大学生对目前我国学生诚信目标认同感较高，调查结果显示，有 98.10% 的学生对"我认为言必行，行必果，个人的诚信关键在于言行"表示认同，详细结果如图 3-33 所示。

对"我认为言必行，行必果，个人的诚信关键在于言行"这一问题认同，可以很好地显示出高校大学生对于诚信目标的认同感。通过数据可以看出，绝大多数大学生能够正确认识诚信目标，并且对于"言出必行"持肯定态度。诚信是做人的根本，也是立世之本，诚信的缺失必然导致经济的混乱和社会的退步，因此，做好诚信教育也是高校思想政治教育的重要工作之一。

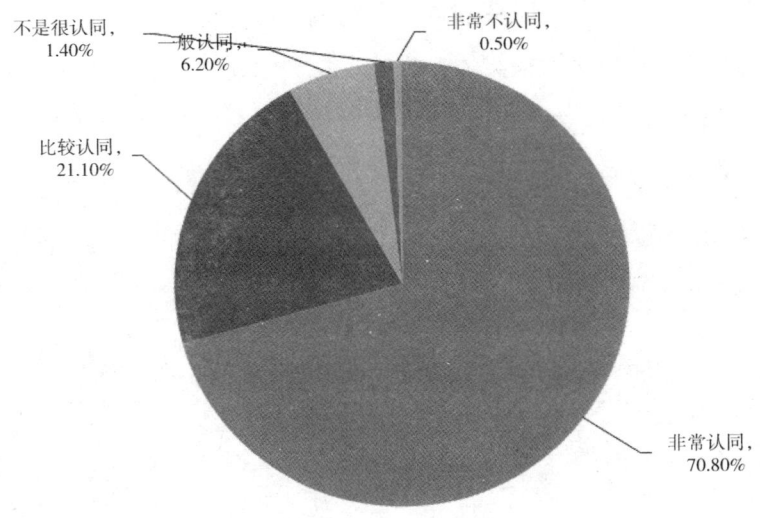

图 3-33 诚信目标的认同情况

(3) 诚信内涵的认同情况

大学生对目前我国学生诚信内涵认同感较高,调查结果显示,有 96.21% 的学生对"如果我借了超市和学校的'爱心雨伞',用后我会主动归还"表示认同,详细结果如图 3-34 所示。

对"如果我借了超市和学校的'爱心雨伞',用后我会主动归还"这一问题认同,可以很好地显示出高校大学生对于诚信内涵的认同感。通过数据可以看出,绝大多数大学生能够正确认识诚信的内涵。关于爱心雨伞的问题我们在高校校园中做过深入的调研,大部分在校大学生能够将爱心雨伞用后归还,但是校外的人员很难控制,只有少数能够归还,根据资料显示这一现象在校外的商场中更是普遍。这一问题仍需我们进一步深入研究。

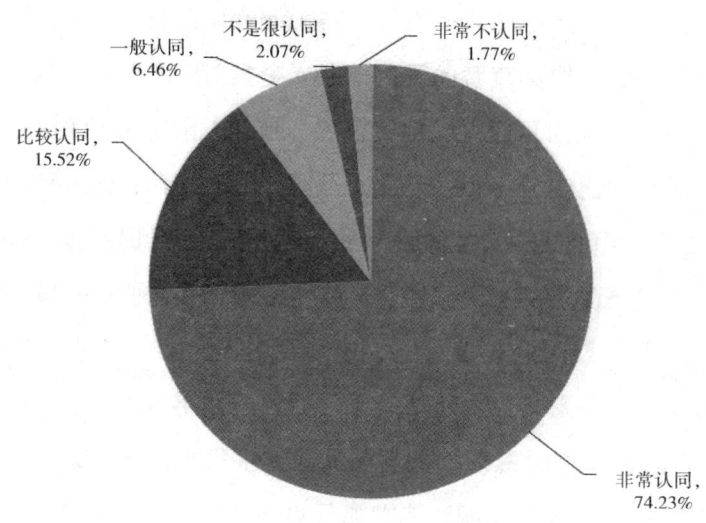

图 3-34 诚信内涵的认同情况

4. 友善层面分析

诚信层面的考察项目涉及三个方面的内容，即对目前我国学生友善现状的认同、对我国学生友善目标的认同以及对学生友善内涵的认同。

通过数据可以看出，高校学生在诚信层面的认同度较高，认同度达到了 96% 以上。通过深入的了解，各高校开展了各具特色的教育活动，对大学生进行诚信层面的教育。以哈尔滨工程大学为例，学校开展友善主题教育以促进学生提升综合素养。学校进一步加强社会公德、职业道德、家庭美德、个人品德、行为规范方面的教育，以引导学生形成正确的是非观、善恶观、荣辱观。切实开展好文明守纪教育，加强班风和寝风建设，以提升学生自身修养和综合素质，引导学生讲文明、重品行、树新风。通过知识讲座、团体辅导、个体咨询、危机干预等形式，引导学生优化心理品质、预防和缓解心理问题，提升人际交往的能力。

（1）友善现状的认同情况

大学生对目前我国学生友善现状认同感较高，调查结果显示，有 96.80% 的学生对"我认为目前社会上人与人之间是非常友善的"表示认同,详细结果如图3-35所示。

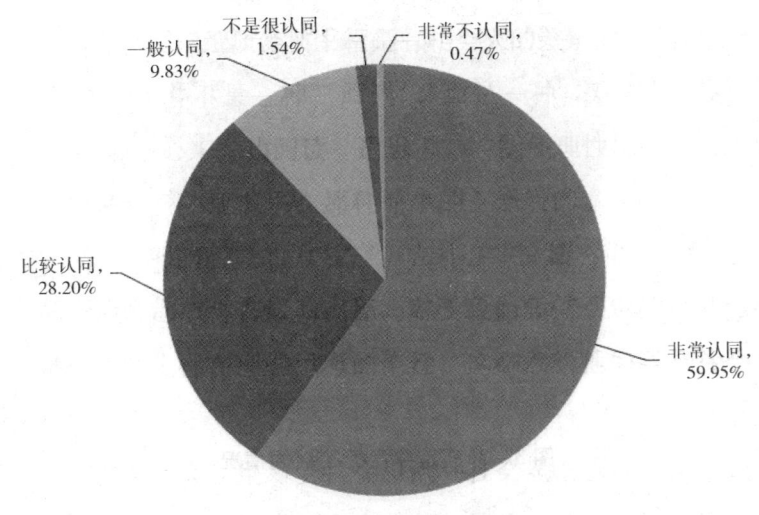

图 3-35　友善现状的认同情况

对"我认为目前社会上人与人之间是非常友善的"这一问题认同,可以很好地显示出高校大学生对于友善现状的认同感。通过数据可以看出,绝大多数大学生对社会上人与人之间的关系持积极的态度,并认为人与人之间的关系是和谐的。我们深入调查了解到,大学校园相对于社会的大环境是比较简单和单纯的,并不像社会那样复杂,校园中也只是简单的同学之间和师生之间的人际交往关系,因此高校大学生对人与人之间关系的积极评价较高。

(2) 友善目标的认同情况

大学生对目前我国学生友善目标认同感较高,调查结果显示,有98.39%的学生对"我认为与人为善,是做人的基本准则之一"表示认同,详细结果如图3-36所示。

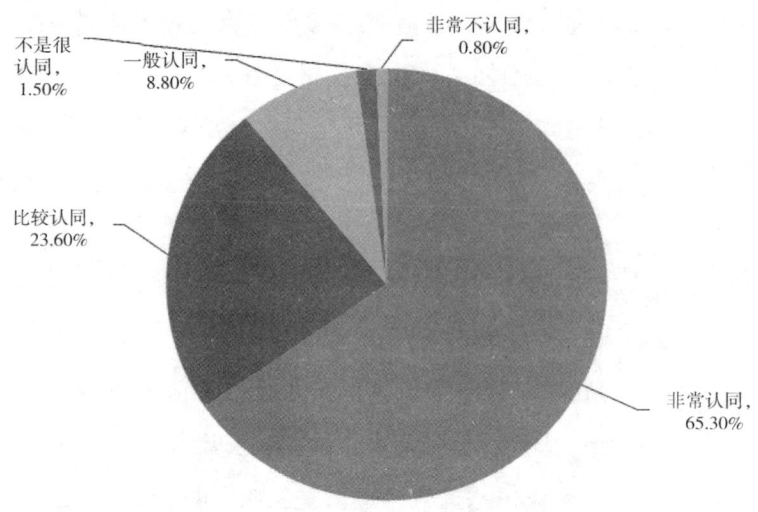

图 3-36　友善目标的认同情况

对"我认为与人为善,是做人的基本准则之一"这一问题认同,可以很好地显示出高校大学生对于友善目标的认同感。通过数据可以看出,绝大多数大学生能够正确认识友善目标,并且对于"与人为善"持肯定态度。友善是人际交往的根本,是和谐社会的基本条件之一,也是社会整体素质提升的表现,相信随着几代人的努力,我国整体国民的素质会越来越好的。

(3) 友善内涵的认同情况

大学生对目前我国学生友善内涵认同感较高,调查结果显示,有98.3%的学生对"对于需要帮助的同学,我会尽最大努力帮助他"表示认同,详细结果如图3-37所示。

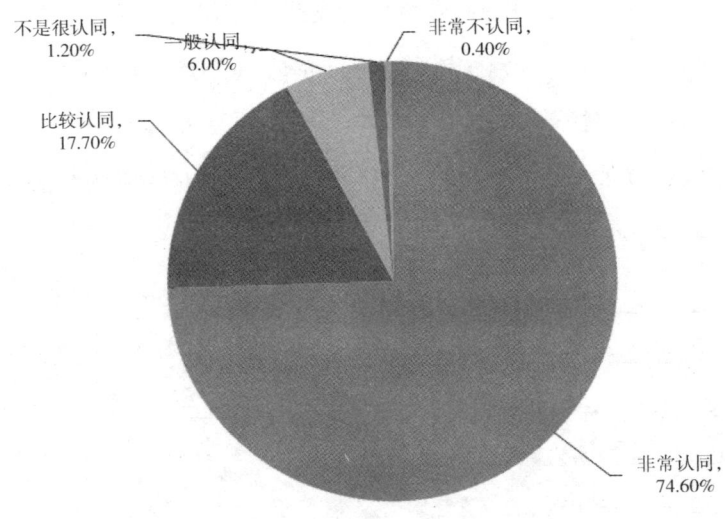

图3-37 友善内涵的认同情况

对"对于需要帮助的同学,我会尽最大努力帮助他"这一问题认同,可以很好地显示出高校大学生对于友善内涵的认同感。通过数据可以看出,绝大多数大学生能够正确认识友善的内涵,并且表示愿意尽最大努力帮助需要帮助的同学。我们深入调查了解到,各高校每年开展各式各样的公益活动,活动中高校大学生的奉献精神对自己和身边的人都会产生积极深远的影响,这部分大学生成长步入社会之后,也会将这种好的思想带入社会,影响身边的人,对社会产生积极的影响。

四、当代大学生社会主义核心价值观认同的现状困境

本次调查问卷采用 Likert 五等级量表形式进行测量,按照轻重程度分别进行五等级的分数转换,如将"A 非常认同"转换为 5 分,"B 比较认同"转换为 4 分,"C 一般认同"转换为 3 分,"D 不太认同"转换为 2 分,"E 非常不认同"

转换为1分。为了更符合我们的思维习惯,在统计分析的时候,我们将其转换为百分制,得分越高,说明认同度越高,得分越低,说明认同度越低。

1. 国家层面各维度分析

将国家层面的富强、民主、文明、和谐四个维度的认同感得分进行横向比较,结果如图3-38所示。

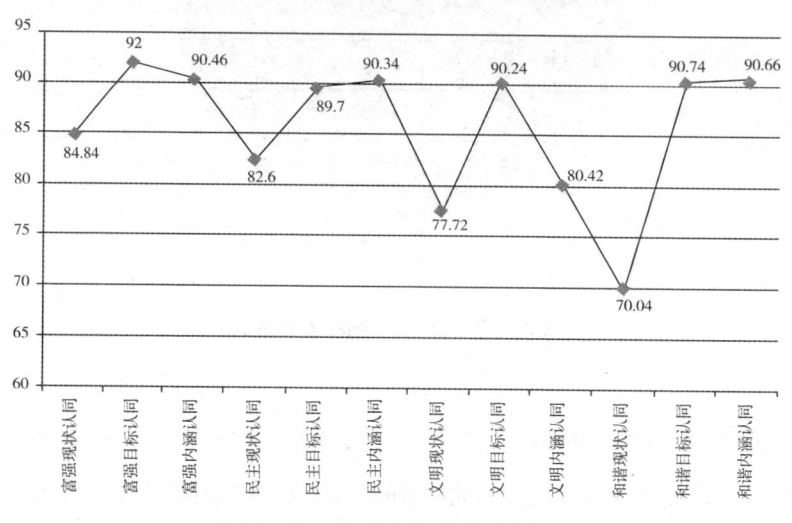

图3-38 国家层面各维度情况

通过数据可以看出,在国家层面的各维度中,高校学生对富强目标的认同、文明目标的认同和和谐目标的认同感达到了90分以上,认同感较高;而对文明现状的认同感和和谐现状的认同感却在80分以下,得分相对较低。这一点可以看出,目前国内社会的文明状况和和谐状况仍有很大的改善空间。

2. 社会层面各维度分析

将社会层面的自由、平等、公正、法治四个维度的认同感得分进行横向比较,结果如图3-39所示。

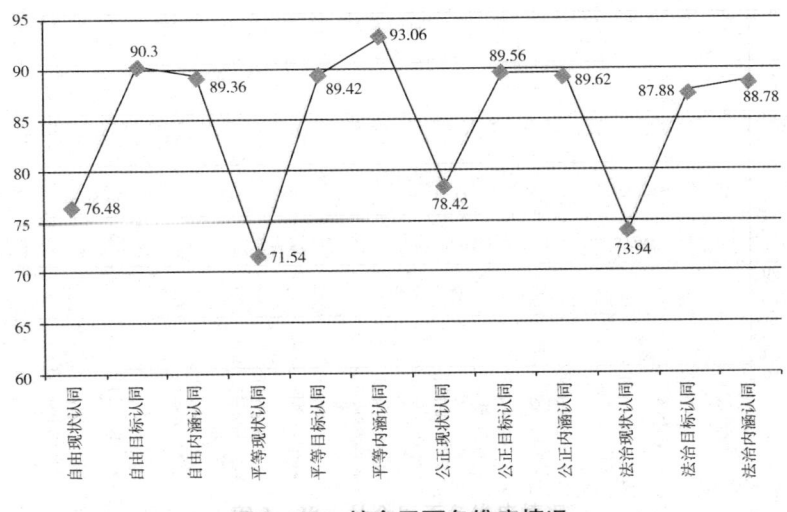

图 3-39　社会层面各维度情况

通过数据可以看出，高校的学生对社会层面的自由现状、平等现状、公正现状正和法治现状的认同感较低，得分均在 80 分以下。这一情况说明我国社会层面的问题较为突出，我们应该加大社会层面的建设和投入，建立健全制度，完善法律，尽快使社会层面的不良状况得到改善。

3. 个人层面各维度分析

将社会层面的爱国、敬业、诚信、友善四个维度的认同感得分进行横向比较，结果如图 3-40 所示。

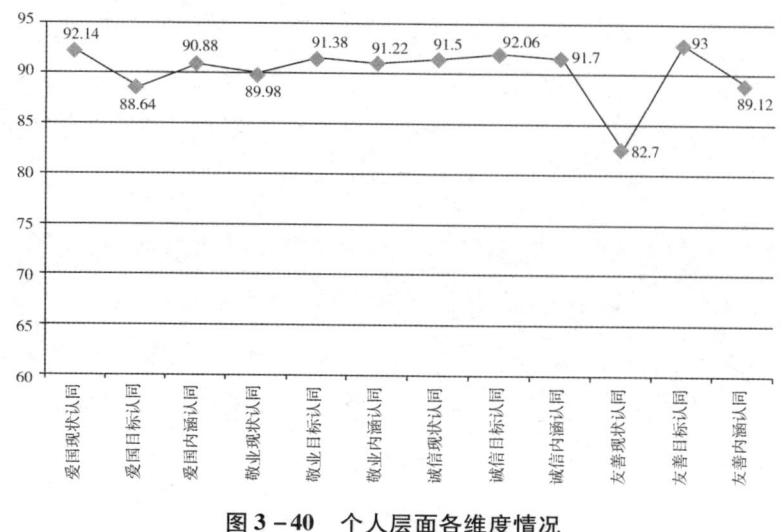

图3-40 个人层面各维度情况

通过数据可以看出，个人层面的各维度得分均达到了80分以上，总体上看这一层面的认同状况较为良好。

4. 总体结果

（1）大学生对国家层面价值目标的认同状况

"富强、民主、文明、和谐"作为国家层面的价值目标，在社会主义核心价值观中居于统领地位，为全党和全国各族人民指明了奋斗方向和目标，与党的十八大提出的"五位一体"总体布局紧密相连。具体而言，"富强"是社会主义经济建设的奋斗目标，"民主"是社会主义政治建设的目标，"文明"是社会主义文化建设的奋斗目标，而"和谐"是社会建设和生态文明建设的目标，代表了人民群众的根本利益和共同愿望，指明了国家发展方向，理应有广泛的群众基础。

本次调查发现，当代大学生对国家层面价值目标的认同度均值得分为85.86分，处于"良好"等级。从国家层面价值目标的各个维度来看：大学生对"富强""民主""文明""和谐"的认同度都比较高；相比较而言，大学生对国家层面价值目标各维度认同度大小依次为"富强"认同度＞"民主"认同度＞"和谐"认同度＞"文明"认同度。在体现对"富强"认同的指标上，当代大学生对富强的现状有良好的认同，对富强作为中国现代化奋斗目标有充分的信心；在体现"民主"认同的指标上，大学生对于具有中国特色的民主有较高的认同感，对于西方世界所标榜的普世价值有自己的理解；在体现"和谐"认同的指标上，大学生对社会层面的和谐认同度一般，对于目前社会的和谐现状持保守态度；在体现"文明"认同的指标上，大学生对营造良好的社会文明新风尚有较高的认同，但对文明的现状认同感一般。

(2) 大学生对社会层面价值取向的认同状况

"自由、平等、公正、法治"作为社会层面的价值取向，是社会主义核心价值观的重要支柱，它在社会主义核心价值观三个层面中起着承上启下的作用，是联结国家层面的价值目标和个人层面价值准则的纽带；其中自由是社会主义的价值理想，平等是社会主义制度的基本原则，公正是社会主义的基本价值取向，法治是现代社会治理的基本方式。它为更好实现国家层面的价值目标和践行个人层面的价值准则创造良好的社会环境。

本次调查发现，当代大学生对社会层面价值取向的认同度均值得分为85.94分，处于"良好"等级。从社会层面价值取向的各个维度来看：大学生对"自由""平等""公正""法治"的认同度都比较高；相比较而言，大学生对社会层面价值取向各维度认同度大小依次为"公正"认同度＞"自由"认同度＞"平等"认同度＞"法制"认同度。在体现"自由"认同度的指标上，当代大学生对"相对自由"有较高的认同度，对自由的现状的认同感相对较低，绝大多数学生认为社会应为每一个成员的自由全面发展创造良好环境；在体现"平等"认同度的指标上，大学生对社会主义应努力减小贫富差距，消除两极分化，努力实现社会平等表示较高的认同，同时也对为实现全国各民族和平共处贡献自己的一份力量表示极大的认同；在体现对"公正"认同的指标上，无论是国家应把社会公正作为一个核心的价值目标，还是将自己投身到社会的建设中，为早日实现公正的社会而奋斗，大学生都有较高的认同；在体现对"法治"认同的指标上，绝大多数学生对加强法律对权力的监管具有较高的认同。

(3) 大学生对公民个人层面价值准则的认同状况

"爱国、敬业、诚信、友善"是公民个人层面的价值准则，是社会主义核心价值观的基石；其中爱国是民族精神的核心，敬业是职业道德的灵魂，诚信是公民道德的基石，友善是社会和谐的润滑剂。只有每一个公民都做到"爱国、敬业、诚信、友善"，才能真正实现国家层面的价值目标，才能真正落实社会层面的价值取向。

本次调查发现，当代大学生对公民个人层面价值准则的认同度均值得分为 90.36 分，处于"较好"等级。从公民个人层面价值准则的各个维度来看：大学生对"爱国""敬业""诚信""友善"的认同度都比较高。相比较而言，大学生对公民个人层面价值准则各维度认同度的大小依次为"诚信"认同度＞"敬业"认同度＞"爱国"认同度＞"友善"认同度。在体现"爱国"认同的指标上，当代大学生对理性爱国有较高的认同度，同时也认为作为在校大学生，勤奋学习、善于实践，完成好学业就是最好的爱国；在体现"敬业"认同的指标上，大学生对尽职尽责、在本职工作中实现人生价值有较高的认同，对为中华民族的振兴做出自己的贡献表示出极大的认同；在体现"诚信"认同的指标上，大学生对在考试中不作弊表示极大的认同；在体现对"友善"认同的指标上，大学生对"与人为善是做人基本准则"的认同度高。

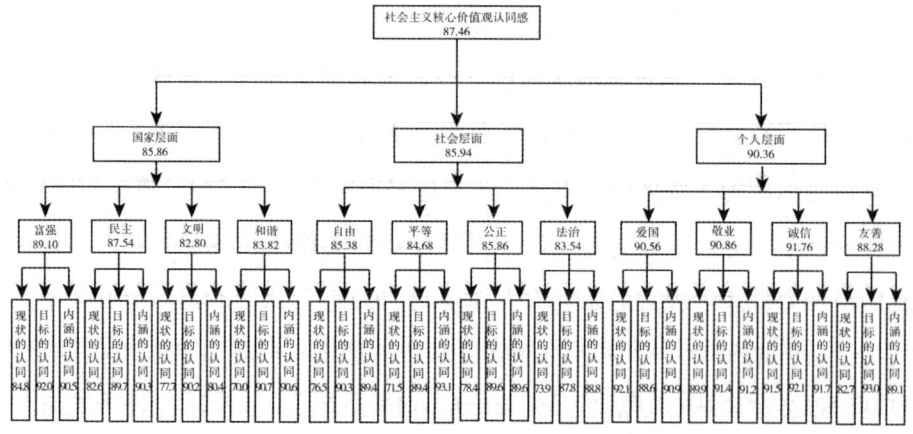

图 3-41 社会主义核心价值观各维度情况

5. 当代大学生社会主义核心价值观认同的现状困境

（1）当代大学生社会主义核心价值观认同存在的问题

本次调查发现，大学生对社会主义核心价值观整体认同度为87.46分，处于良好等级，无论是在总体关注度上，还是在对核心价值观具体内容（国家层面、社会层面、个人层面）的深入认知上，大学生群体的认同程度都比较高。由此表明，自提出社会主义核心价值观以来，高校进行的宣传和培育工作取得了巨大成效。当然，在调查中我们也应该看到大学生在对社会主义核心价值观认同上所出现的一些问题。

从调查中得知，对社会主义核心价值观的认知有不少同学存在朦胧现象，只是停留在认知的表面，部分同学对社会主义核心价值观缺乏深入准确的理解。

通过对调查问卷的分析发现，部分大学生对社会主义核心价值观的认知主要是通过思政课教师和辅导员的讲解和宣传，自己主动学习的积极性不够高，对社会主义核心价值观认知的主动性不强。

通过调查发现，部分大学生对社会主义核心价值观没有形成情感认同，价值观的内涵没有深入到学生心灵，反映出高校对大学生社会主义核心价值观情感认同教育还有大量工作要做。

通过对调查问卷分析发现，在行为认同方面部分同学存在着偏差，比如在参加主题党团活动时都是被动要求参加，较少积极主动参加，反映出高校在对学生核心价值观的知行培育方面任重而道远。

本次调查发现，大学生对社会主义核心价值观的认同，存在性别、年级、政治面貌、专业类型等方面的差异。女生对社会主义核心价值观的认同程度显著高于男生；大一年级学生对社会主义核心价值观的认同程度显著高于大二、大三、大四的学生，大二、大三、大四这三个年级学生之间并无显著差异；学生党员和学生团员对社会主义核心价值观的认同程度都显著高于学生群众，党员和团员之间并无显著差异；医科类学生对社会主义核心价值观的认同程度显著高于文科类、理科类和工科类学生,文科类、理科类和工科类三者学生之间并无显著差异。

(2)大学生社会主义核心价值观认同现状中存在问题的成因分析

通过调查分析可以得知,当代大学生对核心价值观的认同状况呈现出了积极、乐观的态势,这说明对大学生意识形态的教育已取得了一定效果,但是还有一部分大学生对核心价值观的认同存在一些问题。

全球化信息化背景下东西方文化冲突加剧,而全球化又使世界各国相互依存、利益交融,其所带来的影响发生在人类生活的各个方面。在思想领域方面,东西方思潮的交融与碰撞越发突出且无法避免。随着中国不断加快开放节奏,西方文化和西方思想与当代大学生接触的机会越来越多,例如美剧、美国大片、美国文学著作以及代表美国文化的消费品(麦当劳、肯德基等),都在向当代大学生传递着西方的文化与价值思想;而且近年来全国高校毕业生人数逐年上升,就业形势越来越严峻,就业难的问题始终存在。大学生认知和辨别能力不强,思想认知方面容易产生偏差。另外随着深化改革和社会转型带来的阵痛,各种结构性矛盾开始显现,人们的心态易受干扰,社会的价值判断也易受影响。因此,大学生容易产生精神空虚和迷茫,在价值观念上出现了多样化趋势,如享乐主义、奢靡主义、个人主义等,对大学生的思想造成了严重的消极影响。

思想政治理论课虽然是高校对大学生进行社会主义核心价值观教育的"主渠道",但在某些方面仍然存在一些亟待解决的问题。在授课老师方面,由于一些教师理论水平不高,知识储备不够,知识结构不能及时更新,时常出现教师机械解读、照本宣科的现象。在教学方法方面,存在教学方法和手段单一、现代多媒体教学手段运用不足等问题。在教学内容方面,课堂讲授侧重于理论灌输,而社会主义核心价值观教育不仅需要对理论的认知,更需要践行,理论若不能紧密联系实践,学生的学习兴趣就会降低,从而使社会主义核心价值观认同效果大打折扣。在课程设置方面,思政课开课一般只有若干周时间,时间短、内容多,学生可能无法较好地深入领悟社会主义核心价值观的核心内涵。

信息时代互联网的普及，对大学生学习和生活的影响有利有弊。优点是，互联网可以开拓学生的视野，解决学生学习生活上的难题，丰富大学生的课余生活，大学生以手机、电脑为终端，可以在任何地方、任何时候接收各类即时资讯，也为社会主义核心价值观教育提供了丰富的渠道；缺点是，互联网虽是使用工具，但其内容纷繁复杂，加上大学生本身心智不够成熟，互联网中的不良信息可能会对大学生的身心健康构成危害，并对他们"三观"的形成构成极大的威胁。例如网络中充斥着的黄色垃圾、暴力游戏等有害信息会使大学生沉浸在网络中，进而扭曲大学生的身心。互联网上的虚拟世界更是吸引许多大学生沉迷其中，以至于荒废自己的学业和生活。而且由于网络的虚拟性和匿名化导致大学生在网络世界中的行为难以受到有力的约束，出现大学生网上发布或转发负面消息、虚假消息等现象。如果大学生"三观"不正，明辨是非能力不强，这些危害可能会让他们误入歧途。

大学生对社会主义核心价值观认同的过程，是对价值观进行思考、选择、接受并内化的过程。对一部分大学生而言，对社会主义核心价值观的认识持有一种不在乎的想法，参加核心价值观相关主题活动主动积极性不高，即使参加也是因为学校或学院强制要求而参加的，本身思想上认识不够深刻，参加活动态度不太可能积极。同时大学生处于价值观关键塑造时期，对自我的认知较不稳定，渴望得到理解与尊重，对外界的反应较为敏感，加上部分大学生意志薄弱，辨别能力不强，易受他人的影响和支配，盲目跟风、随波逐流，这些都不利于正确价值观的形成。这也说明大学生对社会主义核心价值观的认同是一个长期过程，短期内具有不稳定性。

（3）加强大学生社会主义核心价值观认同的建议和对策

应深刻认识到当代大学生社会主义核心价值观培育的重要性和必要性。本次调查发现，大学生对社会主义核心价值观整体认同度为 87.46 分，处于良好等级，还没有达到优秀等级。这启示我们，当代大学生对社会主义核心价值观的认同度还有待提高，要充分认识到大学生社会主义核心价值培育的重要性和必要性。"青年兴则国家兴，青年强则国家强。青年一代有理想、有本领、有担当，国家就有前途，民族就有希望。"在党的十九大报告中，习近平总书记对广大青年提出了殷切期望。2018年5月2日，习近平总书记在北京大学师生座谈会上的讲话中，再次强调指出："要坚持不懈培育和弘扬社会主义核心价值观，引导广大师生做社会主义核心价值观的坚定信仰者、积极传播者、模范践行者。"大学生作为青年中的优秀分子，是国家宝贵的人力资源，是中国特色社会主义事业的建设者和接班人，他们的健康成长关系到中华民族的伟大复兴。但同时，我们也要注意到，当代大学生成长于社会转型和改革开放不断深化的今天，其价值观主流虽然是积极向上的，但受西方价值文化渗透、利益格局多元、新旧体制交替、社会结构调整等各种因素影响，使他们的理想信念产生了一定冲击；再加上他们心智不够成熟，社会阅历浅，明辨是非的能力弱，因此，加强对其进行社会主义核心价值观培育是非常重要和必要的。

"社会层面价值取向"的教育是当前大学生社会主义核心价值观培育的重点。本次调查发现，当代大学生对社会主义核心价值观和谐、法治和文明层面的现状认同程度存在偏低现象。虽然社会主义核心价值观各层面是一个相辅相成、紧密联系的整体，在培育的过程中，需要层层相扣，整体推进。我们应把"和谐、法治、文明"层面的教育作为当前社会主义核心价值观培育的重点。对于建设富强民主文明和谐的社会主义现代化国家、实现中华民族伟大复兴有重要而深远的意义。但中国目前仍然属于发展中国家，仍然处于并将长期处于社会主义初级阶段，制约人的自由全面发展的因素仍然存在，各种各样的社会不平等现象仍然存在，有违社会公平正义的现象仍然存在，有法不依、执法不严、违法不究的现象时有发生。大学生社会实践少、社会阅历浅、是非判断能力弱，加之媒体的渲染，甚至一些别有用心的人蛊惑，使其在"某些层面"的价值取向面前产生种种困惑，影响了其价值判断。因此，我们把"和谐、法治、文明"层面的教育作为当前社会主义核心价值观培育的重点，不仅能提高他们对社会层面价值观的认同感，而且他们走上社会之后，更可能成为营造良好社会环境的践行者、引领者。

本次调查发现，大学生对社会主义核心价值观的认同，存在性别、年级、政治面貌、专业类型等方面的差异。基于这一客观现实，结合中共中央《关于培育和践行社会主义核心价值观的意见》中强调的"区分层次和对象，加强分类指导"的原则，应分层分类加强大学生社会主义核心价值观的培育。如基于大学生对社会主义核心价值观认同的性别差异，在社会主义核心价值观的培育过程中，要充分考虑男女心理倾向、个性心理等心理特点，在培育方式上尽可能与其心理特点相契合。大学一年级阶段可以考虑以理论知识教育为主，大二、大三阶段可以考虑将社会主义核心价值观培育与其社会活动、社会实践相结合，而到了大四阶段则可以考虑将社会主义核心价值观的培育与其职业规划、人生规划相结合。应加强对学生群众以及有文科类、理科类和工科类专业背景学生的教育引导，加强对其进行马克思主义教育，用习近平新时代中国特色社会主义思想武装头脑，增强他们对我们国家的理论自信、道路自信、制度自信和文化自信。总而言之，社会主义核心价值观的培育，应根据学生不同的个性心理特点，选择不同方式；根据学生不同的层次，投入不同的精力；根据学生不同的思想基础，设立不同的目标；根据学生不同的思想困惑，选择不同的内容等等，做到"因材施教""因人而异"，才能真正提高大学生社会主义核心价值观培育的针对性和实效性。

要发挥学校教育的主导作用，在大学生中培育和践行社会主义核心价值观，关系到培养社会主义建设者和接班人的问题。因此，坚持结合大学实际，把社会主义核心价值观融入到大学生日常思想政治教育全过程中，以哈尔滨工程大学为例，学校开展了一系列卓有成效的教育活动。

第一，以军工特色文化为引领，加强理想信念和爱国主义教育。学校在新生军训期间，坚持以"增强团队意识与归属感，强化国防意识与使命感，增进大学认识与适应性"为目标，以"团结、守纪、超越、争先"为理念，通过宣传教育、榜样引导、团体辅导、实践训练等方式，系统、科学地对学生施加影响，努力培养其团结共进、超越自我、争先创优的优良品质和爱国奉献、遵纪守法、勇于担当的高尚情操。通过明确指导思想、丰富教育内涵、创新教育形式、加强效果检验，全面创新军训思想政治教育工作，使学生对军训工作满意率连续三年超过 95%。

第二，以学生需求为导向，加强新生入学教育和毕业生离校教育。新生入学教育以"寝室为基本单位，班级为核心，院系为主体，学校为主导"为工作思路深入开展。主要围绕理想信念教育、学校与专业教育、大学适应性教育、行为规范教育、心理健康教育、诚信与感恩教育等主题进行。三年来，新生入学教育的目标和理念基本明确，框架基本形成，效果逐年提升，加速实现新生"学习动力从被动到主动，学习目标从模糊到清晰，学习态度从消极到积极，学习角色从高中到大学"的四个转变。毕业生离校教育以"促进四情，强化三力，突出两感"为工作思路，在正确引导学生情绪、情感上下功夫：以"红、橙、黄、绿、青、蓝、紫"七种色彩为毕业离校教育主轴，积极开展以"升国旗、传爱心、系丝带、植绿树、游园卡、评金榜、办典礼"为主要内容的毕业离校教育活动。三年来，毕业生离校教育各项活动学生满意度均在 96% 以上，毕业生对毕业典礼满意度和喜欢程度均在 98% 以上，连续几年毕业生文明离校，为师弟师妹们做出了榜样示范作用。毕业生离校教育活动也受到了人民网、凤凰网、新晚报、生活报、东北网等媒体的广泛宣传，引起社会各界和各高校的广泛关注。

第三，以公民道德教育为基础，加强大学生社会主义荣辱观教育。学校坚持"化行动于有形，寓教育于无形"的工作思路，坚持以公民道德教育为基础，以月份为周期广泛开展校园文明教育、心理健康教育、感恩诚信教育等专题思想教育活动，把社会主义荣辱观教育融入大学生学习生活中，着力培养学生良好的道德品质和文明行为。学校自 2011 年起大力开展优秀学生典型引路工作，进一步完善了毕业金榜评选、优秀学生评选、奖助学金评选机制，既发现一般典型、培育重大典型，又关注平凡善举，利用优秀学生事迹报告会、典型事迹路牌宣传等手段,持续放大"群星效应"。建立优秀学生成长路径数据库,学成优秀学生成长路线图,并用来指导学生合理规划大学生涯。精心选拔和培养学习助教、寝室导航员等优秀学生团队,发挥学生自我教育、自我管理和自我服务的作用。

创新教育方式方法,以小班思政课方式推进大学生政治理论学习教育。为贯彻落实党的十九大精神和全国高校思想政治工作会议精神,切实做好大学生思想政治教育工作,以哈尔滨工程大学为例,学校在开展大学生核心价值观教育方面积极探索,创新教育方式方法,以小班讲授思政课的方式在全体青年学子中广泛开展有计划、分阶段、分层次的政治理论学习教育,在广大学子中反响热烈,取得了较好效果。

小班上课的优点一是能够进行充分的师生互动,如师生共同参与讨论、互相问答、学生发言等形式。师生可以就某些观点进行讨论,在思维的碰撞中激发出新的灵感,既可以培养学生思考问题的方式,使之看问题更全面客观,又可以给教师带来启发,有助于其教学科研工作。二是小班授课学生数量较少,如果有学生在某些知识点上没有完全听懂,学生可以主动提出,以便教师及时、耐心地帮助其理解相关知识点。三是上课人数少有利于课堂纪律的维持,玩手机、说悄悄话等不文明现象会大幅减少,即使发生,教师也会立刻发现并及时制止,保证了课堂教学的顺利进行。在授课内容方面,学校要求一是要结合学校和学院的实际工作;二是要针对学生的需求设计课程内容,想学生之所想,解学生之所惑;三是要善于通过小故事讲出大道理,以发生在身边的实例为宣讲素材,通过身边人、身边事帮助学生接受政治理论教育,理解社会主义核心价值观的真正内涵。这些举措保证了授课质量,切实促进了社会主义核心价值观在青年学子中真正入耳、入脑、入心。

应加强网络育人平台"易班"的建设,把学生的理想信念教育、核心价值观教育、教育教学、生活服务、文化娱乐等与大学生相关的工作蕴蓄到"易班"平台中,有效发挥对大学生的思想疏导作用,使学生在网络环境下可按各自的需要汲取养分。在学生工作相关网站上设立核心价值观教育活动专栏，坚持用正面声音和先进文化占领网络阵地，实现理论学习网上有指导、热点问题网上有引导、先进典型网上有报道、互动交流网上有渠道、学习生活网上有督导。充分利用QQ、博客、微博、微信等网络渠道，加强社会主义核心价值观教育。充分发挥"辅导员工作室""网络文化社团工作室"等团队协同作战效能，培育网络思政的主力军，提高网络思政的主动性，掌握网络思政的主动权，占领网络思政的主战场，壮大网上正面声音，唱响传播正能量的主旋律。

应构建大思政工作格局，大力推进全员全过程全方位育人。聚焦全国高校思想政治工作会议精神落实落地，完善大思政工作格局。高校要成立学校思想政治工作领导小组，在校党委的领导下，统筹推进全员全过程全方位育人、意识形态工作、培育和践行社会主义核心价值观、思想政治理论课建设、日常思想政治教育与管理、舆论宣传、思想文化阵地建设、党建带群建工作、思想政治工作队伍和党务工作队伍建设等项工作，领导小组应下设若干专项工作组，形成党委统一领导、分工负责、齐抓共管的思想政治工作格局。要聚焦领导干部、学术骨干、思政工作队伍等"关键少数"，推进全员育人；聚焦学生课内到课外、教室到寝室、线上到线下等"学业过程"，推进全过程育人；聚焦教书育人、科研育人、实践育人、管理育人、服务育人、文化育人、组织育人等"育人领域"，推进全方位育人。

第四章 当代大学生社会主义核心价值观理性认知教育

大学生社会主义核心价值观理性认知教育是大学生社会主义核心价值观认同教育的起点,大学生认同社会主义核心价值观的过程,包括理性认知、文化认同、行为认同三个环节,从而形成了一个完整的动态循环系统。通过这个系统,大学生从理性认知发展到情感认同阶段,并据此不断调适自己的信念与价值观,使其符合社会主义核心价值观的要求,并过渡到行为认同阶段,从而把理性认知和情感认同的结果纳入自身原有的价值观体系,并在学习生活实践中不断巩固。

一、社会主义核心价值观理性认知教育的背景与意义

大学生对社会主义核心价值观的理性认知,是大学生心理倾向的一种表现,也是大学生认同核心价值观的前提条件。

1. 社会主义核心价值观理性认知教育的背景

社会主义核心价值观是以习近平总书记为核心的党中央,从新时代坚持和发展中国特色社会主义、实现中华民族伟大复兴的中国梦出发,提出的重大价值理念。习近平总书记所作的党的十九大报告深刻阐述了社会主义核心价值观的丰富内涵和实践要求,对培育和践行社会主义核心价值观作出许多新的重大

部署，充分反映了我们党在价值理念和价值实践上达到了一个新的高度。① 在广大青年学生中培育和践行社会主义核心价值观，巩固马克思主义在意识形态领域的指导地位，巩固全党全国各族人民团结奋斗的共同思想基础，是新形势下高等学校思想政治教育工作的新任务和新要求。教育引导广大青年学生积极践行社会主义核心价值观，前提是教育引导青年学生对社会主义核心价值观念的理性认知，从心理和情感上将自身认知、社会价值与社会主义核心价值观趋于一致，进而产生对社会和国家的心理归属感，以及强烈的主体意识、责任意识，并最终将其作为价值共识外化为自觉行动。对广大青年学生而言，正处在价值观形成和确立的特殊阶段，容易受到"物本""器本""神本"等价值观的冲击而产生偏差和扭曲，在多元化环境中提高对社会主义核心价值观的认同度，自觉抵御非马克思主义社会思潮的不良影响，是养成正确价值观的重要因素；对于高校而言，帮助学生树立正确的核心价值观绝非一日之功，要将社会主义核心价值观认同教育作为人才培养总体规划的首要任务，将社会主义核心价值观落实到教育教学和管理服务的全过程，逐步实现学生对社会主义核心价值观的入脑、入心、入言、入行。

党的十八大以来，中共中央提出了实现中华民族伟大复兴"中国梦"的美好愿景和指导思想。2014 年 2 月，党的十八大从国家、社会和个人三个层面，提出了社会主义核心价值体系的 24 字基本内容。2014 年 5 月 4 日，习近平总书记在北京大学讲话中指出："青年的价值取向决定了未来整个社会的价值取向，而青年又处在价值观形成和确立的时期，抓好这一时期的价值观养成十分重要。这就像穿衣服扣扣子一样，如果第一颗扣子扣错了，剩余的扣子都会扣错。青年要从现在做起、从自己做起，使社会主义核心价值观成为自己的基本遵循，并身体力行大力将其推广到全社会去。"社会主义核心价值观是社会主义核心价值体系的内核最高抽象，是社会主义国家的政府和人民为之奋斗的共同理想。

---

① 黄坤明：《培育和践行社会主义核心价值观》，载《思想政治工作研究高层声音》，2017 年 12 期，第 8 页。

高校青年学生是未来社会主义建设的中坚力量，高校作为一种功能独特的文化机构，肩负着创新科学技术、培育高素质人才、传承民族文化、传播先进思想的重要使命。社会主义核心价值观作为社会主义意识形态的主体和社会主义制度的内在精神，要在校园文化服务社会主义现代化大局的过程中充分发挥理论指导作用，这既是时代赋予大学这一重要文化载体的神圣使命，又是培养社会主义高素质人才的客观要求。高校对青年学生进行社会主义核心价值观教育，增强大学生在多元文化环境中辨别是非曲直和自觉抵御不良风气侵蚀的能力，养成良好的行为习惯和健康完善的人格，对于实现立德树人的教育目标，帮助大学生不断提高思想道德素质，具有非常重要的作用。

2. 社会主义核心价值观理性认知教育的意义

社会主义核心价值观是当代中国精神的集中体现，凝结着全体人民共同的价值追求。党的十八大以来，以习近平总书记为核心的党中央高度重视社会主义核心价值观建设，采取一系列重大举措，推动社会主义核心价值观广泛弘扬。面对新时代新要求，面对新征程新任务，持续深入地培育和践行社会主义核心价值观，意义重大而深远。

一是有利于构建社会主义核心价值观认同教育理论框架。围绕大学生这一认同受众，从国家需要、学生成长需求与发展规律的角度，基于心理学和社会学对价值观认同的界定，明晰社会主义核心价值观认同的概念以及所延伸出的理论品质和现实意义，围绕社会主义核心价值观认同教育的内涵和功能，以现状和路径维度剖析社会主义核心价值观认同教育的现实性和导向性，为研究提供理论基础。

二是有利于把握社会主义核心价值观认同现状。以全国部分高校在校学生为研究样本，从价值目标、价值取向和价值评价等维度，对其认同现状进行正反两方面的实证分析，从社会、高校以及个人三方面，剖析影响大学生社会主义核心价值观认同度的因素及原因，从而为研究提供数据支撑。

三是有利于建立大学生社会主义核心价值观认同教育体系。从认知、情感和行为三个维度，以课堂教学、文化引领、社会实践为主要形式，全方位、全过程、全员参与为有力保障，构建社会主义核心价值观认同教育体系，使学生通过理性认知、情感认同和行为认同的过程，将社会主义核心价值观内化于心、外化于行，以提升社会主义核心价值观的指导力、凝聚力、亲和力和践行力。

四是有利于构建大学生社会主义核心价值观认同教育效果评价机制。从社会、学校和学生的视角出发，研究学生在接受体系化的教育之后，对社会主义核心价值观认同度的提高程度，提出能够有效提升认同度的关键教育手段和方式，为深入开展社会主义核心价值观认同教育提供实用性参考。

二、大学生社会主义核心价值观理性认知方面存在的问题与原因

从近年的调查情况来看，绝大部分大学生思想积极向上，在社会主义核心价值观理性认同方面总体情况较好。如2013年高校学生思想政治状况滚动调查表明，97.3%的学生关注并立志向"最美教师"张丽莉、"最美司机"吴斌等先进典型学习；90.2%的学生认为应积极践行社会主义核心价值观；97%的学生认同诚信是做人的根本。绝大多数学生明确反对校园里的一些不文明现象和行为。但是，与大学生社会主义核心价值观理性认同应有标准相比，还有一部分大学生在社会主义核心价值观理性认同上存在一些问题。理性认知是大学生社会主义核心价值观认同的起点和基础，因此，我们必须深入查找这些问题及原因，为大学生社会主义核心价值观教育的研究与实践提供理论依据与实践基础。

1. 大学生社会主义核心价值观理性认知方面存在的问题

近年来，致力于该领域研究的学者们做了大量的调查研究和数据分析，调查对象涵盖了我国不同地域、不同层次和不同类型的高校，涵盖了不同专业和不同年龄的大学生，具有较高的权威性、全面性和针对性。例如，2013年关于高校学生思想政治状况的调查，其调查范围广至大半个中国。该调查为我们从总体上把握大学生的思想政治状况提供了科学和权威的数据。宇文利等人的

《高校社会主义核心价值体系教育全程化研究》则是以东北、华北、华中以及华东各区的大学生为调查对象，主要调查其社会主义核心价值体系的知行状况；而黄蓉生等人的《当代大学生诚信制度建设及加强大学生思想政治工作研究》一书则是对各省高校师生的诚信状况进行了调研。这些对我们全面把握当前高校师生的诚信状况提供了很好的数据支撑。通过对已有调查数据的分析，结合已有的研究成果，本节拟从以下几个方面对大学生社会主义核心价值观理性认知的问题进行梳理。

（1）大学生在认知国家层面价值目标上存在的问题

从总体上看，在对社会主义核心价值观国家层面价值目标的践行上，大学生的表现是令人满意的，这尤其体现在他们对社会主义富强观的认知认同上。从近五年高校学生思想政治状况滚动调查的数据看，广大高校学生高度拥护以习近平总书记的中央领导集体，并对实现中国梦充满信心。其中有93%以上的学生对"中国特色社会主义事业进一步发展，综合国力增强，国际地位提高"表示乐观。然而，我们在看清主流的同时，也注意到一部分大学生在践行社会主义民主观、文明观与和谐观等国家层面价值目标上，还存在一些不容忽视的问题，这些问题体现在以下几方面。

在民主观的认知上，模糊两种社会政治制度的本质区别。

"民主"一词在党的十九大报告中多次出现，这足以说明了它的重要性。社会主义核心价值观中的民主，指的是人民民主，与资本主义社会中的民主有着本质的区别。然而，部分大学生却没有正确认识到这一点。首先，一部分大学生欣赏和认同西方价值观念和社会制度，对于问题"你对大学生中存在的'洋节热土节冷'有何看法？"，调研结果显示，有55.24%的学生认为"无所谓，大学生的自由"，36.15%的学生认为"没问题，正常现象"，这表明在西方文化的冲击下，有不少同学已接受西方的一些节日；此外，还有6.42%的大学生认为"西方文化入侵，值得重视"，这表明只有少量大学生认识到我国的传统文化已受到西方文化冲击。① 可见，一部分大学生对中国特色社会主义的民主政治认知模糊，这必然影响他们践行社会主义民主观。

在文明观的认知上，对中国传统文化的认同有待深化。

当前，我们建设社会主义文化强国，必须走中国特色社会主义文化发展道路。从目前的调查情况来看，当代大学生对传统文化认识和重视不足，对于问题"你认为中国传统文化对现代社会主义核心价值观的形成有何意义？"调研结果显示，有49.96%的学生选择了"意义深刻"，这表明大多数学生认识到传统文化在构建社会主义核心价值观的过程中发挥的重要作用；另有36.02%的学生选择了"只有一点意义"，还有8.08%的大学生选择了"没有意义"，此外，仅有5.94%的大学生对问题不清楚、不确定。② 这表明仍有部分同学对传统文化不够了解，没有认识到其对社会主义核心价值观形成的重要作用。

在和谐观的认知上，容易产生认知和价值选择上的冲突。

社会和谐是中国特色社会主义的本质属性，其总体要求包括民主法治、公平正义、诚信友爱、充满活力、安定有序、人与自然和谐相处。从主体构成的角度看，和谐社会其实囊括了人与自然、个体与社会、个体与个体之间的和谐关系。

因而，我们可以从以下三个层面了解大学生在理性认知社会主义和谐观上存在的一些困惑和冲突。

第一个层面，人与自然的关系。在对人与自然关系认知上，一些大学生存在认知上的冲突；对此，我们可以对杨业华所作的一对调查数据进行对比。首先，在对"在人与自然关系方面，您认为下列哪些观念反映了当代中国大学生核心价值观的现状？"这一问题的回答上，61.4%被调查大学生认为是"人类应

---

① 徐漫漫：《当代大学生社会主义核心价值观认同研究》，河北经贸大学硕士论文，2017年，第18页。
② 徐漫漫：《当代大学生社会主义核心价值观认同研究》，河北经贸大学硕士论文，2017年，第22页。

当保护，维护生态平衡"，34.32%的人认为"人类不应为了眼前利益而牺牲生态环境"，只有2.60%和2.04%的大学生认为"人类为了自身利益，应最大限度地开发自然"和"人类在自然界面前是渺小的，人类是自然界的奴隶"。可见，在没有任何条件限制的情况下，大多数学生都有着正确的生态观。然而，当加上一些涉及人们利益的因素时，一些大学生的生态观就开始产生变化了。我们看到，在对"假如开发某处自然景观会创造可观的经济利益，但会影响生态环境，你如何决策？"这一问题的回答中，只有67.72%的被调查大学生认为"不能开发，人类不应为了眼前利益而牺牲生态环境"，而有26.53%的人则选择了"说不清"，另外还有7.24%的被人认为"先获得经济利益，等有了钱再恢复生态环境"，最后3.53%的人认为"现在以经济利益为中心，应该开发"①。这组数据表明，一部分大学生在利益因素的影响下，开始对人与自然和谐相处的观点发生了动摇。由此不难看到市场经济背景下利益驱动机制对大学生带来的深刻影响。

第二个层面，个人与社会的关系。个人与社会的和谐关系，表现在社会个体在追求个人利益的同时，也自觉承担起对社会和他人的责任，在与他人的和谐交往中实现共同发展。然而，在对待个人和社会的关系上，当前一部分大学生明显存在重个人而轻社会的倾向。有调查显示，对于使人感到幸福的主要因素，大学生的选择比较高的是身心健康、家庭美满、有尊严和价值、生活富裕等等，而只有不到10%的人选择乐于助人。这一调查表明，个人、家庭是影响大学生幸福的主要因素，而国家、社会、他人对于大学生的幸福感影响较弱。可见，大学生仍需不断增强其对社会和他人的关注程度，进而在服务他人和奉献社会中感受幸福。事实上，道德建设和市场经济发展这两者并不是必然冲突的，对此，丹尼尔·贝尔曾指出，"从亚里士多德、阿奎那、约翰·洛克到亚当·斯密，传统道德哲学家都未曾割裂经济学与道德的联系，或宣称财富创造的

---

① 杨业华：《当代中国大学生核心价值观研究》，人民出版社2011年版，第64页。

本身即是目的,相反,他们都把物质生产看作是促进美德、创建文明生活的手段"①。在社会主义市场经济条件下,提倡雷锋精神和提倡集体主义,不仅能克服市场经济条件下各种腐朽没落的价值观念,而且可以为社会主义市场经济提供道德支撑,保障社会主义市场经济良性发展。因此,大学生认为在追求个人利益的同时可以忽略社会利益的观点,无疑是偏颇而错误的。

第三个层面,个人与自身的关系关系到个人身心的和谐发展。早在十年前,就有不少人清醒地看到,对崇高理想信念的怀疑乃至冷漠是改革开放以来在人们思想观念中出现的一个新问题,其中一个比较有代表性的现象就是把理想信念教育视为说教,认为理想就是"有利就想",前途就是"有钱就图"。也有人对大学生的物质观和精神观进行了调查研究,其中,在对"宁愿坐在宝马车里哭,不愿意坐在自行车上笑"的态度上,有25.3%的大学生明确表示不赞同这一观点,但是,也有大约31%的大学生认为上述观点"在当今社会很正常,只不过他们不愿意这样做",同时将"幸福"界定为"豪宅、娇妻、名车"的大学生也不乏其人。②可见,在文化多样化背景下,一些大学生越来越把物质利益看得比精神追求更重要。正如该调查的作者所说,当前大学生"价值观趋于理性的同时,也发现了物欲的冲动和物质的诱惑与道德的底线形成了不太协调的张力"。

(2)大学生在认知社会层面价值目标上存在的问题

改革开放以来,我国经济建设取得了举世瞩目的成就,同时也在社会建设领域面临着更多的挑战。例如,社会领域的利益争夺、无序竞争和行为失范等问题日渐凸显,人们的权利意识越来越高,对公平正义有了新的诉求。因而,在当代社会,需要积极倡导"自由、平等、公正、法治"等价值观,使之成为人们的共同价值诉求。在践行社会层面的价值取向上,绝大部分大学生向往自

---

① [美]丹尼尔贝尔:《资本主义文化矛盾》,赵一凡等译,三联书店1989年版,第21页。
② 曹守亮、刘维芳、姬文波:《行走在理想与现实边缘——驻京高校大学生思想现状调查》,载《光明日报》,2013年1月8日。

由、追求全面发展,极为关注社会的平等和公正问题,他们的法律意识也得到了极大提升。但是,我们发现少部分大学生在法治观上,还存在认知冲突和知行脱节等问题,应当引起我们重视。

在法治观的认知上,存在知与行相脱节现象。

在践行社会主义核心价值观过程中,认知并不等于真正认同和践行。对于一些大学生在法治观上存在的知行脱节问题,我们可以通过对比王绍玉等人对大学生群体所作的两项相关调查数据认识这一点。在第一项调查中,问及大学生应当强化哪些法律方面的意识,结果,68.9%的大学生选择"善于用法律维护自己的权益",46.5%的人选择"敢于同违法行为做斗争",39.8%的大学生选择"自觉遵守国家的法律、法规",还有30.3%的大学生选择"判断任何事情都不忘法律标准"等等。这项调查结果表明,大学生们逐渐意识到法治在社会发展和个人成长过程中的重要作用,并把它作为一种基本素质要求进行培养,可以说,他们已具备了较正确的法治观念。但是,一旦涉及具体的运用法律的情景,一部分大学生对于法律的态度却发生了比较明显的变化。对此,我们可以从王绍玉等人进行的另外一项调查得到比较具体的认识。这个调查的问题是"当买到假冒商品时,是自认倒霉,还是到消协投诉?"其中,有52.54%的大学生回答"自认倒霉",只有32.6%的人回答"到消协投诉"。在市场经济条件下,消费者的主权意识在很大程度上反映了人们法制观念的强弱程度。相比前一个调查结果,相当一部分大学生在遇到实际法律纠纷时,并没有采取用法律武器维护自己的合法权益。可见一部分大学生在法治观上还存在知行脱节的问题。这也说明,在高校社会主义核心价值观培育中,践行是一个极为关键的环节。

大学生在认知个人层面价值目标上所存在的问题。

爱国、敬业、诚信和友善是社会主义核心价值观中个体层面价值准则,它们是社会主义公民必须恪守的基本道德规范。我们欣慰地看到,大学生在爱国观践行上表现突出,绝大部分大学生都有着强烈的爱国主义精神,而在友善观践行上，大多数学生能够做到与人为善、乐于助人。但是，与爱国观和友善观践行相比，我们也不无担心地看到，少部分大学生在践行社会主义敬业观和诚信观上存在不容忽视的问题。

具体来看，这些问题体现在以下方面。

在敬业观的认知上，一部分大学生疏离学习本职。习近平总书记指出，"青年人正处于学习的黄金时期，应该把学习作为首要任务，作为一种责任、一种精神追求、一种生活方式"①。可以说，学习正是大学生群体的本职工作，大学生对待学习的态度，在相当大的程度上反映了他们的敬业观。

不可否认，大部分高校大学生怀有崇高的社会理想、道德理想和个人理想，他们无时无刻不在为实现自身的理想努力学习文化知识，锻炼各种技能。但是，无论是大学生还是高校教师，都不会否认当今大学校园里存在着以下令人担忧的现象：不少大学生课上睡觉玩手机，课余追剧打游戏，而这几乎已成为他们的生活方式。对此，一位高校教师发出了这样的感慨："大学老师上课的效果怎么样，很多时候不在于讲得如何，而在于学生的手机流量有多少。"为了弄清大学生的真实学习状况，有人选择清华大学、北京师范大学、南开大学、中国传媒大学、宁波大学、南开大学滨海学院等十所大学进行了问卷调查。该调查显示，对于"课堂听课情况"，只有40%的人选择"能集中精力听讲"，而41%的大学生选择"喜欢听就听，多数时候心不在焉"，并且有4%的学生选择"老师讲他的，自己忙自己的"；对于逃课情况，只有11%的学生选择从不逃课，而81%的大学生"有选择性地偶尔逃课"，还有8%的大学生"经常逃课"；最后，对于"平均每天自主学习时间"，47%的大学生选择1—3小时，而有33%的人选择1小时以下，4%的人选择"从不"。这组调查数据表明，相当一部分大学生并不能把学习当成自己的主要任务，可以说他们在一定程度上疏离了自己的本职工作。虽然导致大学生疏离学习任务的原因是多样的，其中包括了一些外

---

① 习近平：《在同各界优秀青年代表座谈时的讲话》，载《人民日报》，2013年05月4日。

部原因，如教师讲课不够好，课程安排不合理等等，但是，大学生不自觉学习的根源在于他们没有树立基本的敬业观。因此，如何引导课上睡觉玩手机、课余追剧打游戏的这部分大学生端正学习态度，是高校引导大学生践行个人层面价值取向的重要任务之一。

在诚信观的认知上，少部分大学生存在一些失信行为。诚信是指人们所具有的坦诚、忠实、可信、言行一致等品质和素质，它在个人层面的社会主义核心价值观中占据重要地位，是我国社会道德实践活动的重点。一般而言，大学生的诚信表现为在学习生活、政治生活、经济生活、人际交往以及就业创业等方面都能做到表里如一、言行一致、不欺骗以及不隐瞒。关于当代大学生的诚信观，我们可以从黄蓉生等人著的《当代大学生诚信制度建设及加强大学生思想政治工作研究》得到一个总体而全面的认识。在针对大学生的诚信问题调研了全国18个省、63所高校的24000余名师生后，黄蓉生等对大学生的学习诚信、人际交往诚信、经济诚信、政治诚信和就业诚信等五个方面进行了广泛而深入的研究，结果表明：在学习诚信方面，大学生的主流是好的，但同以往相比，大学生的失信行为有扩大趋势，例如在大学生群体中，论文抄袭的状况较为突出，而且考试作弊已经超出了个别现象，在作弊的学生当中，其作弊动机还呈现出由追求"及格过关"向追求"高分"发展的新动向；在经济诚信方面，大学生的经济诚信意识主流健康积极，大多数人能正确判断经济失信行为，但部分学生的经济诚信意识存在一定的混乱，在高校中，交纳学费和借贷学费中失信行为有蔓延趋势；在就业诚信上，大学生的诚信行为表现主流是好的，但失信行为时有发生并呈扩大趋势，其中，在签订和履行就业协议环节的诚信行为表现得尤差。

2. 大学生社会主义核心价值观理性认知存在问题的原因

部分大学生在社会主义核心价值观理性认知方面存在一些问题，而探究这些问题的成因，是增强大学生践行针对性和有效性的前提。有学者针对在文化多元多样多变背景下大学生个人文化品位或价值倾向的影响因素进行了两次调查,调查显示,"影响大学生价值取向的第一因素是家庭,第二因素是社会风俗环境,第三因素是学校教育,第四因素是阅读的习惯"。另外,我们在哈尔滨市某高校的思想政治状况调查也印证了这一结论,该调查提出的问题是"对大学生政治信仰和人生信念影响因素所占比重",结果表明,给大学生带来的多种影响因素中,"家庭教育和父母言行"占了58.7%,"学校教育和书本知识"占了30.1%,"主流媒体的舆论宣传、英模事迹"占10%,而"影视媒体如励志片、偶像剧等"则占了1.2%。这些数据说明,在文化多样化背景下,影响大学生成长的因素是复杂而多样的。本文力图从学校教育、家庭教育、社会引导等因素探究大学生践行社会主义核心价值观存在问题的原因。

(1) 社会原因

改革开放以来,我国在取得巨大经济成就的同时,也面临着思想道德建设上的一些挑战。其中,一些社会领域的道德失范和诚信缺失现象比较普遍,它们给大学生理性认知社会主义核心价值观带来了消极影响;此外,社会各个领域激烈竞争、矛盾频发,也是影响大学生理性认知社会主义核心价值观的重要原因。

市场经济的不断深化和社会转型的多重变革,对社会主义核心价值观认同的冲击作用。在全面深化改革、进行快速推进的背景下,我国市场经济一路高歌挺进,不仅促进了经济的发展,也逐步渗透到意识形态领域。它在一定程度上影响人们的思想和价值观的形成,尤其是思想活跃的大学生群体受其影响更大。作为社会主义性质的国家,我国已进入现代化建设的新时期,逐步实现向市场经济体制的转轨。从根本上来讲,无论是社会转型还是市场经济体制转换,或者是出现了深刻的社会变革,均可能大量涌现并相互交织大量结构性矛盾,使得社会大众的价值观也趋于多元化;同时社会大众的信心、信念以及信仰等也会受到剧烈抨击,严重削弱了社会主义核心价值观的认同感,也使得许多大学生在精神生活方面出现了一些问题,具体表现为生活空虚、价值观念模糊、思想混乱等,以至于使他们无法正确地进行人际交往等活动。这些都会直接影响大学生对社会主义核心价值观的接受和认同。

部分宣传媒体未发挥在传播社会主义核心价值观的主渠道作用。当前,部分电视、影视媒体制作手段低俗、作品庸俗,而网络暴力、网络谣言等不文明现象时有发生,不仅败坏社会风气,而且危害青少年身心健康。不管是制作低俗的影视作品,还是极力散播网络谣言,都是受逐利动机的驱使,为了获得更高的广告收入,"传媒中的三俗内容屡禁不止,而'客观'和'公正'这样的新闻报道圭臬也一再面临挑战"[①]。媒体所传递的负能量价值观,不仅使一部分大学生价值观受到扭曲,而且也降低了主流意识形态对他们的影响力。这是因为,在娱乐文化"三俗"文化的影响下,主流意识形态的宣传常常不被大学生所关注和重视。对此,有人以"当出现宣传社会主义核心价值观的网页时的反应"对大学生群体进行调查,结果,有58.6%之多的大学生选择了"草草浏览"和"关闭网页",37.8%选择的是"选择性浏览",只有3.6%的大学生人选择"仔细阅读"。可见,新闻媒体承担着一定的社会责任,只有积极为大学生们传播社会主流价值观,才能为大学生践行社会主义核心价值观提供良好的舆论氛围。

有关部门未对当代大学生的利益诉求和价值愿望给予足够的关注。2013年5月14日,《人民日报》刊登《莫让青春染暮气(青年观)》一文,指出,80后一代似乎在一夜之间集体变老了,他们既有着更加多样化的道路选择,也面临着社会各个领域内的激烈竞争;他们既充分享受着社会信息化时代所带来的便利和娱乐,也感受着现代文明带给他们的迷惑和无助。[②] 文章所描述的正是80后的真实写照。当代大学生的确面临着多样而复杂的矛盾和问题,因而该文在社会上引起了强烈反响,尤其引起了青年群体共鸣。全国普通高校毕业生规模持续逐年上升,对此,一些人只能用"没有最难,只有更难"来表达对严峻就业形势的无奈心情。不仅如此,大学生毕业后还面临着住房和发展的巨大压

---

① 佘绍敏:《网络时代的媒介素养教育》,载《光明日报》,2013年4月22日。
② 白龙:《莫让青春染暮气(青年观)》,载《人民日报》,2013年05月14日。

力,长此以往,"他们就会失去人生的方向、失去对美好人生价值追求的动力,价值追求的理想性必然会受到削弱"。① 可见,社会发展带来的各种压力也在很大程度上影响着大学生们的价值选择。如果社会不关注大学生的利益诉求,不为他们的生活、学习和就业提供良好的保障机制,那么,一部分大学生就很有可能对社会主义核心价值观产生抵触情绪。此外,随着改革不断深入,社会矛盾也越来越复杂、广泛和激烈,这些社会矛盾包括了住房、教育、医疗、贫富差距等民生问题。针对改革开放以来的收入差距持续扩大,邓小平曾指出:"少部分获得那么多财富,大多数人没有,这样发展下去总有一天会出问题。"②"如果我们的政策导致两极分化,我们就失败了……"③ 共同富裕是社会主义的重要本质,而收入分配不公和贫富收入差距扩大,影响大学生对社会主义优越性的认识。

（2）学校原因

从很大程度上,大学生在社会主义核心价值观理性认知上存在的一些问题,与社会不良风气、社会竞争压力的影响密切相关。但是,与社会原因相比,学校引导大学生社会主义核心价值观理性认知过程中存在的问题,也必须引起高度的重视。

少部分教育主体没有发挥良好的榜样示范作用。高校是大学生践行社会主义核心价值观践行最集中、最主要的场所,高校教师不仅承担向大学生宣传和解读社会主义核心价值观内涵的重要任务,而且他们还担负着价值观示范引领的重要责任。然而,少部分高校教师在认同和践行社会主义核心价值观上存在问题,必然会给大学生带来负面影响。

一方面,少部分高校教师对社会主义民主观存有模糊认识,一部分思想政

---

① 李伟、平章起:《当代大学生的思想观念冲突中国社会发展的阶段性特征》,载《中国青年研究》,2012年第12期,第22-27页。
② 中共中央文献研究室:《邓小平年谱（一九七五—一九九七）》（下）,中央文献出版社2004年版,第1364页。
③ 《邓小平文选》第2卷,人民出版社,1993年版,第111页。

治教育工作者存在政治信仰模糊的现象,也就是说,他们在认知认同社会主义民主观上存在一些不容忽视的问题,必然会对大学生的政治价值选择产生负面的影响;另一方面,少部分教师没有为大学生树立诚信榜样。近年来,在一些高校中存在浮躁的学术风气,学术失信问题突出,我们知道,学术失范现象很大程度上是由特定的学术评价机制所致。我国高校学术评价制度重视数字指标,这些指标主要体现为论文发表数量、出版刊物等级和被引用频次等。在压力之下,一些教师为了完成特定学术指标,不惜弄虚作假,抄袭剽窃。学校是弘扬和培育社会主义诚信理念的重要场所,一部分高校教师在学术上的失信行为,不仅给大学生践行社会主义诚信观带来了消极影响,而且对整个社会的诚信建设也是极为不利的。

社会主义核心价值观教育的吸引力感染力还有待提升。自 2004 年中央 16 号文件发布以来,大学生思想政治教育有了重要进展,取得了明显的成绩,相应地,社会主义价值观教育作为思想政治教育的主要内容,也在创新中不断发展。这些成绩表现为思想政治理论课这一主渠道的改革取得了明显成效,更加注重通过社会实践培养大学生的价值观,高校文化建设都迈出新步伐等等,为高校在新的历史发展时期培育和践行社会主义核心价值观奠定了良好的基础。然而,不容忽视的是,相对于大学生的需要而言,高校社会主义核心价值观培育和践行工作还存在一些需要继续改进的地方。《关于培育和践行社会主义核心价值观的意见》指出,要坚持以理想信念为核心,着力筑牢人们的精神支柱。可见,理想信念对于大学生价值观的成长起着重要作用。

(3) 家庭原因

众所周知,父母是孩子的第一任老师,家庭是孩子的第一所学校。在认同和践行社会主义核心价值观的过程中,家长对子女的影响是非常重要的。在很大程度上,家长对子女的影响并不是通过说教和训导,而是以其自身日常起居、待人接物的行为潜移默化地影响着孩子。而一些学生家长的人生价值取向过于功利化,对孩子的道德成长所发挥的"榜样示范作用",对孩子认知社会主义核心价值观发挥了毁灭性的消极影响。

当前,不少家庭的家长过多专注于孩子的智育发展,希望他们考上好的大学,并在以后的生活中出人头地、升官发财。我们可以通过近期的两则报道认识当前一些家长的价值取向。一则是从成都一所小学传出的新闻:当某学校宣布取消补课后,退回学生们自愿交纳的补课费后,一方面引来学生们一片失望,另一方面,家长们则按手印联名上书,有的家长还在当场被急哭,还有家长打进报社热线反映情况:"娃娃就要上初中了,不补课怎么要得?"① 此外,2013年6月21日,《中国青年报》刊登了《有多少"不作弊不公平"式公平观在人心中飘荡》一文,报道了发生在湖北钟祥的"家长围攻高考监考人员"事件,引起社会舆论强烈关注。家长围攻异地监考老师的原因在于监考老师们监考过于严格,不通情理。② 这两起事件折射出一些家长深受功利化思想观念的影响,从而致使其价值观产生了不同程度的扭曲。部分家长存在功利化价值倾向,一方面会影响子女人格的健康,另一方面会在一定程度上影响子女认同和践行社会主义核心价值观。

(4) 主体原因

由上可见,在多样化的文化背景下,学校、家庭、社会等多种因素都对大学生社会主义核心价值观理性认同产生了不同影响。然而,问题的存在是外因和内因共同作用的结果,部分大学生在社会主义核心价值观理性认知方面存在如下主观原因。

缺乏理性思考影响大学生把握社会主义核心价值观的内容。由于受市场经济条件下个人主义、享乐主义和消费主义等错误价值观影响,一部分大学生满足于感官物质的享乐,在学习上止步于感性认知的水平,逐渐养成了理性思考的惰性。此外,不少大学生只把上大学当作拿文凭和谋生的手段,这种功利性

---

① 姜涨冰:《孩子取消补课妈妈为哈急哭》,载《人民日报》,2013年10月22日。
② 曹林:《有多少"不作弊不公平"式公平观在人心中飘荡》,载《中国青年报》,2013年6月21日。

的动机使不少大学生把大多精力放在考等级证书上,能够带来实际效用的科目就愿意花时间学习,而对于他们认为没有短期作用的思想政治理论课程,则只是为了应付考试而被动学习。网络是当前大学生接触时间最长的媒体。然而,在网络上浏览信息与阅读纸质经典书籍是有相当大的差别的,有人指出,"'微时代的阅读',本质上并不是一种'阅读',而是一种'观看',甚至就是一种'猎奇'"①。只有静下心来一边阅读一边思考,才能使理性思维能力得到真正的锻炼。反之,如果"一味地沉溺在那种简单的、低级的愉悦当中,我们就会逐渐失去思考、创新、叩问心灵的力量"②。在社会主义核心价值观的基本内容中,每一个具体的价值观都蕴含着深刻内涵,需要我们凭借一定的理性思维去理解和把握。一部分大学生存在理想思考的惰性,这必然给他们践行社会主义核心价值观带来认知障碍。

思想不够成熟导致大学生易受社会思潮和社会风气影响。由于缺乏一定的生活阅历,以及心理和思维发展不完全成熟,导致一部分大学生容易受到外部事件、社会思潮和社会不良风气的影响,从而在一定程度上偏离正确的价值取向和行为规范。例如在改革开放初期,大学生的情绪和思想就经常性地受到当时社会改革和西方思潮的影响;进入90年代,随着社会主义市场经济的深入发展,以及个人主义、拜金主义和享乐主义在一部分人群中扩散,一部分大学生也产生了厌学、追求享受、盲目攀比等不良行为。而当前,随着文化保守主义的反弹和西方价值的扩散,一部分大学生也出现了政治信仰模糊、理想信念动摇的现象。

缺乏艰苦奋斗精神阻碍大学生践行社会主义核心价值观。当代大学生成长在改革开放的年代,与父辈相比,他们一直生活在比较平静的社会环境中。与此同时,他们承担着繁重的学习任务,在一定程度上造成了他们缺乏社会实践经验,因而他们往往以一种远离现实的特殊方式感受时代的变革。没有经过磨

---

① 张柠:《阅读是思想的发动机》,载《光明日报》,2013年6月8日。
② 李亚楠等:《"微时代",我们怎样阅读?》,载《光明日报》,2013年6月8日。

练的他们容易形成自私自大心理和贪图享受、爱慕虚荣等价值偏差。我们在平时的工作中也发现，主观上希望过上自由自在的生活，而在现实生活中却缺乏艰苦奋斗的精神，缺乏社会活动的毅力，是当前一部分大学生的突出特点。社会主义核心价值观重在践行，缺乏艰苦奋斗精神，必然减弱部分大学生的践行动力和热情。

综上所述，改革开放以来，大学生的价值取向逐渐呈现出务实而自我的特征。这种务实和自我的特点与20世纪五六十年代相比显得尤为突出。20世纪五六十年代，在高度集中的政治和经济体制影响下，人们的思想意识也呈现较大的一致性，例如，"人们普遍具有社会主义的价值意识、理想信念，社会主义共产主义的、道德品质和相应地道德情感与意志"①。而在当前，由于社会主义市场经济不断推进，以及对外开放不断扩大，人们的思想意识领域也呈现出复杂多样的局面。在此背景下，大学生不仅深受西方政治、社会思潮的影响，而且易被市场经济条件下的拜金主义、享乐主义等消极观念所误导，这无疑给他们践行社会主义核心价值观带来了严峻挑战。然而，在困难和挑战面前，思想政治教育工作者只有首先树立迎接挑战的信心，才能逐步解决部分大学生践行社会主义核心价值观上所存在的问题。

三、社会主义核心价值观理性认知教育的主要内容

实施大学生社会主义核心价值观认知教育，除了分析其存在的问题及原因外，还要进一步明确大学生社会主义核心价值观理性认知教育的主要内容。因为社会主义核心价值观理性认知教育内容是针对现存问题"对症下药"而设置的，可以为解决现存问题提供必要的支持和保障。

1. 国家层面

党的十八大指出，发展中国特色社会主义道路要从全局出发，努力实现社

---

① 朱卫嘉、向守俊：《不同年代理想信念教育的比较研究》，重庆出版社2007年版，第173页。

会主义市场经济、社会主义民主政治、社会主义先进文化、社会主义和谐社会和社会主义生态文明"五位一体"的发展。而以"富强、民主、文明、和谐"作为社会主义核心价值观层面的价值标准，是中国特色社会主义"五位一体"发展战略目标的必然要求。引导大学生认同和践行国家层面的价值目标，就是要让大学生明白，"富强、民主、文明、和谐"等价值观一方面吸收了古今中外的优秀思想精华，另一方面，它们又带有鲜明的社会主义性质，与古代中国和西方资本主义社会所提倡的国家价值目标有着本质的区别。

(1) 社会主义富强观

富强，简而言之就是国家综合国力强大和人民共同富裕。邓小平曾指出，"社会主义的本质，是解放生产力，发展生产力，消灭剥削，消除两极分化，最终达到共同富裕"。"社会主义的目的就是要全国人民共同富裕"。在邓小平看来，实现国家的真正富强与人民共同富裕，是事关社会主义建设事业兴衰成败最重要的因素。这是因为，如果社会生产力不发达，人民物质文化水平不提高，"我们的社会主义政治制度和经济制度就不能充分巩固，我们国家的安全就没有可靠的保障"。党的十八大报告指出，解放和发展生产力依然是中国特色社会主义的根本任务，而共同富裕是中国特色社会主义的根本原则，只有发展的问题解决好了，"才能筑牢国家繁荣富强、人民幸福安康、社会和谐稳定的物质基础"。可见，富强之所以是国家层面价值目标的首位内容，正因为经济发展是国家和发展的物质基础，可为社会全面进步和人的全面发展提供必要的物质条件。

富强不仅是社会主义国家的追求目标，也是资本主义国家的价值追求，但是，社会主义的富强观与资本主义的富强理念有着本质区别。这种区别体现在社会主义国家富强是以人民为主体，以共同富裕为目的，而资本主义富强则以资产阶级为主体，目的是实现资本家的暴富。20世纪后期，世界社会主义所经历的重大挫折表明，资本主义并不是广大人民群众利益的代表，走资本主义道路并不一定能带来国家富强和人民富裕。以90年代的俄罗斯为例，经过以实施私有化为核心的"休克疗法"之后，并没有使俄罗斯迈进资本主义发达国家的行列，而是直接导致了经济严重下滑。对此，有学者分析指出，在国家发展层面，"90年代末俄罗斯的国内生产总值只相当于苏联时期的25%，相当于美国的10%左右，甚至也少于仍然是发展中国家的中国"。在公民的生活水平上，"每四个俄罗斯人就有一个生活在官方规定的贫困线以下"①。可见，对于社会主义国家而言，撇开自身国情不顾，盲目照搬西方发达国家的发展道路，极容易带来经济、政治和社会建设的一系列消极后果。

引导大学生认知认同社会主义富强观，不仅要向他们宣传解读社会主义富强观的深刻内涵，更要让他们深刻认识社会主义富强观与资本主义富强观的根本区别，从而坚定他们对于中国特色社会主义的信念。

(2) 社会主义民主观

民主一词可以追溯到古希腊社会，古希腊学者认为，雅典的政治制度之所以是民主制度，主要是因为政权不是掌握在少数人手里，而是掌握在多数人手里。可见，民主的本意就在于人民拥有一切政治权利。

我们看到，在文化多样化境遇下，西方社会凭借着强大的经济势力，到处推广他们的民主观念和民主制度，在一定程度上模糊了一部分人的政治思想。因此，我们应当着力揭示社会主义民主观与资本主义民主观所存在的本质区别。列宁曾深刻揭示资产阶级民主的实质，他认为，资产阶级的民主"是把重心放在冠冕堂皇地宣布各种自由和权利上，而实际上却不让大多数居民即工人和农民稍微充分地享受这些自由和权利"②。即使在形式上，资产阶级民主制度也存在明显的缺陷。正如邓小平所说，资本主义国家的多党制不仅不代表广大人民的利益，而且他们相互倾轧的竞争状态决定了他们"每个国家的力量不可能完全集中起来，很大一部分力量互相牵制和抵消"③。对此，美国学者道格拉斯凯尔纳也指出，资本主义社会的代议民主制直接把民主和选举等同起来，由此导

---

① 黄苇町：《苏共亡党十年祭》，江西高校出版社2008年版，第153页。
② 《列宁选集》第3卷，人民出版社1993年版，第724页。
③ 《邓小平文选》第2卷，人民出版社1994年版，第267页。

致了脆弱的民主,因为"保守势力依靠其财富和权势就可轻易操纵选举过程"①。

我国少部分大学生由于受西方社会思潮的影响,在一定程度上模糊了社会主义和资本主义的本质。这提醒我们,引导大学生认同和践行社会主义民主观,一定要向他们深刻分析,我国是工人阶级领导的、以工农联盟为基础的人民民主专政的社会主义国家,我们的民主,"只能是社会主义民主或称人民民主,而不是资产阶级的个人主义的民主"②。在这个前提之下,"我们需要借鉴人类政治文明有益成果,但绝不照搬西方政治制度模式"③。

(3) 社会主义文明观

文明是指人类所创造的财富的总和,特指精神财富。最初,"文明"是由18世纪法国思想家针对"野蛮"一词而提出来的。"文明"的语源出自拉丁文"Ciris",意指"公民的""组织的",文明一词所描述的是国家和社会的开化程度和进步状况。党的十八大把文明列为社会主义核心价值观的主要内容之一,是当代社会发展的必然要求,它体现了中国人民的整体利益和共同价值诉求。在建设社会主义物质文明的同时,也要积极建设社会主义精神文明,这是邓小平关于建设中国特色社会主义的一贯主张。这是因为,"不加强精神文明的建设,物质文明的建设也要受破坏,走弯路"④。如果社会风气坏下去,会反过来使整个经济变质,"发展下去会形成贪污、盗窃、贿赂横行的世界"⑤。在社会主义建设新时期,党中央更加重视建设和发展社会主义文明,胡锦涛强调,中国特色社会主义是全面发展和进步的事业,"不能以牺牲精神文明为代价换取经

---

① 俞可平:《全球化时代的"马克思主义":九十年代国外马克思主义新论选编》,中央编译出版社1998年版,第34页。
② 《邓小平文选》第2卷.人民出版社1994年版,第175页。
③ 中共中央文献研究室:《十七大以来重要文献选编(上)》,中央文献出版社2009年版,第802页。
④ 中共中央文献研究室:《十四大以来重要文献选编(中)》,人民出版社1997年版,第1532页。
⑤ 《邓小平文选》第2卷,人民出版社1993年版,第154页。

济的一时发展"①。《中共中央关于深化文化体制改革,推动社会主义文化大发展、大繁荣若干重大问题的决定》指出:"没有文化的积极引领,没有人民精神世界的极大丰富,没有全民族创造精神的充分发挥,一个国家、一个民族不可能屹立于世界先进民族之林。"② 可见,文化建设对于提高国家的综合国力和提升人们的思想道德素质,有着越来越重要的作用。

在文化多样化境遇下,引导大学生认同和践行社会主义文明观,一方面,不仅要让他们充分认识社会主义文化强国建设对于社会发展的重要战略意义,使其自觉认同以马克思主义为指导的社会主义先进文化;另一方面,应当引导他们正确认识精神文化素质对于个人全面发展的重要意义,不断提升自身的文化修养,提高自身的精神境界。此外,还应当引导大学生树立高度的文化自觉和文化自信,对于西方文明和中华传统文明,既不片面排斥、又不全部"拿来",而是正确处理古与今、中与外的关系,把批判与继承、摒弃与借鉴很好地结合起来。

(4) 社会主义和谐观

和谐,简而言之,就是"和","和"的本义"就是要探讨诸多不同因素在不同的关系网络中如何共处"③。和谐价值观是对我国传统文化中"中和"理念的发展,它反映了我们高度的文化自觉和文化自信。中共十六届六中全会指出,"社会和谐是中国特色社会主义的本质属性,是国家富强、民族振兴、人民幸福的重要保证"④。从主体构成的角度看,和谐社会其实囊括了人与自然、人体与社会以及个体与自身的和谐关系。具体而言,社会主义和谐观包含以下三个层次的内容。

---

① 中共中央文献研究室:《十七大以来重要文献选编(上)》,中央文献出版社2009年版,第802页。

② 中共中央文献研究室:《十六大以来重要文献选编(下)》,中央文献出版社2008年版,第752页。

③ 乐黛云:《文化"多元化"与全球"一体化"》,载《文明》,2003年第12期,第8页。

④ 中共中央文献研究室:《十六大以来重要文献选编(下)》,中央文献出版社2008年版,第698页。

其一，人与自然相和谐，对于人与自然的关系，恩格斯曾指出，人们必须时刻记住，"我们决不像征服者统治异族人那样支配自然界，决不像站在自然界之外的人似的去支配自然界——相反，我们连同我们的肉、血和头脑都是属于自然界和存在于自然界之中的"①。可见，人与自然之间并不存在必然的冲突，相反，自然界为人类生存和发展提供了最基本的物质前提，人与自然的和谐体现了生态文明建设的核心价值取向。中国共产党十八大将"生态文明"作为中国特色社会主义的重大战略目标，纳入了"五位一体"的总布局，这为社会主义在更高层次的发展上提供了广阔空间。

其二，人与社会和他人相和谐，随着改革开放的进一步深化，社会经济、政治体制等方面在改革中不断完善和发展，人们的思想观念也发生了十分深刻的变化。这些改革和发展变化给社会发展带来了一些问题，正如党的十八大所指出的："城乡区域发展差距和居民收入分配差距依然较大，社会矛盾明显增多，教育、就业、社会保障、医疗、住房、生态环境、食品药品安全、安全生产、社会治安、执法司法等关系群众切身利益的问题较多。"② 因而，我们在坚持以经济建设为中心的同时，应当把构建社会主义和谐社会摆在更加突出的地位。

其三，人与自身相和谐，改革开放以来，经济的快速发展极大地改善了人们的物质生活。与此同时，社会上却出现了一些影响个人身心和谐发展的价值观偏斜问题。这些问题表现在物欲横流、金钱至上、个人主义盛行等。从根本上看，这些问题是由人们没有正确处理精神追求与物质享受的关系所致，简单地说，过分的物质追逐掩盖了基本的精神需求，过于注重一己之利而忽视了社会的良性发展。

可见，引导大学生认同和践行社会主义和谐观，关键要从以上三个层次着

---

① 《马克思恩格斯文集》第1卷，人民出版社2009年版，第560页。
② 胡锦涛：《坚定不移沿着中国特色社会主义道路前进为全面建成小康社会而奋斗——在中国共产党第十八次全国代表大会上的报告》，人民出版社2012年版，第5页。

手,培养大学生树立正确的生态观、高度的社会责任感和高尚的人生目标。

2. 社会层面

(1) 社会主义自由观

自由不仅是人类社会的共同夙愿,而且是社会主义的崇高价值追求。自由有着丰富的内涵,包括了人的需要和能力、人的素质和个性、人的社会交往等方面的全面发展。马克思主义认为,世界上并没有超越特定历史阶段的抽象的自由。这是因为,自由不仅受到社会生产力发展水平的制约,而且受到生产关系和特定人群综合素质的限制。在马克思看来,只有人类社会最终形成了自由人的联合体,每个人才会享有真正的自由。我国还处于社会主义初级阶段,这就决定了我们国家的自由与马克思提及的共产主义条件下的自由还有着相当大的差距。但是,我们不能由于这种差距,就失去争取自由的勇气。事实上,自社会主义新中国诞生的那一天起,中国共产党带领全国人民,就一直在为实现自由而不懈努力。这种努力主要体现在以下几个方面。

其一,大力发展生产力。经济基础是实现自由的根本,我国对于社会主义现代化建设道路的不断探索和实践,其根本目的就是提升全体人民的物质需求和精神需求。改革开放40多年来,我国经济发展突飞猛进,创造了丰富的物质成果,这为我国人民迈向更高层次的自由奠定了基础。其二,完善社会主义生产关系。在这方面,我国主要致力于经济、政治以及文化体制改革,不断适应生产力发展的要求,从而为自由提供必要的体制机制保障。其三,政治上的自由。党的十九大指出,"明确全面推进依法治国总目标是建设中国特色社会主义法治体系、建设社会主义法治国家"。可见,依靠法治和制度保障人们的各项权利,也是实现更高层次自由的必要条件。

我们知道,资本主义社会的自由是相当片面的,只有具备一定财富的社会群体才能享有自由。对此,美国学者道格拉斯·凯尔纳曾经这样设问:"在一个人正在为就业、无家可归、医疗保险、环境和经济崩溃的可能性而经常担忧时,怎么能说他是'自由的'呢?"① 可见,与资本主义相比,社会主义自由观的突出特征在于它具有科学性、真实性和广泛性。

(2) 社会主义平等观

简单地说,平等是指社会主体处于相同的社会地位、享受相同的社会权利、履行相同的社会义务。在不同的社会形态,平等具有不同的内涵和性质,对于社会主义社会,邓小平曾指出,"社会主义与资本主义不同的特点就是共同富裕"②。在社会主义社会,平等是社会主义生产关系和上层建筑的必然要求,它体现在人们的经济、政治、文化、社会权利的平等上。社会主义和共产主义具有鲜明的价值取向,它代表人类绝大多数人的利益,因而社会主义平等观是最先进、最合理的平等观。正如马克思和恩格斯所指出的,与以往的一切运动不同,"无产阶级的运动是绝大多数人的,为绝大多数人谋利益的独立的运动"③。列宁也指出,"旧社会依据的原则是:不是你掠夺别人,就是别人掠夺你;不是你给别人做工,就是别人给你做工;你不是奴隶主,就是奴隶"④。可见,社会主义平等观与以往社会平等观念有着本质区别。此外,社会主义平等理念与传统中国社会,以及改革开放前的平均主义也有着显著差别。在改革开放前的40年里,中国社会一直是一种封闭保守的生活格局,在分配问题上强调收入结果上的均等。这种平均主义的分配方式表面上看似乎平等,而实质上是不平等的。在实践上,平均主义必然导致多劳不能多得,少劳或不劳者可无偿占有多劳者的劳动成果,从而严重损害了劳动者的积极性、主动性和创造性。可见,引导大学生认同和践行社会主义平等观,应当一方面使其认识社会主义平等观与资本主义平等理念的本质区别,另一方面使其了解社会主义平等观与片面强调均等化的平均主义观念之间的显著差别。

---

① 俞可平:《全球化时代的"马克思主义":九十年代国外马克思主义新论选编》,中央编译出版社1998年版,第34页。
② 《邓小平文选》第3卷,人民出版社1993年版,第123页。
③ 《马克思恩格斯文集》第2卷,人民出版社2009年版,第42页。
④ 《列宁专题文集论无产阶级政党》,人民出版社2009年版,第287页。

(3) 社会主义公正观

作为社会主义核心价值观基本内容之一的公正观,是指基于人的平等地位和平等权利的公平正义。它是和谐社会的基本特征之一,"在和谐社会建设中践行公平正义,就是力求权利公平、机会公平、规则公平、分配公平,力求个人正义和制度正义"①。而党的十八大提出,"要坚持社会主义基本经济制度和分配制度,调整国民收入分配格局,加大再分配调节力度,着力解决收入分配差距较大问题,使发展成果更多更公平惠及全体人民,朝着共同富裕方向稳步前进"②。此外,《中共中央关于全面深化改革若干重大问题的决定》则明确指出,全面深化改革,要"以促进社会公平正义、增进人民福祉为出发点和落脚点"③,这是因为,"如果不能给老百姓带来实实在在的利益,如果不能创造更加公平的社会环境,甚至导致更多不公平,改革就失去意义,也不可能持续"④。可见,党中央越来越重视社会的公平正义问题,这是公正被列为社会主义核心价值观基本内容的重要原因。

需要指出的是,社会主义公正观与资本主义的公正观有着本质的区别。列宁曾对社会主义作过生动的说明,他认为,在社会主义社会里,"共同劳动的成果不应该归一小撮富人享受,应该归全体劳动者享受"⑤。可见,公正是社会主义的重要价值取向。确切地说,"社会主义的经济是以公有制为基础的,生产是为了最大限度地满足人民的物质、文化需要,而不是为了剥削"⑥。而资本主义的生产则是为了最大限度地榨取剩余价值,满足资产阶级的需要。据此,引导

---

① 罗国杰:《社会主义和谐社会核心价值体系研究》,人民出版社2012年版,第244页。
② 胡锦涛:《坚定不移沿着中国特色社会主义道路前进为全面建成小康社会而奋斗——在中国共产党第十八次全国代表大会上的报告》,人民出版社2012年版,第15页。
③ 中共中央:《中共中央关于全面深化改革若干重大问题的决定》,载《人民日报》,2013年11月16日。
④ 习近平:《切实把思想统一到党的十八届三中全会精神上来》,载《人民日报》,2014年1月1日。
⑤ 《列宁专题文集论社会主义》,人民出版社2009年版,第381页。
⑥ 《邓小平文选》第2卷,人民出版社1994年版,第167页。

大学生认同和践行社会主义公正观，应当一方面使其了解公正对于构建社会主义和谐社会的重要意义，另一方面教育他们认清资本主义"公正"观与社会主义公正观的本质区别。

(4) 社会主义法治观

简单而言，法治是国家和社会依据法律进行的治理。现代社会所提倡的法治强调以法治国、法律至上，置法律于最高的地位。对于社会主义法治，邓小平曾说，"搞四个现代化一定要有两手，只有一手是不行的。所谓两手，即一手抓建设，一手抓法制"①。他还强调指出，应当通过加强法制来保障人民民主，"必须使民主制度化、法律化，使这种制度和法律不因领导人的改变而改变，不因领导人的看法和注意力的改变而改变"②。而在全面建设小康社会新时期，习近平更加强调法治建设对社会发展的重要作用，他指出："法律是成文的道德，道德是内心的法律。"③ 只有两者高度结合，才能发挥出社会治理的综合效力。只有不断加强法制建设，社会主义才能形成平等的竞争环境。

当代社会，随着人们法治意识增强，人们对社会不公的承受力不断下降，这直接导致了社会冲突的快速增加，从而对制度应对能力提高的必要性提出了严峻挑战。在这种现实下，社会各界都明显感受到维护公正的重要性。引导大学生认同和践行社会主义法治观，首先要使他们重视法制，遵守法律，做到有法必依、违法必究；其次，还要引导他们把加强法制作为价值目标，做到要用法律规范来作为自己的行为准则。

3. 个体层面

爱国、敬业、诚信、友善是针对公民个人的核心价值观，是在"公民道德建设的指导思想、方针原则以及主要内容"的基础上提炼出来的。从这个意义

---

① 《邓小平文选》第 2 卷，人民出版社 1994 年版，第 154 页。
② 《邓小平文选》第 3 卷，人民出版社 1994 年版，第 146 页。
③ 习近平：《在首都各界纪念现行宪法公布施行周年大会上的讲话》，载《光明日报》，2012 年 12 月 5 日。

上看，公民个人层面的价值准则实际上就是社会主义公民必须遵守的基本道德规范。那么，引导大学生践行公民个人层面的价值准则，就是要让大学生在日常生活和社会实践活动中弘扬真善美和批判假恶丑，进而"自觉履行法定义务、社会责任、家庭责任，营造劳动光荣、创造伟大的社会氛围，培育知荣辱、讲正气、作奉献、促和谐的良好风尚"①。

(1) 社会主义爱国观

爱国是我们中华民族一直以来都信奉的重要价值观，它体现了公民对自己祖国的深厚感情。"爱国主义"一词就是对这种情感的有效概括，对此，列宁曾经这样下定义："爱国主义是由于千百年来各自的祖国彼此隔离而形成的一种极其深厚的感情。"②爱国不仅是我国的优良传统，而且是一项重要的道德要求。它潜移默化地调节着个人与祖国的关系，从价值观的角度看，爱国属于公民个人与国家之间基本的价值准则。因而，在文化多样化的境遇下，爱国价值观的实践要求理应就是要培养公民个人对祖国的深厚感情。用邓小平的话来说就是，"中国人民有自己的民族自尊心和自豪感，以热爱祖国、贡献全部力量建设社会主义祖国为最大光荣，以损害社会主义祖国利益、尊严和荣誉为最大耻辱"③。否则，在我们与西方国家交往的过程中，"就会被种种资本主义势力所侵蚀腐化"④。可见，爱国对于每个公民而言是十分重要的，对于大学生来说更是如此。

在不同的历史阶段，爱国的涵义也不同，因为它是个历史范畴。在当代中国，践行爱国价值观的基本要求包括，其一，爱祖国之疆土，捍卫祖国的独立和领土完整。爱国，首先就是爱祖国所在的地域，即爱祖国之疆土，坚决反对破坏祖国领土完整、妨碍祖国独立、损害祖国尊严的行为。这是因为祖国之疆土是祖国赖于存在和发展的最基本载体。其二是爱人民，维护民族团结。我国

---

① 胡锦涛：《坚定不移沿着中国特色社会主义道路前进为全面建成小康社会而奋斗——在中国共产党第十八次全国代表大会上的报告》，人民出版社2012年版，第32页。
② 《列宁选集》第3卷，人民出版社1995年版，第579页。
③ 《邓小平文选》第3卷，人民出版社1993年版，第3页。
④ 《邓小平文选》第3卷，人民出版社1993年版，第369页。

是人民民主专政的国家，广大人民是国家的主人。因而，爱国的另一个要求就是要爱人民，关键是要培养对人民的深切热爱之情，努力促进各民族的团结。其三是爱民族优秀文化，不断增强文化自觉、文化自信和文化自强。爱民族文化就应该要懂得祖国的历史，尤其要了解中国近代史，大力弘扬中华民族优秀传统文化，积极推进文化的大繁荣和大发展。其四是爱社会主义制度，坚定理论自信、制度自信和道路自信。也就是要在认真学习中国特色社会主义理论的基础上，正确认识社会主义制度的优越性，始终坚持中国特色社会主义道路，坚定理论自信、制度自信和道路自信。概言之，引导大学生践行爱国观，就是要培养大学生对祖国的疆土、对人民、对民族文化以及对社会主义制度的热爱，在爱国主义的旗帜下团结起来，为实现中华民族伟大复兴的中国梦而奋斗。

(2) 社会主义敬业观

中国自古就倡导以"敬业"为主要内容的职业道德，如孔子认为，个人对其所从事的工作应该"敬事而信"，而"敬业乐群"是《礼记》上的要求。由此可见，恪守基本的职业道德就是对优秀传统价值观的弘扬和继承。党的十八大报告所倡导的敬业，是针对公民个人行为的一个重要的价值要求。这里的"业"指的是职业，通俗地说就是人们所从事的工作。它既是人们生存和发展的基本手段，也是推动社会发展和进步的重要条件。职业的重要性决定了敬业观的重要性。

敬业价值观要求人们以一种热爱和敬重的态度对待自己的本职工作，在工作中充分发挥自己的主观能动性，不断精益求精，做到尽职尽责。它所反映的是公民个人和职业活动之间的价值关系。作为个人层面上的价值准则，敬业价值观的基本要求可从以下几方面进行理解。首先，敬业是指从业者对自己所从事职业的热爱以及对待工作职责或义务的负责精神。从业者对自己所从事工作的热爱和负责是做好该项工作的重要前提，也是敬业价值观最基本的要求。其次，敬业是一种在工作中刻苦奋斗、精益求精的精神品质。这种精神品质主要体现在从业者尽心尽力、刻苦耐劳、持之以恒的奋斗精神方面。再次，敬业还指从业者将自身所从事的职业视为实现自我完善和自我提升的重要途径。在社会主义条件下，职业还是个人实现自我完善和自我提升的重要途径。从业者在处理工作中所遇到的问题时，可以不断地提高自身的思想道德品质。因此，大学生践行敬业观的目标就是让大学生在社会实践活动中增强职业感，并把学习作为首要任务，通过刻苦学习不断增强自身的本领，实现履行公民职责和自我提升的统一。

（3）社会主义诚信观

"诚"与"信"二字最初并非连在一起使用，从时间上看，"信"比"诚"出现得早；从逻辑上看，"诚"却是"信"的基础和前提。"诚"是德、善的根基，而'信'是最起码的道德品质。诚信在现代汉语的语境中主要是指"诚实无欺，信守诺言"，其最为基本的要义是人的一种素质，是人的一种品质，是人之根本。党的十七大指出："加强政务诚信、商务诚信、社会诚信建设，增强全社会诚实守信意识。"[①] 在此基础上，党的十八大对诚信建设提出了具体要求，强调要"深入开展道德领域突出问题专项教育和治理，加强政务诚信、商务诚信、社会诚信和司法公信建设"。

诚然，大学生在诚信方面存在一些不容忽视的问题，对此，党的十八大进一步将诚信纳入了社会主义核心价值观的基本内容之中，倡导要积极践行以"诚信"为基础的社会主义核心价值观。对于大学生而言，诚信对其全面发展至关重要。引导大学生践行诚信价值观，必须深刻了解诚观的实践要求和要义。针对大学生在诚信方面存在的问题，笔者认为，诚信观的实践要求和要义可从两个方面进行：其一，引导大学生在日常学习生活中自觉树立诚信为本的道德观念，正确处理好学习生活中义与利问题，从而将诚信内化为自身的内心信念，自觉遵守基本的诚信要求；其二，让大学生在丰富多彩的校内外社会实践活动中以道德模范为榜样，坚守诚信的道德意志力，自觉抵制不诚信行为。

---

① 中共中央文献研究室：《十七大以来重要文献选编》（上），中央文献出版社2009年版，第27页。

（4）社会主义友善观

友善，其本义是指朋友之间亲近和睦的关系和状态。友善既是高尚的个人美德，也是重要的公民道德规范，在维系社会成员之间的和谐关系中发挥着不可或缺的作用。马克思在其中学时代就认识到，人与人之间并非只有利益的冲突和争斗，人们只有为了他人的幸福而工作才能完善自己，因而，在选择职业的时候，应当遵循的主要原则"是人类的幸福和我们自身的完美"，"那些为大多数人带来幸福的人是最幸福的人"①。恩格斯也指出，"如果一个人只同自己打交道，他追求幸福的欲望只有在非常罕见的情况下才能得到满足，而且绝不会对己对人都有利"②。这说明，人与人之间并不像提倡个人主义的近代西方资产阶级知识分子所说的那样，人与人之间是狼一样的关系。恰恰相反，社会的和谐运转离不开人与人之间相互关心、相互帮助的友善关系。美国学者布热津斯基曾为美国社会过分强调个体而忽视社会利益的倾向而担忧，他认为美国有必要在哲学上进行反省和文化上作自我批判，从而意识到"一个社会没有共同遵守的绝对确定的原则，相反却助长个人的自我满足，那么这个社会就有解体的危险"③。可见，逐步超越个人主义思想，提倡在平等基础上的友善关系，应当是人类社会发展的重要趋势。

友善是关于人与人交往方面的价值观，党的十八大将其列入社会主义核心价值观的内容。友善的含义是"待人热情友好，与人为善，助人为乐，珍视友情"④。大学生践行友善价值观的要求，其一，待人的态度要热情友好。友善的态度往往会使交往对象感到内心温暖，这种温暖的传递将会促进人与人之间的和谐。其二，与人为善，要善意地理解自己的交往对象，珍视友谊。在大学生的学习生活中，因为曲解而伤害友谊的情况并不少见。引导大学生学会从善意

---

① 《马克思恩格斯全集》第1卷，人民出版社1995年版，第459页。
② 《马克思恩格斯文集》第4卷，人民出版社2009年版，第292页。
③ [美] 兹比格涅夫·布热津斯基：《大失控与大混乱》，朱树飏译，中国社会科学出版社1994年版，第125页。
④ 罗国杰：《社会主义和谐社会核心价值体系研究》，人民出版社2012年版，第262页。

的角度去理解他人，不仅可以减少因交往而产生的某些伤害，而且有利于促进大学生自身不断向善，学会珍视友谊。其三，助人为乐，不断提升自身的境界。

四、社会主义核心价值观理性认知教育的实施路径

认同的机理是大学生通过显性的学习、实践、体验和内在的思辨、选择、融合等活动，将社会主义核心价值观的思想精髓逐步融入自身价值观并不断固化的运行方式之总和。① 只有通过充分发挥"思政课"的主渠道作用、发挥党日团日活动等课外的主阵地作用、发挥养成教育的自我强化作用这三方面路径，才能够保证大学生社会主义核心价值观理性认知教育的实施效果。

1. 充分发挥课内育人的主渠道作用

"思政课"课堂是大学生社会主义核心价值观理性认知教育的主渠道，学生在课堂上系统学习社会主义核心价值观相关理论，首先要对马克思主义进行全面系统的学习。大学生应该认真学习马克思主义产生的历史背景，了解马克思主义是怎样传播到中国的，马克思主义对中国社会主义革命和社会主义现代化建设起到了什么作用。中国现已进入社会转型时期，马克思主义是否还能指导中国特色社会主义现代化建设？这些问题，大学生都应该在课堂上找到正确的答案。另外，大学生必须认识到马克思主义与时俱进的理论品质，它是不断发展的科学理论。马克思主义不仅包括马克思、恩格斯、列宁、毛泽东等伟人创作的经典著作，也包括马克思主义中国化的最新理论成果：邓小平理论、"三个代表"重要思想以及科学发展观等。大学生还要认真学习马克思主义的基本原理和方法，并学会运用其分析社会问题和各种社会思潮，这样才能看清事物的本质，明确事物发展的方向，提高自身的政治觉悟。

---

① 刘铮：《大学生认同与践行社会主义核心价值观研究》，中南大学博士学位论文，2012年，第58页。

其次，要对中国近现代史有清楚的认识。大学生在学习中国近代史时要考虑以下两个问题：中国近代为什么会贫穷？经历了多次革命都以失败告终，为什么中国共产党领导中国革命成功了？在课堂上得到答案后，同学们就会认识到只有社会主义才能救中国，只有社会主义才能发展中国；只有在中国共产党的领导下，走中国特色社会主义道路，中华民族才会实现伟大复兴，从而坚定中国特色社会主义理想信念，为实现共产主义崇高理想而奋斗。

再次，要加强对中华民族优秀传统文化和时代精神的学习。大学生学习中华民族优秀传统文化，可以培养其自身的民族自尊心、自信心和自豪感，从而承担起传承中华民族传统美德的历史重任；大学生学习改革创新的时代精神，可以全面了解我国改革开放以来社会主义现代化建设的伟大成就，认清自己所肩负的历史使命，从而增强社会责任感；更重要的是大学生通过对改革创新时代精神的学习能够打破条条框框的束缚，激发其创新活力和热情，提高其创造能力，把自己打造成社会主义改革创新的生力军，进而推动社会主义现代化事业向前发展。

最后，大学生要认真学习社会主义荣辱观，系统掌握社会主义荣辱观的内容，能够明辨是非，分清黑白，懂得应该坚持什么，反对什么，提倡什么，抵制什么；在日常生活中，大学生应自觉培养社会公德、职业道德、家庭美德和个人品德，做到知行统一，注重提高自身素质，努力成为社会主义现代化建设事业可靠的接班人和合格的建设者。

2. 充分发挥课外的主阵地作用

党团日活动、社团活动和课外学术沙龙等是大学生社会主义核心价值观理性认知教育的主阵地，相较于"思政课"课堂主渠道而言，二者教育的内容重点、方式方法都有所不同，但又能够充分发挥各自的优势，互通有无、相得益彰。

(1) 党日团日活动

党日团日活动是实施大学生社会主义核心价值观理性认知教育的重要载体，

应将社会主义核心价值思想内植于每一次党日团日活动中。首先，要在开展党日团日组织活动中采用"典型引路"的方法，充分发挥学生优秀党员和优秀团员的先锋模范作用。发挥优秀党员团员在党日团日活动中的作用，是大学生社会主义核心价值观理性认知教育的重要内容，对大学生理性认知社会主义核心价值观有着重要的引导和带动作用。其次，要重视党组织生活。大学生党员要以组织为依托，积极参加党团组织生活，在组织生活中体验和感悟政治生活。要注重理论学习，特别是社会主义核心价值观的学习；要在理论学习的基础上带动大学生践行社会主义核心价值观。再次，要注重学生党团组织建设。大学生党员、团员要严格要求自己，提高党性修养，充分发挥在认同、践行社会主义核心价值观中的骨干带头作用；要创新学生党支部、团支部活动方式，将大学生社会主义核心价值观教育内容以丰富多彩的形式贯穿党团活动的始终，以增强大学生理性认知社会主义核心价值观的实效性。

（2）社团活动

首先，要将社会主义核心价值观融入到各种社团组织活动中去。社团组织活动既是大学生课堂学习的延伸，又是大学生理性认知社会主义核心价值观的有效途径。大学生经常参加学术讲座、研讨会、征文比赛、演讲比赛等各种社团活动，可通过这些活动加深其对社会主义核心价值观的理性认知，又可提高其自身的理论和道德水平。其次，要加强社团的理论学习。大学生社团具有"三自"特点，对大学生具有强大的吸引力和影响力。因此，以社会主义核心价值观为引领加强大学生理论社团的理论学习，有助于大学生以社团组织活动为载体开展理性认知社会主义核心价值观活动。再次，要加强社团的辐射作用。大学生社团在宣扬社会主义核心价值思想方面有着独特和重要的辐射作用，在思想政治教育中引入学生社团这一形式能使社会主义核心价值观教育更加贴近学生实际。理论学习型社团能把课堂和课外联系起来，更由于其活动与学生的日常学习紧密结合，因而能更加顺畅地完成大学生对于社会主义核心价值观的理性认知。最后，要加强社团的服务功能。用社会主义核心价值观引导社团成员把服务社会与自身成才相结合,使社团活动成为大学生践行社会主义核心价值观的重要途径。可通过社团组织大学生进社区、访农户、下企业开展调查研究等社会实践活动,宣传社会主义核心价值思想,并以大学生社团活动为依托,加强和改进大学生践行社会主义核心价值观的方式方法。

(3) 课外学术沙龙

课外学术研讨沙龙是大学生学习理解社会主义核心价值观的重要途径和渠道。大学生在思想理论课上系统学习了社会主义核心价值观的理论知识,但课堂上大部分时间是任课教师讲授,学生只能被动接受,即使在听课的过程中遇到有困惑的问题或是闪现出好的见解,也无法在课堂上提出,严重制约了学生主动思考问题的积极性。讨论交流是现代教育教学的重要方式,是内化观念提升教学效果的主要手段。师生互动、双向交流能够充分发挥学生主体能动性。课堂上的师生互动是教学规律的内在要求,是现代教学理念的外在表现形式。通过互动交流,可改变学生被动学习的状况,引导学生积极参与到教学活动中,调动学生的学习热情,让学生组织关于社会主义核心价值观建设的主题班会展开广泛探讨、辩论,抒发他们学习社会主义核心价值观的体会和见解,探索建设社会主义核心价值体系的难点和疑点,不仅能引起学生对思想政治理论课的浓厚兴趣,培养学生的综合素质,还能在潜移默化中让学生接受与认同社会主义核心价值观。因此,学校应该给大学生提供课外学术沙龙平台,让大学生那些无法在课堂上提出的问题和想表达的观点有一个释放的管道。

3. 充分发挥养成教育的自我强化作用

(1) 提高思想道德修养

思想道德修养是大学生自觉提升自己的思想道德境界,完善自己主观世界的精神建筑活动。思想情操修养有其内在规律,大学生在进行思想情操修养时,必须顺应思想情操修养规律、利用思想情操修养规律,而不能违背思想情操修养规律,超然于思想道德修养规律之外。只有如此,大学生的思想道德修养才能进入自如状态。社会主义核心价值观具有真理性、彻底性和契合性,其内容能吸引大学生，让大学生接受。因此，大学生在思想道德修养过程中要注重对社会主义核心价值思想的内心体验。大学生的思想情操修养必须从自身实际思想情操水平出发。从动态看，大学生的思想情操修养要先后经过自发阶段、自觉阶段和自由阶段；从静态看，大学生的思想情操修养要经历从低到高三个水平——依从水平、认同水平和信奉水平。不同阶段和不同水平具有不同特点。[①] 大学生的思想情操修养活动只有顺应自身的思想道德水平，才能有的放矢，实现思想道德修养目标。大学生思想道德修养能力包括思想道德修养的自然力、思想道德修养的知识准备和明确的思想道德修养意识。自然力是基本点，改善大学生的思想道德修养能力主要是改善知识和意识。相应的，知识准备和知识接受能力是大学生进行思想道德修养活动的基础。在一定程度上，知识的高度意味着大学生思想道德修养所能达到的高度。大学生也必须注重用社会主义核心价值观来改善意识，使自己具有明确的思想道德修养意识，这是大学生思想道德修养的动力源泉。有没有思想道德修养意识，思想道德修养意识明确不明确，直接影响着大学生思想道德修养的进程。

（2）加强优良学风建设

高校学风是指高等学校全体师生在长期教育实践中形成的一种较为稳定的治学目的、治学精神、治学态度和治学方法，是一所学校群体心理和行为在治学上的表现。高校大学生的优良学风体现在有远大的理想，有正确的学习目的，有勤奋好学、富于创新的学习态度，有勇于探索进取的学习方法和敢于战胜困难的学习习惯。优良的学风是高校培养高素质人才的重要保证，优良学风能促进人才培养，它是一种育人氛围，可使学生在潜移默化中受到熏陶。因此，注重高校大学生优良学风的养成具有重大的现实意义。

大学生优良学风养成过程要注重社会主义核心价值思想的指导，应该着重做好以下六个方面的工作。首先，要抓住新生入学的有利时机，以社会主义核

---

① 徐国媛：《大学生社会主义核心价值观教育"四位一体"课程实施路径研究》，西南大学博士学位论文，2017年。

心价值观为指导,积极开展工作。新生入校后的第一个学期是优良学风养成的关键时期,刚跨入大学的学生,对大学的学习充满向往,一心一意想把自己培养成祖国的栋梁之材。学校一定要抓住这一大好时机,加强对大学生社会主义核心价值观的教育,引导他们树立远大理想,明确学习目的,科学规划自己的职业生涯。其次,要以社会主义核心价值观为指导,开展专业思想教育,让学生热爱自己专业。学校各院系领导要高度重视,或请成功人士作报告,或举办座谈会,或开设学科前沿讲座,使学生了解专业的发展前景和学科发展动态,从而激发学生产生学习兴趣,热爱学习。再次,要以社会主义核心价值观为指导,加强教风建设,以教师的言传身教感染学生。任课教师要以身作则,坚持学习,注重提高自身素质,潜心教书育人。第四,要以社会主义核心价值观为指导,严肃考风考纪,促进优良考风的形成。考风是学风的体现,优良的考风体现优良的学风。加强大学生诚信教育是形成优良考风的有效途径。此外,考试过程中必须严肃考纪,一旦发现作弊现象,要严格按学校有关考试管理制度处理,绝不姑息。随着高等教育事业的蓬勃发展,国家对高校的投入力度逐步加大,高校的校园环境得到了较大改善。校园文化活动能够培育大学生的想象力、竞争力、自信心和进取心,有利于优良学风的养成。第五,以社会主义核心价值观为指导,开展丰富多彩的校园文化活动,对高校大学生优良学风的养成更是必不可少。最后,要充分发挥党团组织和学生社团组织的作用,拓展社会实践渠道,丰富学生课外生活。

(3) 养成良好生活习惯

生活习惯是指在日常生活中表现出的行为习惯,大学生生活习惯修养是指大学生在日常生活中要遵循社会主义荣辱观,按"以艰苦奋斗为荣,以骄奢淫逸为耻"的原则为人处世。勤俭节约,是中华民族的传统美德,古人说"淡泊明志""俭以养德""成由勤俭败由奢"。今天,我国的综合国力已经明显增强,人民的生活水平也有很大提高,我们不能提倡人们再当"苦行僧",但艰苦朴素的优良作风不能丢;因为我们还是一个发展中国家,还面临着艰巨的建设和发展任务。我们应该铭记"成由勤俭败由奢"的历史教训，勤俭办一切事业，努力建设一个节约型的社会。现在社会上铺张浪费、吃喝玩乐的奢侈之风渗入校园，影响所及，在少数大学生中也存在讲排场、比阔气、挥霍浪费的不良现象，这与我们党一贯倡导的艰苦奋斗精神相悖。当代大学生践行社会主义荣辱观，应该从节约一滴水、一度电的小事做起，"一粥一饭当思来之不易，半丝半缕恒念物力维艰"，努力养成文明、健康的消费方式和生活方式。在校园生活中，我们应该大力倡导勤俭节约光荣、奢侈浪费可耻的荣辱观，形成尊重劳动、勤俭节约、合理消费、保护环境、珍惜资源的良好风气。大学生在生活习惯修养过程中还应该从自身的健康成长出发，发扬艰苦奋斗的精神，反对骄奢淫逸之风，杜绝铺张浪费行为，以自己的实际行动，为建设一个节约型社会，为实现民族振兴和国家富强做出自己应有的贡献。

第五章　当代大学生社会主义核心价值观文化认同教育

全国高校思想政治工作会议于2016年12月7日至8日在北京召开，中共中央总书记、国家主席、中央军委主席习近平总书记出席会议并发表重要讲话。他强调，"高校思想政治工作关系高校培养什么样的人、如何培养人以及为谁培养人这个根本问题"[①]。可见，要想使大学生心悦诚服地认同社会主义核心价值观，首先应解决社会主义核心价值观文化认同问题。文化是民族生存的血脉、是国家得以维系、民族得以传承的精神支柱，是民族认同的"身份证"。文化认同是民族认同存在的根基，也是国家认同的核心要素。当今时代，经济全球化发展，文化认同已然成为综合国力竞争中最重要的"软实力"，中华文化认同也面临着新挑战。大学生作为精英群体，是国家和民族发展的生力军，因此，以凝聚了中华文化精髓和当代中国特点的社会主义核心价值观为根本，加强文化认同教育，已成为当务之急。

目前，在西方多元文化和价值观念的强力冲击与影响下，有不少大学生对中国传统文化价值、当代社会主义核心价值乃至自我价值产生了质疑和否定，导致其归属感和意义感弱化甚至丧失。高校理论工作者在育人工作中的引领、指导和传播的责任更加重大，面临多元文化融合这个必然趋势，结合国家、民

---

① 习近平：《习近平在全国高校思想政治工作会议上的讲话》，载《人民日报》，2016年12月8日。

族、社会、个人自身发展需求，发现并构建一个能统领精神的文化认同机制，使肩负着中华民族伟大复兴重任的青年学生能在纷杂的文化表层中透析本质，形成不同个体团结起来的内在凝聚力，已成为当务之急。因此，在多元文化背景下，培育大学生的文化自觉意识，加强对大学生的思想政治教育，增强他们对社会主义文化和传统文化的认同感，大力消解他们的文化认同危机，对他们的健康成长和推动社会主义建设伟大事业具有重要的理论价值和现实意义。

一、社会主义核心价值观文化认同教育的背景和意义

在当今的国与国竞争中，人才越来越成为最关键的因素，谁拥有了高素质的人才，谁就掌握了对未来经济发展的主动权，就拥有了更强的竞争力。大学生作为高素质的群体，是宝贵的人才资源，担负着民族的希望，决定着中国的未来，把这个群体培养成为中国特色社会主义事业的合格建设者和可靠接班人，对于科教兴国和人才强国战略的全面实施、确保我国在激烈的国际竞争中处于优势地位、加快推进社会主义现代化建设并全面建成小康社会的目标，都具有重大且深远的战略意义。但是，在当前经济全球化、信息网络化的时代背景下，国际国内形势发生了深刻的变化，大学生的生活与成长环境较之以往更为复杂。敌我势力、新旧思想、不同性质的意识形态争夺大学生的斗争日益白热化——国际上，资本主义阵营采用各种细化、分化伎俩，对我国的大学生群体进行思想和文化的渗透，消费主义、享乐主义、极端个人主义等不良思潮的影响不可小觑；在国内，市场经济的负面效应逐渐扩大，大学生群体的思想意识、价值观念等受到巨大冲击，部分大学生出现政治信仰迷失、价值观念扭曲、理想信念模糊等问题。在这种背景下，要保证中国特色社会主义事业后继有人，就必须全面和持续地加强对大学生群体的教育和引导，特别是加强文化认同方面的教育和引导。

1. 社会主义核心价值观文化认同教育的背景
(1) 社会主义核心价值观的内涵

社会主义核心价值观的主体是"以人为本",坚持"以人为本"不仅是时代赋予的要求,而且是促进人全面发展的必然要求,任何时候都应该坚持将"人"作为核心,充分尊重和维护人们的尊严,保护人权。与此同时,还应该切实维护广大人民的政治和经济权益,将广大人民的利益作为各项工作的基础出发点和根本落脚点。社会主义核心价值观的重要基石是爱国主义,在中国传统文化中,爱国主义是重要组成部分,是对民族精神的最好体现,是实现中华民族伟大复兴的重要动力。如今,民族精神逐步发展成为衡量一个国家在国际市场中是否具备竞争力的一项评价标准。对于一个人来讲,没有精神是不可以的,对于一个国家、民族来讲,也是如此。倘若一个国家或者一个民族缺乏自身的精神支柱,就会丧失应有的凝聚力和生命力。纵观中华民族的发展历程,充满了各种危机和考验,正是凭借着坚强的斗志和高尚的爱国主义情操,才推动了整个民族不断发展和壮大。社会主义核心价值观的保障是和谐,"以和为贵"是我国一直提倡的,实现和谐不仅是社会主义社会的根本要求,而且是人类社会发展的共同目标。实现和谐社会就是要求有机地实现社会各方面利益的相互协调,建设友好、民主、人与自然和谐相处的社会。同时要注意的是,我们所提倡的和谐,既是指发展中的和谐,又是指民主法治保障下的和谐。社会主义核心价值观的根本责任就是指个人或者组织时刻应该坚持的价值观念以及道德标准。中国拥有悠久的历史和文化,形成了独具魅力的社会型人格。在当前社会发展新时期,我国所提倡的社会主义核心价值观,就应该将"责任"作为共同的理想以及价值目标,这也是时代赋予社会主义核心价值观的重要要求。[①]

社会主义核心价值体系建设的关键在于切实把这一价值体系渗透到精神文

---

① 赵丽兵:《试论大学生社会主义核心价值观教育》,载《长沙铁道学院报》,2014年第4期,第268-269页。

明建设中,融入到国民教育中。大学生作为接受社会主义核心价值观教育、引导和影响的对象,把他们培养成什么样的人是社会主义核心价值观教育的始终主题。从主题和任务看,对学生进行社会主义核心价值观教育,在价值追求上,与学生自我发展更高的诉求具有高度的一致性。同时,在新的时代背景下,充分调动有利于学生成长的积极因素,科学化解不利于学生成长的消极因素,促进学生全面发展,是社会主义核心价值观教育的根本任务。

(2) 文化和文化认同的内涵

文化作为一个综合性较强的概念,由复杂的文化内容所构成。任何一种文化都不会存在于绝对的独立之中,必须以各种各样的文化存在为支撑。同时,它也必须在丰富多彩的文化现象冲击、对立中能获得长远的发展。校园文化也是这样,它之所以作为一种相对来讲比较独立的文化形式,主要是因为它的产生和运作都基于最富于文化内涵的大学校园,它的流传群体是具有一定知识水平的,充满着精神活力的青年学生。文化是人类社会特有的一种现象,文化的本质是人的本质。本质力量的对象化,是社会实践的能力和社会实践的产物,也是人类活动的重要方式。因此,国内有一些学者着重从文化对人的意义功用和价值的视角来界定各个文化的概念。著名的功能主义文化理论的代表马林若夫斯基认为,文化是一个满足人的要求的过程。为了应付在该环境中所面临的具体问题,而将自己置于一个更好的位置上的工具性装置。

"认同"一词最早可以追溯到约翰·洛克的哲学逻辑中,用来指某种事物与另一时空之另一事物为相同事物的现象。今天,文化认同主要是指个体或群体把某一文化系统内化为自身心理和人格结构中,并自觉以这个系统为标准来评价事物、规范行为的过程。① 先进的、健康的文化对人的自身心理和人格结构塑造有着重要作用,能够对人产生潜移默化的深远影响,缺少文化催化的人难以形成正确的世界观、人生观、价值观,如同没有根基的树木。因而,在青年群

---

① 张向东:《认同的概念辨析》,载《湖南社会科学》,2006 年第 3 期,第 78 - 80 页。

体中开展社会主义核心价值观教育显得尤为重要。今天的社会主义核心价值观不仅汲取了我国优秀民族文化的精华,还被赋予了先进的时代内涵、独具中国特色社会主义文化发展的内涵和符合我国国情与民生的中国共产党执政文化的内涵,是一种能充分体现中华优秀传统的符合实际的价值观。因此,以中华优秀传统文化的弘扬与推广为突破口,将为有效促进社会主义核心价值观认同教育在青年群体,尤其在大学生中开展工作带来极大的裨益。不少学者就文化认同与大学生社会主义核心价值观教育的关系进行了研究。

在全球化的进程中,文化认同是一个不可回避的问题。面对西方文化的入侵,如何构建新的文化认同引起了广泛关注,而强化文化自觉则被认为是解决文化认同危机的关键一步。所谓文化自觉,邹广文和云泽人认为"是一个以区域文化、民族文化、本土文化等为对象的活动,既是一种对区域文化、民族文化、本土文化的把握方式,也是一种对区域文化、民族文化、本土文化的实践行为,从而实现文化的自我更新、自我发展"。也就是说,文化自觉就是要了解自己的民族文化,深刻认识它的历史、特点和对人类文化的价值;同时,要正确把握文化发展的规律性,主动承担文化发展的历史责任,从实际出发,发展民族文化,提高民族文化的生存力,促进文化的健康发展。文化自觉是解决文化危机的基础,也是一个民族文化发展的内在要求,只有强化文化自觉,唤醒人们文化的主体意识,在全社会形成良好的氛围,我们的文化建设才能健康地发展。

(3) 文化认同与社会主义核心价值观的研究现状

文化认同是一个动态的认知过程,不同学者对如何构建新的文化认同提出了自己的观点。曲卓通过研究多元文化冲击下大学生对社会主义核心价值观的认同情况,认为在现实的文化背景下,通过科学的教育模式促进民族文化价值观的重塑,将是增强大学生价值观认同教育的重要途径。[①] 赵丽兵基于文化认同

---

① 曲卓:《高校大学生社会主义核心价值观认同教育模式分析》,载《中国校外教育》,2014年第27期,第31-32页。

视角,对大学生社会主义核心价值观教育进行了分析和探讨,提出了通过提升教育理念、营造文化氛围、培养先进典型等方法加强对学生进行社会主义核心价值观教育的对策。① 赵元的调查研究发现,当代大学生对社会主义核心价值观缺乏全方位、深层次认知,在情感认同上缺位,知行脱节,不同群体的大学生在认知和行为上表现出了一定的差异性和不平衡性,并提出建议,高校应发挥思想政治理论课作用,重视日常思想政治教育,加强校园文化建设,优化内外环境,尊重学生的差异性和多样化需求,从教育渠道、发展平台、服务过程、创新方法等方面积极应对。②

2. 社会主义核心价值观文化认同教育的意义

目前,在中国这样一个社会和文化转型的时期,我们对文化认同危机应该有责任意识。强化文化自觉、构建新的文化认同,对大学生进行社会主义核心价值观文化认同教育的意义表现为以下几方面。

(1) 建设民族传统文化的现实要求

随着全球化趋势不断加强,多元文化已成为不可阻挡的文化潮流。这样就为不同文化之间人们的沟通、交流奠定了有力基础,同时也为西方国家推行文化霸权提供了条件。怎样在文化多元化形势下体现出本民族文化的个性,有效地抵御文化霸权,提高本民族文化的凝聚力,已成为当前非西方国家普遍面临的一个重要问题。有学者曾明确指出,文化的凝聚力是不会凭空而生的,它取决于共同的信仰以及价值追求。从本质上来分析,文化的竞争属于价值观的竞争。在复杂多变的国际形势下,要有目的有计划地将社会主义核心价值观传输给大学生,帮助他们树立起正确的价值观。

---

① 赵丽兵:《试论大学生社会主义核心价值观教育》,载《长沙铁道学院报》,2014 年第 4 期,第 268-269 页。
② 赵元:《高校大学生社会主义核心价值观认同、践行状况的调查研究》,载《教育与职业》,2015 年第 26 期,第 49-51 页。

(2) 新的历史时期确立社会主义核心价值观的必然要求

近年来,随着我国社会转型不断加快,改革不再局限于经济层面和政治层面,而正逐步向着文化层面发展。文化层面的改革主要表现为,第一,以主流文化、大众文化和精英文化为主的社会文化结构逐步得到解体,不同层次的文化在进行多元化流动;第二,在社会转型时期,主导性社会文化精神缺失以及多种文化精神共存。由于多元以及多层次的价值观念在不同的角度冲击着中国民众,所以,树立社会主义核心价值观已成为当前一项重大任务。众所周知,大学生是社会主义事业的接班人,对学生进行社会主义核心价值观教育,可以帮助大学生树立起正确的价值观和人生观。通过大学生以点带面,来促使整个社会的价值认同,有利于社会主义核心价值观在社会中的确立。

(3) 帮助大学生树立正确价值观的迫切要求

由于受各种因素影响,当代大学生的价值观呈现出很强的时代特征。如受市场经济的契约精神以及法制精神影响,大学生的自我意识不断觉醒,价值主体也突破了过去的社会本位逐步向个体本位方向发展。与此同时,受市场经济利益关系的影响,大学生的价值追求以及价值评价不再过度理想主义化,而是向着实用主义方向发展。大学的价值取向也逐步改变了过去的单一层次,向着多元化及多层次方向发展。大学生价值观呈现出主体性、多元化以及现实性特征,再加上大学生的社会实践不足,心理发育并不成熟,这样就导致了大学生在价值观方面存在着一定的矛盾,主要表现为在崇尚高尚人格的同时,又特别看重物质利益;虽然讨厌不道德,但是有时对自己却非常放纵;崇尚自强自立,但依赖性很强;厌恶腐败,却没有勇气去扭转,甚至在一定情况下,会随波逐流。要想真正解决大学生的这些困惑和矛盾,对大学生进行社会主义核心价值观教育是很有必要的,这样利于大学生树立主导价值,促进大学生健康成长。[①]

[①] 赵丽兵:《试论大学生社会主义核心价值观教育》,载《长沙铁道学院报》,2014 年 04 期,第 268－269 页。

二、社会主义核心价值观文化认同教育的现状与原因

文化认同完全可以与核心价值观相向而行的最大助力就是二者之间的紧密关联，这种关联性使文化认同的价值在增强大学生社会主义核心价值观教育实效性方面得到了充分发挥。但是在现实社会主义核心价观教育过程中，大学生并没有普遍认识、接受和运用文化认同的特殊价值。文化认同是个持续波动的过程，中国文化和外来文化的冲突和碰撞也是不容忽视的，当面临这一系列的危机和困境时，文化冲突和文化认同是相伴相生的，文化的多样性和差异性决定了文化的冲突，冲突到达一定程度就会产生文化认同危机。文化认同危机，即意识形态冲击，已经成为中国文化和社会建设的核心问题，已经成为当代大学生社会主义核心价值观教育面临的巨大挑战。

1. 社会主义核心价值观文化认同教育的现状

文化认同与大学生社会主义核心价值观教育之间的紧密关联，使其完全可以与社会主义核心价值观教育相向而行，在增强大学生社会主义核心价值观教育实效性方面发挥其特殊的价值。但是，现实恰恰相反，文化认同目前面临着一系列的困境和危机。

（1）对中国传统文化的认同感不足

习近平总书记指出，中国优秀传统思想文化体现着中华民族世世代代在生产生活中形成和传承的世界观、人生观、价值观、审美观等，中国人民在实现中国梦的进程中，将按照时代的新进步，推动中华文明创造性转化和创新性发展，激活其生命力，把跨越时空、超越国度、富有永恒魅力、具有当代价值的文化精神弘扬起来，让中华文明同世界各国人民创造的丰富多彩的文明一道，为人类提供正确的精神指引和强大的精神动力。然而当前，伴随着全球经济信息化技术高速发展所带来的多元文化的融合，中国传统文化受到了很大冲击，造成大学生对中国传统文化的认知度不高。对优良民族文化的很多批判源于对

中国传统文化的一知半解，许多人对于传统文化都不甚了解，对于传统文化价值的现实意义持怀疑的态度。其主要表现为对西方文化盲目崇拜，而传统文化知识匮乏，民族传统美德淡漠，缺乏对中国传统文化中享誉世界美学造诣相应的理解和认知。例如，现在西方文化从节日、饮食、语言等多个方面对中国文化产生了不同程度的影响。从节日方面来说，每当圣诞节、情人节来临，圣诞树都在商场、饭店、宾馆摆放起来，各种圣诞信息也充斥着网络、报刊、电视、电台等等；而对中国自己具有传统民族特征的七夕节、端午节和中秋节等却关注不够①。

（2）面临价值选择时困难和茫然

大学生的思想非常活跃，而且他们还没有形成稳定的价值观，加上传统价值观教育的简单灌输，使得他们容易对现实价值观教育产生误读和叛逆。新形势下，大学生人生价值观随着改革开放的深入和社会主义市场经济的建立和发展发生了巨大的改变。在当代社会，网络信息发达，理想信念在经济全球化、对外开放的历史背景下，不可避免地也受到了各种社会思潮的影响，受到了多元文化的冲击，价值取向多元化，有的大学生对社会主义核心价值观认同程度不高。主要表现为理想空无、理想欲望化，注重实际利益，只重眼前、不看长远，道德责任感淡薄，缺乏集体荣誉感；还有些学生辨别是非能力差，在各种社会思潮和信息传播的影响下，容易迷失自我。

（3）对马克思主义意识形态主流文化的认同较弱

习近平总书记反复强调，意识形态工作是一项极端重要的工作，意识形态关乎旗帜、关乎道路、关乎国家政治安全。检验意识形态工作做得好坏，不是看口号喊得响不响，关键要看效果好不好。我国的主导意识形态是马克思主义意识形态，但在我国新的历史发展阶段，马克思主义意识形态的权威性在大学生中受到了挑战。一方面，在全球化进程中，社会主义文化受到西方意识形态、

---

① 孙多玲：《大学生社会主义核心价值观的文化认同机制研究》，载《辽宁科技学院学报》，2013年第3期，第92-93页。

国内非马克思主义意识形态、社会文化思潮的冲击与挑战;另一方面,在价值观教育中,由于一定程度上还存在着传统教育方式方法失当,主流文化宣传和教育有效性不足的情况,加上马克思主义意识形态无法产生直接市场价值等原因,导致有的大学生对马克思主义主流意识形态、对社会主义理想信念、对社会主义核心价值体系的认同较弱,甚至有的大学生对社会主义、共产主义产生怀疑或持批判态度。①

2. 社会主义核心价值观文化认同教育现状产生的原因

长期以来,中国在追寻现代化的历史进程中吸纳和仿照西方的技术和制度,却淡化了自身的传承和创新,使得中国的传统文化也受到了前所未有的打击,致使国人对社会主义核心价值观文化认同也产生了动摇,出现了以上的文化认同危机,究其原因,主要有以下几个方面。

(1) 多元文化的兴起与西方强势文化入侵

随着经济全球化和信息化的不断深入,不同国家之间的频繁交流和互动不仅是一种必需而且也成为可能,因此,各种文化群体之间的影响不可忽视,而越来越多的个人或群体拥有不止一种文化信仰、价值观念和态度,从而呈现出文化多元化的趋势。但由于各国经济发展的不均衡,在文化输入和输出上存在着严重的不对等,主要表现为西方经济发达国家以强势文化对非西方国家的意识形态、价值观念和生活方式造成影响。

在全球化背景下,西方的文化输出途径一是文化帝国主义的扩张,二是文化的主体性诉求对于文化的功利性需要,即主体主动接受西方文化。随着经济全球化,文化帝国的侵略更加隐蔽,他们通过话语媒体、教育以及互联网进行大众文化价值观渗透,其目的就是要在世界其他国家和地区提升和传播某种发达国家的文化价值观念和生活方式,以削弱民族文化传统或本土文化传统对社

---

① 吴迪:《文化认同视角下的大学生社会主义核心价值观教育》,载《思想教育研究》,2014年第2期,第106-109页。

会不同文化族群具有的凝聚力。而非西方国家在谋求发展时,最初常对自己的文化不满,盲目崇拜西方文化,主动接受西方文化。西方文化"主要是由西方人以经济利益、现代科技和城市工商业为核心内容而建立起来的一种文化景观",重视人的物质需要,忽视人的精神需要,将人类的意义追求降低在无尽的物质欲望追求中。物质的丰富虽然解决了以前难以解决的问题,但也引发了前所未有的危机,如人的全面发展问题、人的精神危机。随着中国改革开放的深入和对外交流的不断扩大,西方国家的文化也大量涌入国内,西方的各种文化思想、价值观念和行为方式对中国人原有的价值观、生活方式等产生了巨大的冲击和影响。在这种思潮的影响下,个体的价值观、信念处于激烈的矛盾和斗争中,主流文化也大有被非主流文化超过的趋势,文化认同成为困扰国人的现实问题。在这社会和文化转型的历史时期,正确化解公民的文化认同危机,是和谐社会建设的一个目标,也是建设和谐社会的思想基础。

(2) 互联网等网络文化的入侵

网络是一柄双刃剑,一方面它可以成为人们获取知识的管道、休闲消遣的乐园、创新思维的天堂;另一方面通过互联网,各种异质文化和不同的思想观念在此交汇并产生了激烈的冲撞,必然生成价值的多元化、价值认同的多维化,致使传统的生活观念和价值准则必将受到前所未有的影响和冲击,导致人们传统价值观的衰弱,甚至传统价值观被无情破坏。[①] 网络文化导致大学生对主流意识形态认同弱化。宽松的网络环境为网络文化的传播提供了一个极为开放的文化环境,为大学生了解社会、了解世界和丰满知识体系搭建了一个良好的平台;同时,它也造成了学生从传统途径接受的知识大为减少。在这种开放的环境中,信息来源渠道错综复杂,监管部门的监控难度很大,对信息的过滤十分困难,导致各种信息在网上快速传播、扩散。

网络文化致使大学生理想信念迷失和价值观偏移,大学生的世界观、价值

---

① 鲁全信、杨绍安:《文化自觉:大学生文化认同危机消解的有效路径》,载《高等农业教育》,2013 年第 11 期,第 83 - 85 页。

观还未成熟,是非鉴别力还不强,易受到西方网络文化所隐含的意识形态和价值观"潜移默化"的影响,致使一些大学生价值观扭曲、思想混乱和理想信念迷失,精神信仰陷入虚无主义,对共产主义的理想信念产生了怀疑和抵触。还有一些大学生价值观受到西方消费文化和功利性文化的冲击,陷入了迷惘和功利的泥淖,在价值观上产生偏移,价值取向出现功利化。在他们眼里,物质利益上的满足才是人生价值和地位的体现,有的甚至出现价值行为失范。网络文化造成大学生对传统文化冷落和疏远,大部分大学生对优秀传统文化遗产知之甚少,当代中国教育的文化修身与实践功能被严重削弱,中国优秀民族文化的认同与传承遭遇到了极其严重的挑战。网络文化造成大学生道德意识和社会责任感缺失,生活在网络世界的大学生们在虚拟符号的引导下,为满足自己的某些精神欲望或物质需求,有时会无意识地甚至是有意地违反社会道德规范,自由地宣泄释放自己,放纵自己的言行。有的在网上散布传播谣言、淫秽色情、凶杀暴力等有害信息,这种行为表现出他们道德虚无主义的观念和道德意识的缺失。①

(3) 功利性选择的影响

价值观是文化的核心,价值认同是文化认同的核心问题。大学是创造社会梦想的地方,担当着文化传薪人、社会守望者的使命和责任。自私主义、极端利己主义、讲究实惠是目前大学生存在的一些功利性选择。在市场经济和高等教育普及化的背景下,学校在承担起传统文化教育和人文精神培养的重要责任方面存在一定问题。高校教育越来越倾向于就业导向的教育模式,因此造成了功利主义在教育中日益占主导地位。在大学教育过程中,只重视向大学生传授、灌输理性的知识和培养适应社会生活的技能,而缺少对其内心的关注与对精神的关怀,导致了对于大学生内心和谐起着重要作用的人文素养的匮乏,使得他

---

① 鲁全信、杨绍安:《网络文化背景下大学生文化认同危机及其消解路径》,载《学术交流》,2014年第3期,第210-213页。

们的精神世界在教育中迷茫和失落。① 学生对就业的渴望导致了大学人文专业的"弱势"。大学的课程开设对传统文化教育内容的弱化、学校教育方法的种种弊端以及功利化的取向导致传统文化教育在学校教育中的缺位，扭曲了社会文化的遗传机制，造成培养当代大学生文化土壤中人文元素的严重缺失。

三、社会主义核心价值观文化认同教育的主要内容

文化是核心价值观的基本承载，有了文化的滋养和支撑，核心价值观才会真正有影响、有力量，以文化人是一条不可或缺的路径。社会主义核心价值观从价值理念的层面体现了社会主义的本质，是社会主义社会的灵魂和支柱，影响着社会个体与群体的思想观念与价值取向，是社会主义先进文化区别于异质文化的基本价值观念。当代中国先进文化实质上就是中国特色社会主义文化，发展先进文化就是建设中国特色社会主义文化。先进文化是当代中国的新文化，它以全新的面貌向世人展示中华文明的新形象。这种新就在于它内含着社会主义核心价值观的基本内容，并以文化事业、文化产业等多种形式引领着人们的思想观念和价值取向，展现着人们在追求理想信念过程中积极向上的精神面貌。可以说，社会主义核心价值观正是先进文化建设的根本内容，是以文化人的核心内容和基本取向。以文化人最核心的维度就是以各种文化形式蕴含社会主义核心价值观，并以之去教育和鼓舞人民前进。也就是说，将社会主义核心价值观嵌入行之有效的文化形式中，将有效影响青年人的思想观念与价值取向，从而使其产生社会主义核心价值观情感认同，真正做到使社会主义核心价值观内化于心。那么，哪些文化形式是使青年群体产生情感共鸣的有效途径呢？

众所周知，因"文化"有多种分类依据，故有多种表现形式：制度文化、物质文化、精神文化、行为文化、国学文化、西方文化、心态文化、网络文化、

---

① 鲁全信、杨绍安：《文化自觉：大学生文化认同危机消解的有效路径》，载《高等农业教育》，2013年第11期，第83—85页。

科技文化等。而文化认同是人们对自身所处某种共同文化产生倾向性认可和共识的社会心理过程,并最终在人的意识中形成较为稳定的价值观念,自觉将其作为自身的思维准则和行为规范。它包括价值规范认同、风俗习惯认同、宗教信仰认同等。① 通过查阅和研究大量文化认同与社会主义核心价值观的相关文献资料后我们提出以下观点,即"以文化人"的效果与文化的具体表现形式有关,其中对青年尤其是对大学生的社会主义核心价值观内化作用最大的有以下几种。

1. 传统文化认同教育

以国学文化为支撑,传统文化是中华民族赖以生存的基础,是民族的根基,是中华民族宝贵的思想资源。经过几千年的积淀,中华文化有许多值得我们认真汲取的东西。但在西方文化的冲击下,目前我们民族文化的个性正在削弱,一些民族文化特殊技能在失传、生活习俗在改变,一些独特的民族文化也在消失。虽然有些传统的文化被保存下来,但也只是作为一种经济资源(比如旅游资源)加以开发,而不再是人们实际生活的一部分。增强文化自信、文化认同的一个重要元素就是文化自信,是对传统文化喜欢并坚持的一种价值取向。社会主义核心价值观以简明扼要的形式展现了我国社会主义的根本属性和我国优秀文化的深刻内涵,也为引导大学生认同中国传统文化提供了很好的载体。我们要重塑大学生对我们社会主义核心价值观的认识和理解,让他们最后自觉地传承和发扬,不断适应时代对他们的要求,自觉实现社会主义核心价值观的丰富内涵。

思想政治工作者要坚守和弘扬社会主义核心价值观,和大学生的自身发展结合起来,让他们从中汲取丰富营养,否则就不会有生命力和影响力。比如,中华传统文化所强调的"民为邦本,本固邦宁""大道之行也,天下为公"等所体现出来的民主意识,"天下兴亡,匹夫有责""先天下之忧而忧,后天下之

---

① 郭广银等:《新时期高校校园文化建设的理论与实践》,南京大学出版社 2007 版,第 226 – 227 页。

乐而乐"等所体现出来的爱国精神,"言必信,行必果""人而无信,不知其可也"等所体现出来的诚信观念。① 培育和坚守社会主义核心价值观,需要从中华优秀传统文化中充分汲取营养,结合时代要求加以创造性转化和创新性发展,使中华民族传统文化基因与当代文化相适应、与现代社会相协调,让社会主义核心价值观之树深深根植于中华优秀传统文化沃土。近年来,习近平总书记就弘扬优秀传统文化做出了一系列重要指示,具有重要的理论与现实意义。现在,还有相当数量的青年人对传统文化不甚了解,我国国民的文明素养、道德水准尚有较大提升空间。因而,传统文化的推广与传播极为重要,创造并改良文化环境是实现以文化人,坚守核心价值观,推动社会治理创新的一个基本的前提。② 传统文化凭借其自身的地域优势,在传播及推广中华优秀传统文化的进程中,较容易让人产生情感上的共鸣。优良的文化环境一旦形成,就会具有一定的稳定性和传承性,可增强国人对中国优秀传统文化和社会主义先进文化的认知理解、认同接受,使之形成对中国特色社会主义文化自觉、自信的心理,从而自觉践行。

2. 制度文化认同教育

以制度文化为着力点,承载价值指向。制度文化是精神文化与物质文化的有机结合,反映着价值观念、道德伦理、风俗习惯等文化因素,在构成人类行为习惯和规范的同时,也制约和主导着物质与精神文化的变迁。制度文化保证人才培养的质量,合理的制度是解决所有问题的关键。优良的传统制度可以传承,但要确保每位师生要发挥主要作用。运用好制度文化来规范大学生的养成要掌握好以下几个环节。一是定制度应遵循标准化、系统化、动力化原则。标准化就是日常问题的依据;系统化是指各制度间要相互配套,相互协调,而不是相互矛盾;动力化着眼于执行者的积极性的调动与发挥。二是制度制定后要

---

① 冯刚:《坚守核心价值观必须发挥文化的作用》,载《光明日报》,2015 年 11 月 10 日。
② 赵传珍:《文化认同与大学生社会主义核心价值观教育》,载《北华大学学报(社会科学版)》,2014 第 2 期,第 133 – 136 页。

严格遵守，有令必行、有行必果，不能流于表面。三是要经常对制度执行情况进行自检自查，设立对应的评价体系。四是思政教育者要不停指引学生自觉遵守各项规章制度，并以身作则。

制度文化的变迁和发展对于文化的变迁和文化发展是位居首要的，文化的变迁与发展必须依托制度文化，从制度文化的变迁和发展着手，才能将所有文化变迁和发展中的具体问题串结起来并分析与解决。当制度体现为规则时，它必然反映文化的价值、精神和理念；而当文化体现为规则时，它必然采取或风俗、或习惯、或制度的形式。通俗地讲，制度可以影响人的选择、规范人的行为，而制度文化能协调个人与群体、群体与社会的关系，保证社会的凝聚力，深刻地影响人们的物质精神生活。制度体现一定的社会关系，有人说大学就是一个"小社会"，在制度的角度来解释，正是由于在大学校园中制度作为一种利益表达形式，体现了一定的"社会"关系。社会主义核心价值观在国家、社会、个体等三个维度上的内容需要内化到宏观制度中，才能更好地调动人的积极性、创造性，保障社会的公正性。较宏观制度而言，作为在较小范围内要求全体成员共同遵守并严格执行的微观制度，更直接地影响着人的价值取向和价值认同，调节着人与人之间的关系。综上所述，只有以制度文化为着力点，才能保证社会主义核心价值观落地生根。

3. 网络文化文化教育

网络文化作为一种新媒体手段，具有自身的独特特征，如多元化、传播快等。青年群体是网络公共信息使用与网上交往的主体，同时也深受网络文化的影响。博大精深的中华文化应成为网络文化建设的重要源泉，优秀传统文化瑰宝和当代文化精品的数字化、网络化传播亟须得到快速发展。2011年10月18日，中国共产党第十七届中央委员会第六次全体会议通过《中共中央关于深化文化体制改革推动社会主义文化大发展大繁荣若干重大问题的决定》，其中专门提出"发展健康向上的网络文化"的命题，指出"加强网上思想文化阵地建设，是社会主义文化建设的迫切任务"，并对发展网络文化、加强网络文化管理提出了具体任务。我们要加强和改进网络文化建设和管理,加强网上舆论引导,唱响网上思想文化主旋律;实施网络内容建设工程,在文化产品开发中嵌入核心价值,推动优秀传统文化瑰宝和当代文化精品网络传播。① 网络文化不像传统文化那样有丰厚的积累和沉淀,更需要在创新中寻求更好的发展。在建设和谐青年网络文化的过程中,不仅要牢牢把握社会主义先进文化的前进方向,还要注重满足青年群体成长发展的需求,努力引导青年形成正确的观念和习惯。

加强网络文化监管,优化网络文化的育人环境。网络文化保持积极、健康、有序地运行和发展,加强管理才是关键。建设和谐青年网络文化,要通过健康文明、灵活多样、丰富多彩的形式,借助网络创造出一个品质上乘、琳琅满目的文化大观园,以满足青年日益增长的网络文化需要。校园新媒体作为新生代信息传播平台,在高校中迅速被广大青年接纳。利用网络这一新媒体平台,创新校园网络文化建设,增强大学生的文化认同,打造具有时代特色、地域情怀的网络文化圈,塑造大学生的人格情操,将为社会主义核心价值观的传播与弘扬提供行之有效的技术依托。加强传统文化教育,促进大学生的文化自觉和自信,通过网络的育人功能,积极开展网络主题活动,吸引和凝聚大学生,把传统的文化知识转化为大学生精神层面的追求,可促进大学生核心价值观教育的文化认同。应着力培养大学生的网络道德自律意识和责任意识,更新教育理念,创新德育工作模式,加强网络德育工作,以培养大学生良好的网络文化道德意识和自律意识,引导他们净化自己的思想和行为,遵守网络道德原则和规范,维护网络秩序与安全。同时,将网络道德教育纳入到思想政治理论课教学中去,寓网络道德教育于教育教学内容之中,以案例教学或学生讨论等方式,让学生学习了解网络管理法规和网络道德知识,树立起他们文明上网的意识和养成文

---

① 陈友洋:《高校网络亚传播圈对德育教育工作的可控性探讨》,载《中国市场》,2015 年第 15 期,第 110 – 111 页。

明上网的习惯。①

四、社会主义核心价值观文化认同教育的实施路径

在高校中开展社会主义核心价值观认同教育，首先要认清高校、教师和学生这三者的关系。高校在教育中扮演的无疑是主导者的角色，教师是知识传播者，而学生则是受教育对象、知识接受者和教育成果的演绎者。若想在学生身上取得良好的教育效果，高校和教师的作用可见一斑。基于文化认同视角进行大学生社会主义核心价值观教育，就其方法论意义而言，主要在于营造一种凸显学生主体身份，带有实践性、讨论性和生活化的课堂教学氛围，让学生在潜移默化、耳闻目睹的文化氛围下不知不觉地产生共鸣与认同，以达到教育的最佳效果。这需要教师在教学过程中精心设计和组织每一个教学环节以激发学生积极参与课堂讨论和教学活动。同时也需要将文化认同与培育和践行大学生社会主义核心价值观的课外教学环节有效衔接起来，例如"暑期三下乡"大学生志愿服务活动、校园文化建设活动、社会实践调查、网上论坛等。寻找实现社会主义核心价值观教育理论与实践、课内与课外、实践与虚拟的最佳效益结合点，进而形成稳定的校园文化认同感。在这种认同感中，他们将找到个体的精神归属和价值意义，增进对社会主义核心价值观的认同。为充分发挥社会主义核心价值观的引领作用，不仅要用社会主义核心价值观从宏观上对校园文化建设的根本任务、价值取向加以规范，更重要的是要把社会主义核心价值观融入校园文化建设的全过程和各个层面，使之转化为师生群体意识，成为推动校园文化建设的精神动力。

1. 高校校园文化建设的原则

如同万物生长需要阳光的照耀和雨露的滋养一般，人的思想和行为也需要

---

① 鲁全信、杨绍安：《网络文化背景下大学生文化认同危机及其消解路径》，载《学术交流》，2014年第3期，第210–213页。

一定的环境条件才能形成。对于长期在校园中学习和生活的当代大学生而言，校园文化氛围无疑是影响其思想和行为的重要环境因素。因此高校教育工作者要紧紧抓住校园文化建设这个突破口，将社会主义核心价值观合理地融入校风建设和制度文化建设中，引领校园文化活动的开展，从而充分地发挥校园文化在文化认同教育中的重要作用。结合本研究和文化育人的特点，我们发现，要想发挥文化在社会主义核心价值观教育中的作用，需要遵循如下五个原则。

一是要注重思想性，汲取中华优秀传统文化的思想道德精髓，深入挖掘和阐释中华优秀传统文化的时代价值，从而推动其创造性转化、创新性发展；二是要体现时代性，善于运用富有时代特征的语言和形式，用小故事讲好大道理，尤其要特别重视以网络为载体的"虚拟课堂"；三是要遵循规律性，既要遵循人的思想和观念形成变化的规律，又要遵循教育和人才成长规律，还要遵循信息传播尤其是新媒体时代信息传播规律，做到以理服人，以情感人；四是要务求实效性，紧紧抓住社会主义核心价值观培育践行的核心要素和关键环节，不断增强以文化人工作的针对性和实效性；五是要发挥主体性，社会主义核心价值观贵在"践行"，从认知认同到自觉践行是一个过程，必须充分调动主体的主观能动性，发挥主体性作用，否则，容易出现自觉践行时"内生动力"不足的现象。

2. 校园文化为大学生社会主义核心价值观认同教育搭建平台

校园文化不仅体现一所学校的物质文明，也体现精神文明，通常分广义和狭义两个层次。广义的校园文化，其内涵包括四个方面，一是校园物质文化，主要包括高校校园的基础设施、设备、仪器等硬件，如教室、运动场、实验室、图书馆、文化娱乐场所等，这些以物质形态存在的文化设施，具有独特的校园风格和文化内涵，影响着师生员工的行为方式和思想观念，是高校校园文化的物质基础；二是校园精神文化，主要包括学校历史传统和师生员工共同拥有的道德观念、价值观念、文化观念，以及集体舆论、情感、习惯等内容，是高校校园文化的灵魂；三是制度文化，主要是高校所特有的各种规章制度、道德规范等,是校园文化中精神文化的具体体现,是高校校园文化的行动规则;四是行为文化;是指学校在创造环境文化和精神文化的实践过程中所体现出来的文化行为。行为文化是学校所有文化的具体反映,是师生在校学习、工作和生活的全部行为中所体现出来的精神状态、行为规范和文化品位,是学校的精神文化、价值观念和办学思路在每个人身上的动态反映。校园文化是物质文化、精神文化、制度文化和行为文化的结合体,体现在高校的教学、管理和服务等各个环节,同时具有对学生教育、激励、引导和辐射等多种功能,对学生各个方面都有很重要的影响。

（1）加强社会主义核心价值观教育,重视校园文化的价值主导

高校校园文化建设必须坚持和扩大社会主义核心价值观的影响,时时刻刻在高校校园中突出主旋律教育。通过理论中心组学习、教职工政治理论学习,加强教师队伍的理论武装;通过主题班会、组织生活、党日活动等多种形式,结合重大节日开展主题教育活动,以小班讲授习近平新时代中国特色社会主义思想的党课为载体,营造良好的校园氛围,引领校园舆论,以中国特色社会主义共同理想培养学生的宽阔胸怀和奋斗品质,以民族精神和时代精神培养学生的爱国情怀和创新能力。精心打造一支综合素质优良、结构合理、思想觉悟高的思想政治理论课教师队伍,将理论教育与实践锻炼相结合,支持并鼓励学生成立专门的马克思主义理论学习小组,在高校形成自觉学习马克思主义理论的良好氛围。

（2）将社会主义核心价值观融入校园文化管理,确保校园文化可管可控

一方面,将社会主义核心价值观的基本内涵与要求融入专门的高校校园文化管理文件,主要是各种规章制度和道德规范等,以实现校园文化活动、文化产品的审批管理与社会主义核心价值观基本要求相统一,确保校园文化发展的正确导向;另一方面,必须加强对校园文化中负面思想、负面言论的监控和引导,做好舆情搜集和研判,更加全面、及时、准确地了解全校师生的愿望和呼声,把握师生员工的思想动态,进而充分、有效地发挥社会主义核心价值观的引领作用。

（3）把社会主义核心价值观教育融入校园文化活动

打造精品校园文化活动，校园文化的本质功能在于对师生以"文""化"之。校园文化要有较高的文化品位，要彰显文化的超功利性。例如，为传扬"哈军工文化"核心价值体系，哈尔滨工程大学建设兼具教育与文化功能的"哈军工文化园"，形成军工历史区、文化景观区、船海特色区和军工博物馆"三区一馆"的格局，更好地增强了"哈军工文化园"的教育能力和开放能力，以引领学生成长成才，培育学生建立先进、健康的核心价值观。[①] 社会主义核心价值观对校园文化建设的指导性需要通过丰富多彩的文化形式实现，要把社会主义核心价值观融入高校校园文化建设中，可以通过精心组织开展健康向上、丰富多彩的校园文化活动，重点打造精品文化项目等方式实现。通过精品文化活动建设，将社会主义核心价值观融入丰富多彩的文化活动，重视文化育人，以学生喜闻乐见的形式和以艺术化的手段对学生开展教育。

（4）不断创新社会主义核心价值观的网络宣传形式，建设校园文化的新阵地

在高校校园文化建设中不仅要坚持用社会主义核心价值观引领校园文化建设，还要突出形式和手段的创新。面对热衷多样、崇尚潮流的青年大学生，高校校园文化建设要通过丰富多彩的表现形式、新颖时尚的表现手法增加吸引力，让更多的学生关注并参与其中。随着网络技术的飞速发展，互联网对高校师生的行为和思想日益产生广泛深刻的影响。开展丰富多彩、形式多样和特色鲜明的校园网络文化活动，采用网络论坛、博客、微博、微信等新媒体互动手段，来激发大学生参与网络文化活动的兴趣和热情，营造良好的校园网络文化氛围，使不同思想观念的交流与碰撞变得更加直接和便捷，并成为校园文化传播的重要路径。为此，高校应采取开放与融合、监督与疏导相结合的方针，以社会主义核心价值观为精神导向，积极打造和建设校园品牌网站，努力把握高校网络文化建设的主动权，推进校园文化新阵地的建设。

[①] 代艳丽：《论军工文化在军工类高校的育人功能》，中南大学博士学位论文，2013年，第88页。

第六章　当代大学生社会主义核心价值观行为认同教育

社会主义核心价值观是中华民族最深沉的精神追求，在广大青年学生中培育和践行社会主义核心价值观，是新形势下高等学校思想政治教育工作的新任务和新要求。而教育和引导广大青年学生践行社会主义核心价值观的基础是教育引导青年学生认可和接受社会主义核心价值观念，在心里和情感上不断调整，使得自身认知、社会价值与社会主义核心价值观趋于一致，进而产生对社会和国家的心理归属感，以及强烈的主体意识、责任意识，并最终将其作为价值共识，外化为自觉行动。对于高校而言，就是帮助学生树立正确的核心价值观，要将社会主义核心价值观认同教育作为人才培养总体规划的首要任务，将社会主义核心价值观落实到教育教学和管理服务的全过程，逐步实现学生对社会主义核心价值观的入脑、入心、入言、入行。

社会主义核心价值观是社会主义核心价值体系内核的最高抽象，是社会主义国家政府和人民为之奋斗的共同理想。高校青年学生是未来社会主义建设的中坚力量，高校作为一种功能独特的文化机构，肩负着创新科学技术、培育高素质人才、传承民族文化、传播先进思想的重要使命。高校对青年学生进行社会主义核心价值观教育，增强大学生在多元文化环境中辨别是非曲直和自觉抵御不良风气侵蚀的能力，养成其良好的行为习惯和理性健康的人格，对于实现立德树人的教育目标，帮助大学生不断提高思想道德素质具有非常重要的作用。

高校应教育和引导青年学生将社会主义核心价值观内化于心、外化于行,提升社会主义核心价值观的引导力、凝聚力、亲和力和践行力。

一、社会主义核心价值观行为认同教育的背景与意义

社会主义核心价值观体现了社会主义价值体系的根本特征,是社会主义价值体系的核心内容,表明了社会主义价值体系的丰富内涵和实践要求,是社会主义价值体系的凝练表达。大学生是国家的未来和民族的希望,是弘扬中华民族优秀传统和价值观念的重要力量,关系到中华民族的伟大复兴。为了从根本上推动当代大学生健康成长、全面发展,进而成为中华民族的支柱,必须让他们学习社会主义核心价值观,引导他们树立正确的世界观、价值观、人生观,并实现大学生社会主义核心价值观的文化认同。

1. 社会主义核心价值观行为认同教育的背景

(1) 社会主义核心价值观是国家的精神动力

人无精神不立,国无精神不兴。社会主义核心价值观凝结着全体人民共同的价值追求,是当代中国精神的集中体现。

党的十八大以来,以习近平总书记为核心的党中央从建设社会主义文化强国的战略高度,不断推进社会主义核心价值体系建设,大力培育和践行社会主义核心价值观,更好地构筑起了中国精神、中国价值、中国力量,为中国特色社会主义事业提供了源源不断的精神动力和道德滋养①。2018年5月2日,习近平总书记在北京大学师生座谈会上发表讲话指出:"要把培育德智体美劳全面发展的社会主义建设者和接班人作为一个根本任务,把立德树人的成效作为检验学校一切工作的根本标准,把师德师风作为教师评价的第一标准。高校的三项基础性工作是坚持办学正确政治方向,建设高素质教师队伍和形成高水平的人

---

① 习近平:"第五届全国道德模范"座谈会批示,2015年10月13日。

才培养体系。并把广大青年要爱国、励志、求真、力行作为党的四点希望。"党的十九大报告再次强调"要着眼于以培养担当民族复兴大任的时代新人为着眼点，强化教育引导、实践养成、制度保障，发挥社会主义核心价值观对国民教育、精神文明创建、精神文化产品创作生产传播的引领作用，把社会主义核心价值观融入社会发展各方面，转化为人们的情感认同和行为习惯"①。培育和践行社会主义核心价值观，不仅要增强人们的情感认同，还必须增强人们的行为认同，让人们在实践中将社会主义核心价值观作为自己的行为准则。因此，如何增强人们的行为认同，是培育和践行社会主义核心价值观的重要环节。

社会主义核心价值观的行为认同是指个体在对社会主义核心价值观达成理性认知、做到情感与意志归属的基础上而表现出来的在社会生活实践中的行为践行。凝结着全体人民共同价值追求的社会主义核心价值观是当代中国精神的集中体现。而实现社会主义核心价值观的行为认同，是在理论认同和文化认同基础上的重要升华。通俗来讲，社会主义核心价值观行为认同是指人们在社会生活实践中表现出来的对于社会主义核心价值观的认可、接受和践行。理论来自实践，并在实践中进行检测、完善和发展。只有在实际生活中获得认同，社会主义核心价值观才能更好地发挥其价值，达到指导人们的生活实践的最终目的。大学生自觉积极践行社会主义核心价值观是社会主义核心价值观实践性的具体体现，也是增强社会主义核心价值观行为认同的绝佳方式。我们要采取正确的方式，引导大学生的信心和热情，让社会主义核心价值观贯穿于社会发展的各个方面，让社会主义核心价值观扎根于基层，展现繁荣富强的中国精神、中国价值与中国力量。

（2）大学生行为认同与国家发展密切相关

随着我国对外开放程度的不断加深，文化趋于多样性、网络化势头逐步显露等多重现象正潜移默化地推动着我国公民树立社会主义核心价值观的进程，

---

① 习近平：《决胜全面建成小康社会 夺取新时代中国特色社会主义伟大胜利——在中国共产党第十九次全国代表大会上的报告》，人民出版社2017年版，第42页。

其中对当代大学生的影响最大。大学生担负着社会主义建设的历史重任，是社会主义核心价值观教育的重点对象。大学生对社会主义核心价值观的认同与国家的希望、民族的未来以及全面建设和谐社会大局紧密相关。

社会主义核心价值观是中国共产党自十八大以来，凝结了人民群众的思想共识所提出的重要结论。培育社会主义核心价值观的目标是内化于心、外化于行，重点在于让受众接受思想、感受思想、理解思想。高校是思想工作和青年价值观培育工作的重要基地，肩负着弘扬社会主义核心价值观的历史使命。高校是开展价值观教育与培养的有效载体，具有加强宣教资源、规范行为准则、提升情感认同、增强归属感、塑造精神文化和强化道德体验的作用。长期以来，习近平总书记高度重视青年工作，在十九大报告中曾指出："青年兴则国家兴，青年强则国家强，中华民族伟大复兴的中国梦终将在一代代青年的接力奋斗中变为现实。青年作为时代最强音，青年认同社会主义道路是走好中国特色社会主义道路的根本保障。"[1] 思想政治工作者应深入学习习总书记的有关论述，在道路认同教育中将赢得青年作为教育的起点，坚定青年的社会主义道路自信，为实现中国"两个一百年"战略目标和实现中华民族伟大复兴中国梦培养优秀的后备人才。

大学生社会主义核心价值观行为认同是大学生在行为上对社会主义核心价值观的认可，带有大学生的主观意愿，是大学生社会主义核心价值观认同过程中重要的组成部分。行为认同一方面是指大学生在日常生活学习中积极践行社会主义核心价值观的行为，另一方面则是行为与思想逐步统一稳定的过程。具体来讲，践行社会主义核心价值观是大学生在接受了有一定规模、有组织规划的社会主义核心价值观教育后，结合自身生活，将社会主义核心价值观与自我价值观进行反复比较、揣摩、选定与再磨合，并以社会主义核心价值观为指导，在特定时机进行行动上的尝试和验证，通过对行为结果的反复消化不断稳定、

---

[1] 习近平：《决胜全面建成小康社会 夺取新时代中国特色社会主义伟大胜利——在中国共产党第十九次全国代表大会上的报告》，人民出版社2017年版，第70页。

坚持价值行为的过程。而行为与思想统一稳定的过程则是以行为习惯的养成为目标，是情感认同的验证与升华，是大学生在切身体验中对社会主义核心价值观认同的逐渐坚定、稳固，个人行为受内外因素影响逐渐减少的过程。实现行为认同要引导、激励大学生把社会主义核心价值观作为日常的行为准则，并不断增强爱国情感和社会责任，积极投身国家社会发展的实践。

大学生对社会主义核心价值观的行为认同俨然成了我们这个时代需要迫切解决的课题。分析大学生社会主义核心价值观行为认同的现状，并采取正确的措施让其认同与践行至关重要，直接关系到中华民族的前途和命运、影响着中国特色社会主义建设的进程。

2. 社会主义核心价值观行为认同教育的意义

（1）行为认同教育助力国家的发展

社会主义核心价值观是社会主义价值体系中最基础、最核心的价值观念，是社会主义社会科学发展的价值导向，是马克思主义指导思想和中国特色社会主义共同理想的价值内核，是对以爱国主义为核心的民族精神、以改革创新为核心的时代精神和社会主义荣辱观的价值升华和高度概括。社会主义核心价值观对大学生的思想和行为起着确定方向、规范引导的作用。大学生是祖国的未来和民族的希望，是国家建设和社会发展的生力军，教育引导他们认同与践行社会主义核心价值观，是当前我们高校思想政治教育工作所面临的主要任务和历史使命。[①]

"中国梦是历史的、现实的，也是未来的，是我们这一代的，更是青年一代的。中华民族伟大复兴的中国梦，最终将在几代年轻人的接力中变为现实。"目前，我国"四个全面"的战略布局和实现中国梦的目标承接着历史、贴合着现实、展望着未来，这与坚持中国特色社会主义道路是分不开的。为青年树立崇

---

① 刘峥：《大学生认同与践行社会主义核心价值观研究》，中南大学博士学位论文，2012年，第1页。

高理想志向提供社会基础，为青年理想信念教育提供内容，为青年树立个人理想提供方向，有利于激发青年的社会责任感和历史使命感，有助于增强当代青年社会主义道路的自信心，有利于培养中国特色社会主义道路的后备中坚力量。赢得青年的行为认同，就相当于赢得了实现中国梦的强大力量。

大学生是国家的宝贵人才资源，是社会主义建设事业的后继力量，是继承和发扬中华民族优秀文化传统和价值观的生力军。大学生是中国特色社会主义不断发展的重要力量，关系到党和国家的前途命运，关系到中华民族复兴的伟大事业。只有进一步加强大学生思想政治教育，将社会主义核心价值观贯彻给当代中国大学生，引导他们树立正确的世界观、人生观、价值观，促进其身心健康发展，我们的民族和国家才会有前进的生机和活力。2016年，习总书记在四五青年节时发表讲话进一步强调："一个有远见的民族，总是把关注的目光投向青年；一个有远见的政党，总是把青年看作推动历史发展和社会前进的重要力量。"历史的经验证明，执政的最大优势是赢得青年，失去青年具有极大风险。青年的行为认同工作是社会主义道路认同教育的目标和目的，同时也是逻辑起点，体现着道路认同教育的内在规定性和核心要求。赢得青年的行为认同是社会主义道路认同教育的内在本质要求和核心任务，青年是未来的社会建设主体，赢得了青年对社会主义道路的认同，也就为将来的社会主义建设事业培养了优秀的后备中坚力量，从而保障了未来的中国继续走在中国特色社会主义道路上，并持续发展。

（2）行为认同教育引领大学生健康成长

大学生社会主义核心价值观行为认同是大学生在行为上认可社会主义核心价值观的具体体现，是大学生社会主义核心价值观认同过程中的重要组成部分，带有大学生的主观意愿。关注行为认同是大学生社会主义核心价值观认同理论研究的必然要求，也是全面推进大学生社会主义核心价值观认同教育的迫切需要。

对核心价值观认同与教育创新状况的内在关系及影响因素进行实证分析表

明：大学生对待社会主义核心价值观的态度影响着其对核心价值观的认知，进而影响着大学生的实践过程。在对大学生社会主义核心价值观行为认同的研究过程中发现，思想政治教育是大学生核心价值观认同的指导体系。换言之，以社会主义核心价值观为核心的思想政治教育，可以更好地引导大学生认同并树立正确的社会主义核心价值观。大学生行为认同核心价值观的内化机理是大学生通过外在的学习与实践来体验内在的思辨、选择与整合，是把社会主义核心价值体系的本质内涵逐步融合整理到自身价值观中并不断固化的过程。整个内化过程包括理性认知、情感共鸣、思想转化、心理调适和沉淀固化五个阶段，这五个阶段形成了一个完整的动态循环系统。正是通过这一循环系统，大学生才从理性认知、情感共鸣阶段过渡到思想转化阶段，并在此基础上，不断调整自己的信念与行为，最终从内心达到共鸣，接受认同社会主义核心价值观，并把这些新的思想和观念与自身的世界观、人生观和价值观体系完美整合。

社会主义核心价值观是中国共产党在价值理念上树立的一面旗帜，是中国特色社会主义追求的价值取向、价值理念、理想信念、精神状态、行为规范。作为未来的建设者和接班人，大学生对社会主义核心价值观的认同和践行状况关系着国家和民族的未来。行为认同是自觉践行社会主义核心价值观的前提和基础，大学生对社会主义核心价值观的高度认同，在宏观层面上，有利于巩固社会主义意识形态的主导地位，促进高校培养目标的实现；在中观层面上，有利于落实大学生思想政治教育内容，促进高校思想政治教育目标的实现；在微观层面上，有利于引领大学生发展方向，促进大学生健康成长。

"思想政治教育在解决人们知与信的同时，还要促进知、信向行的转化，即把个体思想品德外化到日常生活、学习和工作中去。"而行为认同的内容与目的就在于"行"，是大学生将社会主义核心价值观与自我价值观相互作用的成果，以行为活动的方式应用于现实生活，通过对反馈的行为结果中的矛盾整合，调整、验证、巩固认同成果的过程。因此，行为认同是大学生社会主义核心价值观认同教育的目的与要求。

(3) 行为认同教育验证学生教育成果

认同和践行是辩证统一的关系，认同是基础、是关键；践行是标准、是目的。大学生对核心价值观的认同是其践行核心价值观的前提体现。行为认同发展过程的长期性、体验性和不稳定性及其作为认同检验标准的条件性、相对性，为当前高校社会主义核心价值观行为认同教育带来了一些启示。在教育大学生进行社会主义核心价值观认同时，要高度重视行为认同环节，制订统筹规划，把握关键环节，把"言行一致"和"知行统一"作为大学生社会主义核心价值观整体认同状况的检验标准。

行为认同是实现社会主义核心价值观理论认同的起点，社会主义核心价值观作为一种主观意念，其本质是一种科学理论。理论来源于实践，又指导实践，并在实践中进行检验和提升。因此，培育和践行社会主义核心价值观的根本就是贯彻社会主义核心价值观这一价值理论，实现广大青年学生的"知、信、行"。即让包括青年在内的全体社会公民对社会主义核心价值观的具体内涵及其内在的科学体系有深刻的了解，给人民群众理性认知，并将社会主义核心价值观由理论直接转化为行动实践，就是将理论学说与实践主体相结合，与此同时再通过实践的锻炼，促进理论的再次升华。行为认同保证大学生社会主义核心价值观认同教育的效果。大学生有意识地进行社会主义核心价值观内化与外化，"有自我监督、自我调节的能力，努力争取实际效果，是内化与外化的关键，没有实际效果的内化与外化，是难以坚持下去的"。大学生对社会主义核心价值观的认同不仅要"知"和"信"，更要"行"，以心引行，行不违心，在行为活动中调适心理矛盾，处理现实冲突，巩固认同效果，也就是说只有"行"才能达到和保证真正的认同。

大学生社会主义核心价值观行为认同的研究具有重要意义，是学习贯彻社会主义核心价值观、把核心价值思想融入大学生心中不可或缺的手段。大学生社会主义核心价值观的行为认同教育切实抓住了重点，将思想基础和建设主力军有机地结合在一起，互相促进。大学生社会主义核心价值观行为认同教育是在大学生中构建社会主义核心价值观的迫切需要，是深入解读社会主义核心价值观和推动核心价值思想进大学生头脑的必需手段，是使社会主义核心价值观真正为大学生所理解掌握的重要举措，有利于从实践上指导和推进核心价值观为大学生认同的进程，有利于从内容机制全面促进大学生践行社会主义核心价值观，更有利于社会主义核心价值观在大学生思想中理论的再次进步与升华，从而促进学生更加深刻地理解和践行社会主义核心价值观。

二、社会主义核心价值观行为认同教育的现状与原因分析

大学生社会主义核心价值观的认同教育一直是高校思想政治教育的重要组成部分，并在现实生活中取得了突出成绩。特别是党的十九大之后，社会主义核心价值观的认同教育仍是高校思政教育工作的重点。习近平总书记在讲话中提到，当代青年应该树立四种正确的认识：认识世界和中国发展大势，认识中国特色和国际比较，认识时代责任和历史使命，认识远大抱负和脚踏实地。习总书记对大学生提出的这些要求正与社会主义核心价值观有着紧密的联系。习近平总书记在北京大学师生座谈会上的讲话中明确强调："青年的价值取向决定了未来整个社会的价值取向，而青年又处在价值观形成和确立的时期，抓好这一时期的价值观养成十分重要。"① 作为青年优秀成员，大学生是中国社会主义建设事业的新生力量和继承者，是继承中华民族传统美德，引导社会主流价值观的重要力量。他们的健康成长，关系到国家的前途和民族的未来，关系到中国特色社会主义事业的成败，与中华民族的伟大复兴息息相关。

1. 社会主义核心价值观行为认同教育的现状

大学生对社会主义核心价值观的行为认同，是按照社会主义核心价值观的内容要求，形成稳定的个人价值观，并且在这个概念意识的指导下，外化为其

---

① 习近平：《在北京大学考察时的讲话》，2014年5月2日。

自觉行为,并产生良好的行为结果。行为是认同结果的外化,是认同的最终目的,同时也是促进更好认同的根本途径。根据哈尔滨工程大学编著的《大学生社会主义核心价值观认同现状分析报告》的研究结论,我们可以对当代大学生对于社会主义核心价值观的行为认同现状进行分析。

首先,大学生对中国目前的文明目标有高度的认同。调查结果显示,有98.22%的学生对"团结和睦的社会环境是实现民族复兴的前提和基础"表示认同,但相比有97.92%的学生对"我会从自身实际出发为和谐社会建设贡献自己的一份力量"表示认同,可以反映出在同学们的内心深处,确实存在"说着容易做着难"的情况。在敬业层面上,有98.04%的学生认为每一位社会成员都应该对所从事的职业尽心尽力,在自己的本职工作中实现人生价值;但涉及"我非常勤奋地学习、勇于实践,尽最大的努力完成学业"的认同情况时,非常坚定的认同者仅为89.75%。

同样地,调查结果显示,有98.10%的学生表示"我认为做人应该言必行,行必果,个人的诚信关键在于言行",有96.21%的学生表示愿意归还学校和超市提供的"爱心雨伞",有98.39%的学生认为与人为善,是做人的基本准则之一,但对"对于需要帮助的同学,我会尽最大努力帮助他"表示认同的同学只有98.3%。这说明在"诚信"和"友善"方面,也存在着"愿意做"比"认为对"少的情况。

对于那些没有包括在上述数据里的学生,有些学生仍然认为社会主义核心价值观是好的,但总觉得离自己太远,好像从来没有跟自己"亲近"过。造成上述结果的原因一方面是由于我们的核心价值观教育过于偏重教"理",另一方面是大学生们将社会主义核心价值观仅仅作为一般性的"知识"来认识,并没有真正达到高度认同的程度,因此,他们对社会主义核心价值观还存在着比较严重的模糊认识。

依据调研分析报告,我们可以看出,整体而言,大学生群体的价值观体系具有鲜明时代特征,虽然对社会主义核心价值观有了解但认识并不深刻。当前大学生对社会主义核心价值观的认知度和践行度均有限，大学生社会主义核心价值观教育还存在单向灌输与个人吸收难以呼应、知与行难以统一的矛盾。

2. 大学生社会主义核心价值观认同存在的问题

基于这一领域的研究，可以说大学生价值观的主流是健康的，但仍存在不少问题，特别是在全面深化改革的今天，社会利益格局深刻调整，大学生社会主义核心价值观也产生了一定的认同危机。要完成社会主义核心价值观的认定工作，有两个非常重要的步骤。一是大学生需要在大量理论认识的基础上逐步实现内化，从情感上接受与认可；二是要实现社会主义核心价值观的外化，即使大学生表现出来的行为符合社会主义核心价值观的要求。

从上述情况可以看出，大多数大学生对社会主义核心价值观的整体认识表现出了对中国特色社会主义道路的高度认同，但是也存在以下几点问题。

（1）社会主义核心价值观理论认知欠缺

相当多的学生对社会主义核心价值观的基本内涵认识不清，不了解社会主义核心价值观的具体内涵和发展过程，这表明大学生在核心价值观的理论认识上存在重大缺陷。对基础理论的认识是实现情感和行为认同的基石，在不清楚社会主义核心价值观是什么的情况下，情感上接受、生活中践行就无从谈起，因此要进一步加强社会主义核心价值观行为认同教育。

（2）在社会主义核心价值观中存在虚假认同现象

虚假认同是"当社会对个人的要求与个人真实的态度、能力不一致时，个体为了使自己在社会中生活的顺利或者更好，而对社会的要求采取一种认同甚至是迎合的态度"。社会主义核心价值观虚假性认同是指："个体在形式上认同核心价值观所倡导的角色规范并在行动上与之符合，但对核心价值观目标的最终实现却采取一种疏离的态度。"[①] 这种虚假认同在现实生活中还表现为大学生

---

① 孙兰英：《大学生社会主义核心价值观认同问题研究》，载《思想政治教育研究》，2015 年第 1 期，第 10 页。

对于奖学金、荣誉等的功利性追逐。例如，有一些大学生没有端正好入党动机，在入党前后的表现反差明显。入党前表现出大量符合社会主义核心价值观的行为，入党目的实现后便显露本性，无法按照党员的要求规范自己。虚假认同现象严重影响了高校推进社会主义核心价值体系的实效，需引起高度重视。

（3）对于社会主义核心价值观认同存在差异、片面和不平衡

识别任何东西都是一个复杂的动态过程，都需要经历理性认同、文化认同、行为认同等几个步骤，是一种特殊的心理现象。大学生正处于一个思想特别活跃的时期，他们拥有鲜明的个性，对新鲜事物有着浓厚的兴趣且非常乐于接纳。因此，大学生群体中对于社会主义核心价值观的认识的确存在一定差异。一部分学生对社会主义核心价值观的认知、理解、认同都不够全面，导致认识片面和群体内部认同不平衡情况。例如，许多大学生只赞同社会主义核心价值观的一部分，或只认同与自己相关的内容，与个人关联度不高的内容则选择忽视，或者表示反对。但社会主义核心价值观作为一个整体，认识社会主义核心价值观应该全面，不应有选择性，否则在践行社会主义核心价值观时，就很容易造成各个层面之间的脱节。另外，在整个大学生群体中，有个别学生不理解社会主义核心价值观的整体或部分内容，导致人生没有方向、信仰迷茫，使大学生整体认同现状出现不同学生群体之间认同不平衡的状态。

（4）社会主义核心价值观存在认同与实际行为脱节

核心价值观认同的最终目的是使大家能够澄清自己的价值观并付诸实践，应用到学习、工作、生活中。尽管大多数大学生对社会主义核心价值有高度的认识，但他们缺乏对认识的情感投入，缺乏对理性认识的个人反思，无法将社会主义核心价值观内化为自己的价值观，造成理想信念缺失，知行无法统一。部分大学生即使明确了核心价值观是正确的，但当面对利益诱惑，意志不坚定时，就会从内心拒绝认同正确的价值观，更不愿意改正自己的错误思想和行为。有些大学生在思想上也想遵循社会主义核心价值观倡导的积极、正面、向上的正能量，但行动上却存在惰性，这也是知行不统一的一种表现。还有一类知行

脱节表现为对人对己实行双重标准，部分大学生喜欢站在道德制高点，或者以社会主义核心价值观倡导的内涵要求别人，但对自己则采用较低标准，逃避责任，缺乏行为上的担当。

从全国来看，大学生思想素质较高，对社会主义核心价值观的接受程度优于其他群体，但大学生的理解和行为存在明显问题，他们身上还存在明显知行不一的问题，矛盾表现在虽然有着较好的认知但不能知行合一地践行。

这些情况的出现表明，一方面，一些大学生并不认同社会主义核心价值观；或对社会主义核心价值观的认识缺乏深度，只是停留在简单的记忆层面，至于为什么要提出，深层次内涵是什么，以及与大学生自身发展有多大关系等并不清楚。社会主义核心价值观的缺失直接影响到对大学生行为的指导。有时大学生的某些行为会偏离社会主义核心价值观的要求，偏向于功利主义，实用主义和个人主义。事实上，一些学生为了获得好的排名，不惜在考试作弊中获得高分，并获得奖学金，有甚者为争名夺利对竞争者展开言语或身体的攻击，这些现象在当下并不是少数情况。逃课、作业代写甚至学术造假等学业上的不端行为也屡见不鲜。这些现象都深刻反映出一个问题，即大学生社会主义核心价值观的行为认同教育并没有真正走进大学生的内心世界，他们依然在价值选择上摇摆不定，进而出现了行为上的偏差。

另一方面，一些大学生对认知教育缺乏情感投入的认知程度较低，使得他们有一种消极的态度。绝大多数大学生认为接受社会主义核心价值观教育是应该的，但是当他们真正参与教育时，许多学生是被动的。大多数学生出于考试需要而学习和记忆社会主义核心价值观的理论，被迫参加学校和班级组织的活动以应对考试，有些学生甚至不愿参加相关的课程和活动。他们认为，认同教育是严肃和无聊的，无法让他们感兴趣进而积极参与。从大学生内心深处可以看出，社会主义核心价值观从认识到教育与情感的对应关系不大，因此他们对认同教育的认识不多。因此，社会主义核心价值体系教育难以发挥作用及预设效应。

3. 影响大学生社会主义核心价值观认同的原因分析

学术界对大学生社会主义核心价值观影响因素的研究分析取得了丰硕成果，但角度不一。有学者认为，大学生正处在构建自己稳定的价值体系的关键时期，并不能很好地辨别和对待各种社会思潮，借助自媒体的便利，各种微思潮无差别流通也在一定程度上加剧了大学生的价值认同危机；有的学者则从民族成分出发，认为大学生核心价值观认同深受生活环境的特殊影响，如我国民族分布特点为多民族混杂居住，而民族地区的宗教信仰多样且氛围较浓厚，不同民族文化相互影响，造成了内在价值观的激荡；有的学者则认为大学生对社会主义核心价值观念的认同受到出生地、专业、父母教育以及家庭收入等情感、意志和实践的影响。

通过结合调研报告、各位学者研究的内容和大学生对社会主义核心价值观认同所存在的问题，可从社会、学校、家庭、个人四个方面进行分析，具体如下。

（1）社会方面的原因

改革开放以来，中国社会的经济和文化方面发生了重大变化，信息迅速传播、多元文化冲击、转型期波动等因素都影响着当下大学生生活的方方面面。在自由竞争机制下，逐利的本质导致一些学生过分地追求个人的私利和私欲，意识形态和价值观中出现了诸如拜金主义、享乐主义和极端个人主义等错误认知，这些价值观念体现在生活中的许多方面。当前社会上出现了一些现象，一些人认为只要能够带来利益，无论是隐私、情感、人品等非物质的东西都可以成为炒作内容。在大学生活中，个别学生不顾长远利益，缺乏远大理想和崇高志向，片面追求功利，具有明显的实用主义的倾向；还有一些同学内心不够强大，缺乏信心，经常是自我否定或者是自我贬低，抱着"各人自扫门前雪"的心态，只关注个人利益，而忽视了个人的社会价值。大学生作为思想最为活跃的一个群体，很容易受到外界影响，尤其是我国处于转型期出现的诸多矛盾，例如社会公平正义得不到彻底执行、民主法治制度不够健全、腐败现象严重、房价高涨、教育及医疗资源分配不均、食品安全等问题，加之媒体舆论的错误导向，让判断力不足的大学生产生了迷茫、困惑、失望，最终导致了其对社会主义核心价值认同的偏差和知识与实践的偏差。对大学生来说，大学阶段是形成世界观、人生观和价值观的关键时期，如果不能坚持以正确的价值观念引导，势必会出现道德滑坡、忽视集体和国家利益以及唯利是图现象，进而将会对社会主义核心价值观的认同教育造成严重影响。

（2）家庭方面的原因

家庭在大学生成长过程中起着至关重要的作用，直接影响着大学生价值观的形成和对核心价值观的认同。家庭成员的价值观、政治信仰、思想行为、教育水平和经济条件都会影响大学生价值观的形成。从调查数据可以看出，他们的思想成熟和社会主义核心价值观的确定直接影响到大学生的身份认同。往往是父母受教育程度越高，大学生身份认同程度越高，以上因素影响着学生的社会主义核心价值观认同和践行。当今的大学生基本都是"90"后，今年入学的已经都是"00"后，其中大多数都是家长眼里的小孩，所以很多家长考虑到孩子的安全问题和健康问题而不愿意让他们去参加实践。甚至一些家长过于溺爱孩子，使他们成了被捧在手心里长大的一代。他们没有经历过痛苦、战争、贫穷、饥饿，没有过多的家庭和社会责任，因此，对他们来说，爱国主义、社会责任感和集体主义情绪很陌生，也难以被唤醒。

（3）学校方面的原因

社会主义核心价值观是一组高度抽象概念的结合体，其中包含着丰富的思想内涵，这就导致一些大学生往往难以深刻理解其中的内涵，因此，需要不断健全教育机制，加强制度建设。高校思想政治教育工作对于提高大学生社会主义核心价值体系的认同具有重要的指导作用。但是，在传统的教育课堂上，广大教师过分注重单向的灌输，而忽视了学生自觉领悟的过程，这就使得思想政治理论教育工作变成了单向活动，其结果往往极大地影响了思想政治工作的实效。高等教育与基础教育不同，学生所受的教育不能仅局限于课堂，因此对学生的影响也是多元化的，包括课堂的讲授、教师的言传身教、社团活动、实践活动等多个方面。在对部分学生的访谈中发现，学生对学校现有的核心价值观相关教育并不满意。这些教育无法引起他们的兴趣，且存在教学方式单一、内容枯燥、与现实联系性不强，针对性不够等问题，随着社会的发展，各类新媒体应该成为思政教育的新阵地，这样的效果将好于原有的课堂灌输式教学。

(4) 个人方面的原因

充分发挥大学生的情感能力，需要深入实践和丰富情感体验。实际上，大学生很难有真正的实践训练机会。当代大学生生活的时代是社会稳定和经济繁荣的时代，但是，由于整个基础教育阶段与社会割裂且以独生子女为主，他们追求个性，重视个人得失和眼前利益，他们大部分的价值观都处于半成熟期，通常情况下，知识和实践并不统一。许多大学生意志力弱，心理能力差，责任心不强，依赖性大，即使接受了实践考验，也较难坚持到最后。例如他们认同公正、法治，但遇到困难的时候却畏缩不前；认同爱国的价值观，却不能够从细节做起。这些都与每个大学生自身的价值判断、价值追求以及个性特点有关。

总之，尽管当代大学生社会主义核心价值观的确定存在偏差，但总的定位应该是肯定核心价值观的正面价值。针对出现的问题，必须结合学生特点，制定符合教育规律的合理教育方法，以提高大学生对社会主义核心价值观的认识。

三、社会主义核心价值观行为认同教育的主要内容

培育和践行社会主义核心价值观任务具体、实践紧迫。只有使社会主义核心价值观成为大学生的精神追求与价值目标，达到日常行为的实践养成，才能应对西方价值观的挑战，才能坚持马克思主义的指导地位，提升中华文化软实力和国际影响力，维护国家和人民的根本利益。

针对大学生社会主义核心价值观行为认同现状及存在的问题，根据行为认知与实践规律，可从诚信教育、典型引领、创新创业教育、社会实践四个方面

开展认知与行为引导，以营造学习和践行社会主义核心价值观的浓厚氛围。

1. 诚信教育

继党的十八大在公民层面提出"爱国、敬业、诚信、友善"的社会主义核心价值观后，党的十八届四中全会再次提出要"加强社会诚信建设，健全公民和组织守法信用录，完善守法诚信褒奖机制和违法失信行为惩戒机制"；党的十八届五中全会再次重申"诚信建设"。诚信乃古今中外铸就的全社会最高认同度的道德准则之一，社会主义核心价值观将诚信作为其倡导的主要内容之一，凸显了诚信作为公民价值准则的重要性和必要性。而大学生作为未来社会的支撑者和领导者，加强对大学生的诚信教育，将对建设诚信社会发挥关键性作用。

（1）社会主义核心价值观的诚信教育

"明礼诚信"是中华民族优良的传统文化，高校作为培养和孕育德智体美劳全面发展的社会主义后备中坚力量的基地，在高校内开展大学生的诚信教育刻不容缓。不仅如此，大学生诚信素质培养作为大学教育的重要内容，与社会主义核心价值观教育相关性强。具体来讲，诚信教育是构建社会主义核心价值观的基础，同时社会主义核心价值观的构建也促进了诚信教育的建设，有利于提高大学生的修养。与此同时，高校负责培养我国社会主义建设人才，培养的人才在未来又足以影响整个社会。加强他们的诚信素质培养与教育，有助于他们树立崇高的理想信念、提醒他们担负起社会主义责任并培养他们无私奉献的精神。因此，大学生诚信教育是践行社会主义核心价值观的具体体现，更是时代的要求。

（2）社会信用体系的诚信教育

立德树人的成效是检验学校一切工作的根本标准，而大学生的诚信度正是检验整个社会信用体系的重要标准之一。在社会生活中，"诚信"是规范公共关系中的道德行为，诚实守信是践行社会主义核心价值观的重点。社会主义核心价值观坚持"以人为本"的原则，这是现代教育的基本价值。高校加强大学生的诚信教育，有利于社会主义核心价值观的培育与宣传及人们对其的认可与践行。如果基础不牢固，整个社会信用体系建设会受到威胁。高校毕业生诚信素质水平直接影响其未来的工作状况。如果高校更重视培养大学生诚信素质，会促进建立良好的高校诚信文化风尚和诚信建设文明氛围，为整个社会信用体系建设提供强大的引领力和推动力。因此，加强大学生诚信素质的培养，弘扬诚信观、宣传诚信价值与促进践行诚信教育具有重要的社会意义。

（3）大学生全面发展的诚信教育

习近平总书记在北京大学师生座谈会上，对广大青年提出四点希望："广大青年要爱国、励志、求真、力行。"而"求真"指的是做人要恪守诚信。对于人的全面发展来说，诚信是符合历史规律和人类发展趋势的必然要求；而对于大学生来说，成为德智体美劳全方面发展的优秀人才是人生的最终目标。树立正确的人生观、价值观、世界观，把诚信作为基本行为准则，全面提高自身素质，是大学生践行社会主义核心价值观行为认同的必要过程。只有把培养大学生的诚信素质当作是教育的基础和前提，着重对大学生诚信素质的培养，才能保障社会未来的建设，提高国家的道德素质水平。诚信是大学生全面发展的前提，树立理想信念的基础。一旦大学教育缺乏诚信教育，就培养不出有真材实料的人才，塑造不出品学兼优的人才。因此，做人诚实守信、治学严谨求真、做事踏实可靠是大学生得以成功发展的基本要素。

2. 典型引领

党中央在《关于加强和改进思想政治工作的若干意见》中提出，要"注重运用先进典型影响和带动群众"。"典型引领"是党宣传思想工作的重要内容，要充分发挥"老兵新传"的时代特点，利用人民群众和师生的先进事迹来激励大学生成长成才，进一步加强大学生思想政治教育的实效性。与此同时，习近平总书记强调，伟大时代呼唤伟大精神，崇高事业需要榜样引领。道德模范、先进分子、优秀党员等都是各个领域上弘扬中华民族传统美德，培育新时代崭新风貌的典范，都是推进社会道德建设的先行者，是呼吁社会各界知晓荣辱价值观、树立文明正义奉献意识的鲜明旗帜。在大学生思想政治教育中，用师生身边先进的人和事来提升大学生思想政治教育实效性，可以产生事半功倍的效果。

(1) 榜样力量的典型引领

树立先进典型，激励鼓舞人民群众，是中国共产党在长期革命、建设和改革的实践中形成的优良传统。在我党长期斗争过程中，有数以千计的先进典型为民族事业前赴后继。革命战争时期，革命英雄黄继光、邱少云、董存瑞等是值得人们学习的好楷模；社会主义建设时期，"铁人"王进喜、"人民好榜样"雷锋、"人民的好公仆"焦裕禄等是新一代楷模；改革开放时期，有身残志坚的张海迪、"援藏好干部"孔繁森等先进典型；如今，每年推选出的"全国道德模范"是新时代的榜样，全国大学生"三好学生标兵"等也成了大学生们学习的榜样。他们以自己的模范行为感召和激励着更多的大学生健康成长。

针对大学生进行的典型引领具有的独特魅力，能感召大学生对社会主义核心价值观产生明确认同感，是践行社会主义核心价值观的实际效果。典型引领在大学生身上所体现的平实而伟大的精神，易于激发其他同学的情感共鸣，燃起他们的士气和信心，激励他们迸发出巨大的精神力量与磨难斗争。因此，选取和树立大学生先进典型，用周围的人与事，感染引导广大学生集体自觉践行社会主义核心价值观，是推进大学生思想政治教育、引导青年学生健康成长成才的一种良好形式。

(2) 先进学生的典型引领

典型引领是要选取大学生认同的典型人物，即大学生生活当中鲜活的榜样，不让学生感到思想政治教育的空洞、遥远、抽象，而是让他们觉得这些事例就在他们身边，和他们共同学习成长，这一点为大学生向先进典型效仿学习提供了心理基础。从大学生中选出的先进典型在道德品质、学习成绩等方面表现突出，能起模范带头作用，他们不再是"公式化""完美化"的高不可攀的英雄人物，而是大学生身边可爱、可亲、可靠的真实例子。

典型引领具有示范作用，能引领其他学生做出价值判断和行为选择。通过宣传和学习典型事例，可以在一定范围内营造一种积极的氛围，形成一种精神力量，进而鼓励和促使其他同学自觉优化自身素质，向榜样看齐。如高校开展的"励志青春事迹报告团"等活动，就是为了通过典型事迹强化道德的力量，以引领大学生树立正确的价值观，从而使他们自觉做出符合道德标准的选择。先进典型可视参照、感染力强、形象具体生动，可以在社会主义核心价值观及思想政治教育教育过程中发挥润物细无声和潜移默化的积极作用。

实践证明，典型引领可有效地引导大学生进行社会主义核心价值体系的自我教育，有助于大学生锻炼自身理性的判断能力和选择能力，巩固了大学生在接受教育过程中的主体地位，使他们充分体会到践行社会主义核心价值观具有重大意义，深切体会到社会主义核心价值体系只有与个人价值观协调配合，才能相得益彰，才能更好地指导个人的生活和实践，进而实现个人的人生追求和目标。

此外，大学生先进典型具有可以借鉴学习的特点，能使学生充分感受到榜样的具体行为。这些学生身边鲜活生动又真实饱满的形象和行为，容易在学生中产生情感共鸣，为其发展提供强有力的指导和精神支持，既激发了学生本身的内在需求，又符合学校、社会外在的要求，因此，可使学生自觉践行社会主义核心价值观的时效性得以增强。

3. 创新创业教育

创新和创业已成为时代的主题。创新是第一动力，但是，创业的热潮来得有些快，许多大学的教育工作者和年轻的大学生还没有做好充分的准备。因此，在高校创业和创业教育中出现了不符合社会主义核心价值观的现象，许多大学生在创业过程中过分重视金钱和眼前的利益。这表明创业教育应该加强对创业价值观的教育，也就是说，必须明确创业的目标，应该坚持什么以及放弃什么。作为一种主流价值观，社会主义核心价值观对创新创业具有自然主导和规范作用。因此，有必要加强对核心价值观教育和创新创业教育的研究，发挥核心价值观在引导、激励和约束创业教育中的作用，以确保创业教育形成正确的价值取向。

(1) 创新创业的观念培养

大学生成功创新创业教育就是要在每个大学生的脑海中培育创新创业的种子，使他们在时机成熟的时候扎根结果。大学生是一个朝气蓬勃的群体，非常易于接纳新鲜事物，在对其进行创新创业教育的过程中需要帮助其破除盲点、树立目标，不断引导和激发学生对创新和创业的热情。优质的创新创业教育必须以将创新创业的思想植根于学生内心为目的，只有在传统观念改变之后大学生内在的创业热情和潜力才会被激发出来。

同时，创新和创业本身对大学生也很有吸引力，因为创业创新可以带给大学生"记住教材的理论知识，获取丰富的物质财富，并获得丰富的精神财富"的最大利益，利用这一优势指导大学生，将使大学生更积极主动。通过自觉自愿参与创新活动和创业活动，可确保本科生以这种方式践行社会主义核心价值观，由"要我做"升华为"我要做"。当大学生正确树立创新创业理念时，也将为参与未来创新创业实践奠定基础。

(2) 创新创业的知识培养

创新创业相关知识的教学是大学生创新创业教育发展的最基本内容。通过系统地学习，同学们可了解什么是创新创业、创新创业都有哪些相关的政策法规、创新创业过程中都需要哪些基本素质和专业知识等等。充分地了解创新创业教育的相关理论基础、政策法规、资源环境等有助于帮助学生分析现状、认清现实，从而为大学生未来成功开展创新创业奠定重要基础。

大学生在创业创新中能够在收获知识的同时自觉将社会主义核心价值观付诸实践，在学会如何创造物质财富的同时收获精神财富。

(3) 创新创业的能力培养

作为大学生创新创业教育的重要组成部分，创新创业能力决定了大学生创新创业行为能否成功。这种能力与很多因素有关，包括不同个体先天的性格、素质，但其中更多是需要在后天的教育与实践中不断培养、完善的，具有较强的综合性。这包括建立项目的能力、分析环境的能力、整合资源的能力、使用专业知识的能力、处理风险和困难的能力等等。

大学生能够在世界领先的创业创新中得到才能和人品的最好锻炼与提升，利用已经发展起来的高层次才能和优秀的道德素质，为自己、为他人、为群体和民族的利益积极实践社会主义的核心价值观，逐步形成良好的实践习惯。习惯成为自然，创业和创新可推动社会主义核心价值观的正常实施，并使之成为他们生活中不可或缺的一部分，成为他们生活的常态，而不是如风如雨，来也匆匆去也匆匆。

4. 社会实践

习近平总书记在十九大上对青年人提出了四点期望，即广大青年要爱国、励志、求真、力行，每一部分都与实践有着密不可分的联系。大学生社会主义核心价值观教育的重要途径之一就是社会实践。不仅如此，社会实践还是大学生成才的必经之路。社会主义核心价值观是一种科学的价值观念和标准，所以如果想被当代大学生所接受，就必须通过实践的方式。只有通过长期的反复实践，大学生才能升华他们对社会主义核心价值观的理解，也只有通过社会实践才可以使之逐步建立起符合社会主义核心价值要求的价值取向和行为准则。

（1）社会层面实践

大学生通过社会实践的方式来培育和践行社会主义核心价值观，社会的力量是不可或缺的。政府应深化教育课程改革，形成更加完善的德育体系。社会机构，特别是公司、非政府组织和社会组织应该参与改善社会实践，并为大学生的社会实践活动提供支持，为社会主义核心价值观的实践提供良好的社会条件。

同时，在大学生的社会实践教育方面，我们应该注重强调实践教学体系中带领学生进行社会调研和访谈的作用。大学生要积极融入社会，亲身到实际环境中通过实地调研走访，切实加深学生的实际体会，真正做到亲身体验，用科学的方法践行社会主义核心价值观。

(2) 学校层面实践

对于学生来说，培养核心价值观不是一天的工作；对于高校来说，核心价值观的教育更不能一蹴而就。因此，高校应形成综合实践教育体系，一是高校要注重社会实践过程中社会主义核心价值观的培养和落实，将以往社会实践环节中思想政治教育的不足弥补上；在项目规划，实施，评估等方面，要牢固树立和实践社会主义核心价值观的意识，将实践课程进行拓展，积极带动实践形式创新，将社会主义核心价值观教育与社会实践教育以正确的方式相结合；在社会实践活动的全部过程中自然融入社会主义核心价值观。二是要将整个社会实践课程体系进行改进，在课堂上，要着重构建与社会实践相关的具体教学内容，为社会实践的实践提供理论支持和专业指导；在课堂外，即具体实施社会实践，加强组织管理，完善评估体系；促进上述两个课堂的融合，通过创新的教育方式打破两者之间的界限，这样大学生无论在课堂教学还是社会实践中都能够做到理解价值观，培养价值观，践行价值观。实现自身全面发展的理想教育效果。三是要建立完整的社会实践教育平台，加强社会实践基地建设，积极配合社会单位工作，将关注的重点放在大学生的实际需求上，将社会实践与促进大学生学习、择业和就业相结合。

社会实践课程引导学生用自己的双眼去观察社会，使大学生对社会主义核心价值观获得直观认知；社会实践课程还可以帮助学生用自己的双耳去感受社会，能够帮助大学生形成认同感。而这两点对于强化体系构建的重要方面都主要依赖于学校的系统化实践教学。我们更要发挥学校教育的系统性，帮助大学生完善知识体系，做好主要内容教学。

(3) 个人层面实践

大学生不仅仅是社会实践的主体，同时也是要培养和践行社会主义核心价值观的主体。大学生想要将课程理论知识进行测试和巩固，社会实践是最有效的途径，同时社会实践还可以帮助同学们更加深入地了解社会，是积累生活经验的大课堂。这是从理论到个人实践对青年社会主义核心价值观教育的重要环节。在社会实践中，大学生应以实践社会主义核心价值观为首要目标，通过了解国家发展的强大脉动，体验到社会生活的多样性，反思个人成长的得失，努力实践"爱国奉献，诚信友爱"的价值观。

对于学生个体来说，前期学校和社会为其所做的所有准备，都是为了最后在个体层面的外化。当同学们真正投入到社会实践过程中去，不仅要及时帮助同学们端正思想，也要促进大学生群体之间互相帮助的风气。同时也要求大学生在通过实践亲身践行形成社会主义核心价值观的基础上，要深刻思考领悟，进行思想上的进一步升华。

四、大学生社会主义核心价值观行为认同教育的实施路径

社会主义核心价值观是社会主义基本价值观念的理论化表达，当代大学生作为中国特色社会主义的后备人才，对社会主义核心价值观是否认同有着重大意义。可从诚信教育、典型引领、双创教育和实践活动四个方面来引导学生认同社会主义核心价值观。

1. 以诚信教育作为行为认同的准则

以诚信教育为主题背景开展活动，以引导学生在价值规范约束下完成自身心理的调试。诚实守信是中华民族的传统美德，是公民道德规范的基本要求，也是现代社会文明的基石和标志，更是社会主义核心价值观的重要内涵。高校必须加强对大学生的诚信教育，把诚信教育作为大学生思想道德教育的重要内容，使他们树立良好道德品质和诚信意识，进而引导大学生树立对社会主义核心价值观的认同感。

（1）实施诚信文化建设工程，营造诚信育人氛围

着力开展社会主义核心价值观教育，引导和提高学生对社会主义核心价值的认同度，自觉践行社会主义荣辱观，充分发挥大学教书育人、文化育人和组织育人功能，通过课堂教学、文化活动以及基层组织来进行诚信教育，以实现

大学生社会主义核心价值观行为认同教育。

通过课堂教学建立诚信教育途径。课堂教学是大学教育的主渠道，为达到更好的教学效果，开展小班讲授社会主义核心价值观思想政治理论课，把握思想文化主阵地。从诚信教育切入，贴近实际、贴近生活、贴近学生，从学生的思想实际和生活实际出发，做到有的放矢。课堂应该以问题为引导，以讨论为主体，让学生参与课堂，主动思考，表达自己对社会主义核心价值观的理解，引导学生树立诚信意识，同时要发挥专业课上的社会主义核心价值观教育功能。大学主要是通过专业课的教学来实现其教育的目的，思想政治理论课只是教学的一部分，因此不能忽略专业课对大学生社会主义核心价值观认同教育的功能。

通过文化活动营造诚信教育氛围。校园文化活动是大学生社会主义核心价值观认同教育的有效载体，通过开展主题鲜明、积极向上、生动活泼的校园文化活动，使无形的价值观念直观化、具体化，不断增强大学生对社会主义核心价值观的认同感。[①] 在校园文化活动中融合社会主义核心价值观，在潜移默化的过程中教育、影响着大学生。组织学生排练励志向上的心理剧、舞台剧，将社会主义核心价值观融入其中，让学生通过表演融入情节、体会人物，实现对社会主义核心价值观的认同。开展"诚信我来讲"主题讨论活动，从班级、年级、学院三个层次，通过主题班会、团日活动等形式，组织学生进行社会主义核心价值观讨论，查找诚信缺失问题，有针对性地进行梳理、总结和破解。还应开展"诚信文化大讲堂"活动，邀请知名专家、学者、相关人士和优秀校友，做中华传统文化、道德模范事迹等诚信教育报告和讲座，深化诚信文化意识，以提升大学生的诚信文化素养。

通过基层组织搭建诚信教育阵地。加强学生党员队伍和基层党组织建设，提升组织保障能力，从"关键少数"入手，把握学生党员这一优秀群体。在基层党组织中开展"坚守诚信为本，树立党员风范"主题党日活动，培养学生党

---

① 宋志强、范红雨：《近五年大学生社会主义核心价值体系认同研究述评》，载《思想理论教育导刊》，2012 年第 8 期，第 121–125 页。

员的诚信意识，发挥其模范带头作用，在学习和生活中对周围同学产生潜移默化的影响，营造良好的诚信文化氛围。

(2) 实施诚信助学工程，塑造学生诚信品质

实施诚信助学工程，将活动与对经济困难学生的资助相结合，引导学生树立诚信还贷、诚信做人的观念，教育学生自立自强、受助感恩、励志成才、回馈社会。开展"助学贷款助我成才"主题教育活动，为贷款学生进行政策解读和信用教育，组织贷款毕业生进行还款确认和诚信教育，通过讲述贷款毕业生违约案开展例警示教育活动，教育学生珍惜信誉，诚信还款，诚实做人。开展"诚信评选阳光助学"系列教育活动，完善公平、公正、公开的阳光助学体系，加强家庭经济困难学生诚信教育，引导他们诚实申报奖助学金，诚信履行评选程序，砥砺品质，诚信做人。开展"励志感恩诚信成才"主题教育活动，加强经济困难学生励志教育和感恩教育，开展"自强之星"评选活动。

2. 以典型引领作为行为认同的动力

"典型引领"就是希望通过先进典型在大学生中起到榜样作用，影响接受者的行为活动，从而引导学生在榜样力量的感召下勇于践行社会主义核心价值观。如果想要"典型引领"达到一定的成效，就必须研究接受主体的心理因素。因为受教育者不是道德知识被动的接受者，许多研究表明，先进典型对群众的效果取决于学习者的主观能动性。所树立的典型应该能够给学习者提供学习的动机且是他们内心所认同的榜样典型。据此出发，在树立先进典型时应从以下几方面入手。

(1) 构建多层次示范群体

树立优秀校友作为先进典型，校友不同于社会上涌现的先进人物等传统典型，他们最显著的特点是对于在校大学生来说有独特的亲和力，优秀校友都是学校某一专业的学长学姐，让大学生感觉到这些典型距离自己很近，不是遥不可及，这样可以帮助学生树立信心，相信自己可以通过在校期间的努力取得和校友一样的优秀成绩，可以更好地激发大学生的内在动力。

发挥教师群体的引领作用，2018年5月2日，习近平总书记在北京大学师生座谈会上的讲话中说："师者，人之模范也。"在学生眼里，老师是"吐辞为经、举足为法，一言一行都给学生以极大影响"①。可见，教师是对学生影响最直接的"典型"。教师思想政治状况具有很强的示范性，因此要坚持教育者先受教育，建立政治素质过硬、业务能力精湛、育人水平高超的高素质教师队伍。在教育教学和日常管理中，充分展现教师的理想信念、道德情操、扎实学识和仁爱之心，以引导学生践行社会主义核心价值观。

选拔符合时代特色的优秀学生典型，传统大学生的典型学习楷模多是在学习、学生工作、创新创业、社会实践和公益活动等方面有突出表现的优秀学生，以他们作为榜样典型一直是让人较为信服和认同的。但是，随着时代的发展和社会的需要，学生需要的榜样不仅要在这些校园中学习生活方面有突出表现，而且还要顺应时代要求，突出重点，才能更好地发挥典型引领作用。新时代的大学生榜样典型应该具备综合品质，才能更好地引领当代大学生，树立社会主义核心价值观。

挖掘学生身边的先进典型，在学生群体中广泛发现、推出和表彰各类身边的好人好事，作为先进典型，让同学们充分感到典型就在身边、榜样就在眼前。要突出表彰和宣传那些有突出贡献、在同学中认可度高的学生先进典型，使他们成为在学生群体中引领社会价值的精神标杆。先进典型的选择不仅限于学生个人，同样可以是优秀集体，同时要坚持把组织推荐、学院推荐、个人推荐结合起来。

（2）深入宣传先进典型的日常生活

改进学习宣传方式，注重故事化讲述、全媒体传播、多渠道展示、互动式学习，使先进典型承载的价值观力量有效发散出去、传播开来。使其在学生心中的形象具有生动性、亲切性，更加贴近学生的日常生活，且采取群众喜爱的

---

① 习近平：《在北京大学师生座谈会上的讲话》，人民出版社2018版。

宣传方式进行宣传从而切实地起到感染带动作用,最大化地激发他们学习的动力。要避免宣传"高、大、空",从新生入学时,开展"优秀学生事迹报告会"和"成长故事会",由大四优秀学生代表给大一新生分享学习及学生工作经验,通过自身的故事鼓励同学们为大学生活做好规划,有利于同学们了解自己所学的专业,为同学们更快地适应大学生活、树立和践行社会主义核心价值观打下基础。同时,为符合"E时代"成长起来的大学生生活习惯,应多利用新媒体网络平台,通过学院微信公众号推送宣传优秀学生事迹以及学生身边的好人好事,将典型引领作用融入学生的日常生活中。

(3) 构建长效学习引领机制

典型引领不能随着宣传的结束而终止,应当在构建长效学习的基础上下功夫,建立切实有效的制度和规范,将学习与实践结合,达到实效。长效机制,是指能够按照科学设定的程序和模式,并能长期保证某项工作或任务顺利开展或者完成的制度体系。一是典型选树必须有制度保障,高校中选树学习标兵、科创标兵、学生干部标兵等优秀典型时必须遵循相应的规章制度,做到公平公正公开,让学生群体信服;二是典型事迹的宣传不能采取"评选一批宣传一批"的方式,可以在微信平台单独开设榜样引领专题,以定期推送的访谈节目形式来分享先进典型的故事,让广大学生感觉优秀榜样时刻在身边;三是要长期关注典型引领的作用效果,在学生群体中通过调查问卷、访谈座谈等方式,倾听学生们对先进典型的认可程度,及时了解学生受身边榜样影响的学习实践情况,通过反馈机制来验证典型引领是否达到成效。

3. 以创新创业教育作为行为认同的抓手

大学生创新创业教育是以培养具有创业基本素质和开创型个性的人才为目标,以培育在校学生的创业意识、创业精神、创新创业能力为主,进行创新思维培养和创业能力锻炼的教育,可引导学生如何将践行社会主义核心价值观具化为学习行动。社会主义核心价值观是高校开展大学生创新创业教育的理论基础和价值准则,大学生创新创业教育是践行社会主义核心价值观、实现中国梦的重要途径。①

（1）将创新创业教育作为校园文化建设重要途径

校园文化建设是大学教育"软"实力的体现，大学校园作为大学生成长的具体环境，体现出的价值观念、精神境界、思维方式、行为准则等都是学生成长和进行核心价值观教育的重要方面。②将创新创业教育融入校园文化建设中，使大学生生长在一个重视创新创业的教育环境中，身边充满了创新创业的成功案例和各种机会，从而使他们积极主动地去探索自己是否适合这条路以及怎样走好这条路。

以哈尔滨工程大学为例，该校高度重视学生创新创业教育，大力支持学生参加"挑战杯""互联网＋""创青春"等竞赛并给予政策鼓励。从学校到各学院均成立专门学生组织，结合专业特色定期组织科创沙龙、创业指导培训等活动，科普创新创业知识，指导学生进行创新创业立项。针对不同年级学生，进行不同层面的专业指导。针对大一学生，成立"基础实验室"，以科普教育为主，培养学生兴趣，让学生自主选择发展方向，学习对应基础知识；对大二学生则开始将理论与实践相结合，使之参与到项目中，培养其创新思维，分析和解决实际问题的能力；大三学生经过两年的培训和学习，可以针对不同赛事孵化各类项目，协调队员完成项目；大四学生强化与科研、生产相结合，提升学生实践创新和社会适应能力、团队合作精神和专业素养。学校及学院的双创学生组织还承办组织各种创新创业比赛，以引导学生参与创新创业竞赛，在实践中不断提升，进而挑战更高层次的赛事。

此外，学校为启发学生的创业意识，加速学生创业团队成长，还成立了"创立方·大学生创客工场"创业苗圃区，鼓励将科技创新作品转化为产品，通

---

① 李新生：《多元化背景下大学生核心价值观教育路径探究》，载《前沿》，2009年07期，第157-160页。

② 吴彬镪：《以社会主义核心价值观引领高校校园文化建设研究》，载《思想教育研究》，2016年第1期，第35-38页。

过商业模式研究转化为创业项目，重点支持科技创业类团队。同时，学校还成立了各类专项创新创业类社团，配备专业指导教师，让学生从兴趣出发，积极主动学习知识，参与创新创业活动。实施科创导航员制度，给每个本科班级安排一个创新创业经验丰富的科创导航员，将创新创业融入学生的班级生活中。

（2）用社会主义共同理想激励大学生创业

在大学生的发展过程中，理想发挥着至关重要的作用，理想会对大学生未来的发展产生非常重要的影响，不仅会影响大学生未来的生活，还会影响他们的价值观、人生观等，而社会主义核心价值观正是"中国梦"的顶层设计的完美诠释。[①]"爱国、敬业、诚信、友善"是社会主义核心价值观在个人层面的体现，其中爱国是第一点。习近平总书记在北大讲话中对广大青年提出的四点希望中，第一点也是爱国。在校大学生在校期间学习专业知识、学习真本领就是为步入社会为祖国建设贡献力量，做社会主义合格建设者和可靠接班人。[②]

高校在对大学生进行创新创业教育的过程中，应该坚持社会主义核心价值观的内涵，引导大学生树立理想，培养爱国主义精神，引导学生将专业学科作为创新创业的依托，以此激发学生学好专业知识，并通过创新创业项目来巩固和实践理论知识，进而将新一代大学生培育成为有理想、有本领、有担当的栋梁之材。

（3）给予政策支持，引导大学生敢创业

习近平总书记在党的十九大报告中提出，要为青年一代实现出彩人生搭建舞台。在大学生创新创业方面，国家大力营造良好创新创业环境，从国家层面上给予了大学生创新创业实践很多支持，包括国家大学创新创业计划、大学生创业贷款、税收优惠等政策，来激励大学生的创业热情、满足大学生的创业需求。在未来要进一步加强对大学生创新创业的政策支持，让大学生不受限于金

---

① 田丽、汪强：《新时期大学生理想信念教育的实施途径》，载《江苏高教》，2010年第5期，第112-113页。

② 习近平：《在北京大学师生座谈会上的讲话》，人民出版社2018年版。

钱，敢于创业，同时也能增强大学生的民族归属感，加大实现个人价值的机会。

高校也应该在校园内，为创业学生提供政策性支持，如设立社会奖学金奖励在双创比赛中取得一定成绩的团队，激励更多大学生积极参加创新创业活动；评选"科创之星""创业之星"，表彰在创新创业方面有突出表现的学生或团体，树立榜样力量，让更多学生敢于发挥自己的创新才能；成立创业街区，给有创业想法的人提供了实践机会，为以后在社会上真正创业打下基础，积累经验。

4. 以社会实践作为行为认同的手段

通过实践活动实现与深化大学生社会主义核心价值观的行为认同，要避免实践活动与教育内容相脱离，要结合大学生社会主义核心价值观教育的特点，找准实践活动与社会主义核心价值观教育的结合点，实现两者的完美结合，找准实践活动的切入点，引导学生在社会中发挥对践行社会主义核心价值观的带动作用。在具体活动中，可以围绕某一社会热点、民族传统节日、学校特色庆典等活动，以某个主题为切入点开展实践服务。同时，为了能够使实践活动教育达到更好的效果，学校对于大学生的社会实践活动应该根据不同专业不同年级不同特征的学生进行有针对性的规划安排，开展适合不同类别学生的社会实践活动。

（1）组织参观学习，开展体验教学型实践活动

如在7月1日或10月1日等重要节日，组织大学生参观革命遗址、烈士陵园和革命历史纪念馆等缅怀先烈的活动。让大学生从中学习革命先烈为了民族独立、人民解放的献身精神和崇高理想，观看和倾听革命阶段的历史故事，激发其爱国主义热情；在中秋节、端午节等中国传统节日，开展"续家谱、写家史"活动，让大学生了解家文化，在家庭故事中诠释幸福内涵，感受、体悟中华民族优秀传统文化，推动社会主义核心价值观入脑入心入行。

（2）把握时政热点，开展宣讲型实践活动

通过开展宣讲型社会实践，大学生要在更广的范围内、以更生动有效、

更贴近生活的形式进行宣传弘扬,就必须熟悉、理解社会主义核心价值观,这为大学生巩固知识、理解创新奠定基础。部分大学生具有很强的参与意识,愿意表达自己,并渴望运用自己所学的知识,发挥自己的主观能动性。[①] 以此为基础,招募此类学生组织大学生宣讲团,把握社会热点,在班级、学院、学校乃至社区进行宣讲,从社会主义核心价值观到党的十九大精神再到习近平新时代中国特色社会主义思想,结合自身理解、时代特色和受众群体,让学生在准备宣讲和进行宣讲的过程中更加深入地理解和体会社会主义核心价值观的精神内涵。

(3) 将社会实践与专业学科相结合,开展专业实习型实践活动

在专业实习中可以让大学生在参与社会实践过程中结合自身专业理论和技术方法,发现并解决实际问题,为社会发展作贡献,从而加深对社会主义核心价值观的理解和信仰。如法学专业的大学生通过开展法律咨询、纠纷调停等实践活动,培育公正、法治等精神;心理学专业的学生可以通过开展心理咨询活动,提升专业能力,并为大学生健康发展贡献力量;社会学专业的学生可以利用假期进行社会调查体察民情民生,正面接触社会、了解社会、融入社会,运用自己的专业知识宣传社会主义核心价值观;经济学专业的学生可以深入银行等金融行业,切身了解国家经济发展政策,将自身专业和国家发展相结合;工科类专业学生可以深入工业生产一线,了解大国重器,加深对自己所学专业社会价值的认识,又在检验和消化知识的过程中潜移默化地体会社会主义核心价值观的内涵。

(4) 开展"三下乡社会实践活动"等志愿服务型实践活动

这类社会实践活动可以很好地将社会主义核心价值观融入到社会实践活动的全过程,使学生在参与的过程中体验到生活的艰辛和酸甜苦辣,并且体会到践行社会主义核心价值观所带来的社会进步、生活改善和个人提升。这样不仅

---

① 焦敏等:《基于社会实践视角的大学生社会主义核心价值观培育研究》,载《学校党建与思想教育》,2015年第10期,第39-40页。

可以让大学生们从内心深处感受到帮助别人是一种幸福，同时提升他们对社会主义核心价值观的行为认同。此外，志愿者服务也能够很好地引导大学生在服务他人、奉献社会中升华对社会主义核心价值观的体验感受和认知理解。例如，组织大学生开展关爱空巢老人、留守儿童、残疾人等困难群体志愿服务活动，以帮助解决生活中的实际困难和问题为突破口，践行"奉献、友爱、互助、进步"精神；可以召集学习成绩较好的志愿者们定期为附近小学进行科普知识宣传以及组织外语能力较强的同学报名国际赛事的志愿者，这些有针对性的活动会使社会实践的价值和作用大大提高，更容易深化同学们对社会主义核心价值观的行为认同。

综上所述，在提高大学生对社会主义核心价值观行为认同的同时，还需要重点教育与培养。我们必须意识到，价值认同的最终目的是让社会主义核心价值观成为大学生的行为准则和实践指导。在社会主义核心价值观认同的过程中，如果思想和相应行为不符，那么认知认同与情感认同将不能够提供任何现实性的意义及作用。因此，我们仍将重点提升大学生对社会主义核心价值观的行为认同，提升他们的践行能力。

因此，在大学生中开展形式多样的行为认同教育，目的更加明确，效果更加明显，对于培养大学生树立正确的中国特色社会主义核心价值观具有重要的理论意义和实践意义。大学生社会主义核心价值观行为认同教育便是要开展各种喜闻乐见的形式做好社会主义核心价值观的宣传工作，使大学生从日常生活中深刻理解社会主义核心价值观的真正含义，使其内记于心，外化于行，做到真正的知行合一，从根本上对提高大学生的思想道德素养、改善大学生身心面貌起到推动作用。

第七章　大学生社会主义核心价值观教育效果评价

习近平总书记强调："青年的价值取向决定了未来整个社会的价值取向，而青年又处在价值观形成和确立的时期，抓好这一时期的价值观养成十分重要。"① 十九大报告明确指出："坚持社会主义核心价值体系。必须坚持马克思主义，牢固树立共产主义远大理想和中国特色社会主义共同理想，培育和践行社会主义核心价值观，不断增强意识形态领域主导权和话语权，推动中华优秀传统文化创造性转化、创新性发展，继承革命文化，发展社会主义先进文化，不忘本来、吸收外来、面向未来，更好构筑中国精神、中国价值、中国力量，为人民提供精神指引。"② 社会主义核心价值观是整个中华民族精神追求的精炼概括，作为祖国的未来、民族的希望，青年学生社会主义核心价值观培育的有效性是进一步稳固马克思主义意识形态领域的指导地位，明确全体中国人民奋斗不息的共同理想，提升高校思想政治教育工作水平的基础与保障。高校作为重要的人才培养基地，如何有效开展大学生社会主义核心价值观教育关系到"培养什么样的人""为谁培养人"的问题。但是，高校开展以大学生社会主义核心价值为核心的思想政治教育活动效果如何评价，则是思想政治教育工作者不得不着重思考的问题。教育效果的评价是整个思想政治教育过程中的"反馈环节"，只有全

---

① 习近平：《习近平谈治国理政》，外文出版社2014年版，第172页。
② 习近平：《决胜全面建成小康社会　夺取新时代中国特色社会主义伟大胜利——在中国共产党第十九次全国代表大会上的报告》，载《人民日报》，2017年10月28日。

面、客观地掌握教育效果的情况，才能对教育活动的方法和路径进行不断地修正和完善，从而提升教育的针对性和时效性。

"立德树人"的成效是检验学校一切工作的根本，而社会主义核心价值观是"立德树人"的基本内容之一。因此，对社会主义核心价值观教育的效果评价也是检验高校思想政治工作的标准。社会主义核心价值观教育是一种思想和价值观教育，与普通的知识传授有所不同，具有较强的"感性"特征，很难通过考试这种单纯的量化方式来收集效果反馈。因此，高校除了结合自身情况和学生特点采取有效的社会主义核心价值观教育效果评价外，还应开展跨学科研究，借鉴其他领域较为成熟的效果评价方法，针对不同教育活动、不同发展阶段采取不同的评价方法，最终进行系统性整合，得出较为全面、客观的结果，从而为社会主义核心价值观教育的深入推进提供数据参考。将适用于要素关系不确定系统的 DEMATEL 评价法、社会心理学研究领域的双重态度模型评价法、企业工作人员绩效考核领域的 360 度绩效评价法、基于模糊数学的综合评价法和基于数据分析的调查研究评价方法引入大学生社会主义核心价值观教育效果评价当中，进行对比研究，取长补短，探索系统、准确、客观的效果评价方法，以便形成一个具有反馈功能的"闭环"社会主义核心价值观教育体系。通过对社会主义核心价值体系进行全过程进行评价，引导高校教育部门对学校的教育资源进行合理的计划、调配与组织，可使社会主义核心价值体系的基本内涵和精神实质真正入脑、入心。

一、社会主义核心价值观教育效果评价方法综述

DEMATEL 评价法、双重态度模型评价法、360 度绩效评价法、基于模糊数学的综合评价法、模糊综合评价法、调查研究法在自己所属领域具有较好的效果评价应用度，但是大学生社会主义核心价值观教育是一个复杂的系统，价值观的隐性特色与评价主客体的多变性，使得单独某一种评价方法在应用过程中

存在不同程度的局限性，因此，根据评价体系每个阶段、部分的不同特征，综合应用上述评价方法，可实现客观、准确评价目标。在应用上述评价方法的之前，让我们首先了解一下这些方法的基本内涵。

1. DEMATEL 评价方法

DEMATEL（Decision Making Trial and Evaluation Laboratory）法即决策试行与评价实验室，这种方法充分利用专家的经验和知识来处理复杂的社会问题，尤其对那些要素关系不确定的系统更为有效。DEMATEL 主要使用图论理论，以构造图的矩阵演算为中心进行。首先假定系统 S = {a, b, c, d} 中 4 个要素的关系。数字表示要素之间关系的强弱，其中强 = 3，中 = 2，弱 = 1。将内容表示成矩阵形式，称为直接影响矩阵，记为 Xd，直接影响阵中的元素即为相应要素之间关系的强弱。为分析要素之间的间接影响关系，需要求出综合影响矩阵 T，具体求法为：考察 T 中元素 tij，计算出每个元素的影响度、被影响度以及中心度与原因度。Tij 表示元素 i 对元素 j 所带来的直接影响及间接影响的程度，或元素 j 从元素 i 受到的综合影响的程度。T 的每行元素之和为该行对应元素对所有其他元素的综合影响值，称为影响度。通过以上分析，选取 a—k10 组变量，建立直接影响性矩阵。a 大学生已有知识储备和认知；b 大学生的价值需求；c 大学生运用网络技术水平；d 社会主义核心价值观践行难度；e 大学生在网络上投入精力；f 意见领袖的影响力；g 大学生的情绪因素；i 大学生本人对核心价值观的理解；j 核心价值观的影响力；k 社会主义核心价值观的未来发展一共 10 个影响因素，建立直接影响矩阵。将矩阵标准化后进行自乘，然后用单位矩阵减去自乘结果，求出这个新矩阵的逆运算，最后将计算出的矩阵与自乘结果相乘。经过计算，得出综合性影响矩阵。

原因度大于 0 的有：大学生的价值需求、大学生运用网络技术水平、大学生本人对核心价值观的理解、核心价值观的影响力。他们的原因度分别为 3.0、2.4.1.1、0.3，由此可见移动大学生的价值需求相对于其他各种要素，影响力最大。原因度小于 0 的有：大学生已有知识储备和认知、社会主义核心价值观践行难度、大学生在网络上投入精力、意见领袖的影响力、大学生的情绪因素、社会主义核心价值观的未来发展。他们分别是 -1.7、-0.8、-0.4、-0.1、-0.2、-2.8，由此可以得出，要重视对大学生价值观需求的正确引导，从而树立当代大学生对社会主义核心价值观的正确理解（3.0+1.1=4.1）。同时，不断提高大学生的网络技术运用水平，在法律法规的范围内运用网络，发表看法传播正能量。经过以上三个方面的努力，必然会增加社会主义核心价值观的社会影响力。（4.1+2.4=6.5）而这又可以反作用于青年一代的思想，从而建设社会主义核心价值观的精神家园（6.5+0.3=6.8）。值得注意的是，数据同时反映出，社会主义核心价值观的未来发展为 -2.8，是原因度最小的；这说明网络时代，针对大学生社会主义核心价值观进一步建设，对于社会主义核心价值观的未来发展有着举足轻重的作用。可以说，社会主义核心价值观的未来发展是网络时代针对大学生社会主义核心价值观进一步建设和进步的结果要素。

2. 双重态度模型评价方法

态度（Attitude）是社会心理学研究领域的核心概念，20 世纪 90 年代以前，态度一直被看作是人们对社会客体或支持、或反对的单一心理倾向，并且处在意识的控制之下。20 世纪 90 年代中期，美国心理学家 Greenwald 和 Banaji 在对大量资料进行创造性整合的基础上提出了内隐性社会认知，强调了无意识在社会认知中的作用，为态度研究开辟了一个全新领域。他们还进一步提出了内隐态度，即过去经验和已有态度积淀下来的一种无意识痕迹潜在影响人们对社会客体对象的情感倾向、认识和行为反应。在此基础上，Wilson、Lindsey 和 Scholler 等人在 2000 年提出了双重态度模型理论（Dual attitudes model），认为人们对于同一态度客体能同时存在两种不同评价，一种是能被人们所意识到、所承认的外显态度（Explicit attitude），另一种则是无意识的、自动激活的内隐态度（Implicit attitude）。当人们由旧的态度改变到新的态度时，旧的态度并不会消失，仍然留存于人们的记忆中，并潜在影响着人们的认识和行为。出现双重态度时，内隐态度是习惯化和自动化的，能被自动激活，而外显态度则需要人们有足够的心理能量和动机去检索。即使外显态度被检索出来，内隐态度也还会影响人们那些无法用意识控制的行为反应（如一些非言语行为）和那些人们不试图去努力控制的行为反应。

社会主义核心价值观的培育就是通过相关教育实践活动，价值主体在对社会主义核心价值观充分认知基础上形成了认同、接受的态度，并在社会实践中逐渐调整、改变原有的价值观，以社会主义核心价值观作为价值追求并规范自己行为的过程。在以往的研究中，人们普遍认为，大学生社会主义核心价值观的培育意味着大学生有意识地调整、改变原有的价值观，理性认同社会主义核心价值观的科学性、合理性之后就能实现对其行为的规范。但是，在实际操作中，教育理论工作者发现，对大学生社会主义核心价值观的培育并没有这么容易，认同往往会受到阻碍，知与行也经常出现不一致。在双重态度模型理论视野，通过教育实践活动，大学生虽认同、接受了社会主义核心价值观，也能够用社会主义核心价值观来规范自己的行为，但原有的价值观仍会以内隐形式留存在记忆中，并同社会主义核心价值观一同影响价值行为。所以，培育社会主义核心价值观，需要付出更多的时间和练习来控制、调整和改变原有的价值观，使社会主义核心价值观转化为大学生内在的精神追求，以致外化为自觉的行为。考虑双重态度研究对态度结构、改变、测量、态度与行为一致性等诸研究领域的启示很有意义。双重态度模型理论说明大学生社会主义核心价值观培育问题的复杂性，也为有针对性地进行价值观教育提供了重要参考。

3. 360 度绩效评估法

所谓绩效评估是指组织定期对个人或单位的工作行为及业绩进行考察、评估和测度的一种正式制度，其特点是评价维度多元，可由员工自己、上司、直接部署、同人同事、甚至顾客等从全方位、各个角度匿名来评估人员的方法。本方法根据每个评估人员重要程度赋予一定的权重，确定评估标准，在大学生社会主义核心价值观认同度评价的过程中将学生素质、思想觉悟、平常学习生活表现等项目赋予一定分值，根据权重求和取得总分，具有很强的操作性。360

度绩效评估法具有如下优点。

（1）评估结果准确

根据心理测量理论，与其他传统的评估方式相比，360度绩效评估方法具有广泛的信息渠道，可对个体从多个角度获得观察并将得到更有效和更可靠的信息。首先是人员选择正确，多角度的结果比单一的视角准确；其次是多角度提供了对评价人员综合表现更为全面的了解；再次是匿名性的评估确保了评估结果更为的可靠和可信。

（2）评估结果易于被人接受

研究发现多角度的评价比更单一的老师评价其结果容易让评价者接受，因为群众的眼睛是雪亮的，这样的方法评估全面合理、不容置喙。因此大学生也更容易采取行动改善，在实践中积极践行社会主义核心价值观，构建积极向上的学习氛围。360度绩效评估还可以在寝室和班级等组织中建立一种互相帮助、互相发展的气氛，从而促进班级和寝室的和谐，并进一步带动其他人积极效仿，形成一种积极向上，互相学习的良好氛围，这对大学生社会主义核心价值观的认同建设起着推动作用。

360度绩效评估方法要坚持规范性原则，对大学生进行社会主义核心价值观认同度评价时必须严格规范，做到有章可循，有理论作为支撑，通过试点，在实践过程中不断完善，不断矫正，以此提高此方法的科学性，从而进行大规模的推进，以形成最后的规范；应坚持系统性原则，在时间上是贯穿于大学生社会主义核心价值观教育的全过程，在空间上要把此方法贯穿于大学生社会主义核心价值观理论教育，并与实践教育接轨。这项工作不是一个人就能完成的，需要协调解决各方利益，做到上下衔接，前后贯通，左右协作，使360度绩效评估方法能完美地贯彻实施并持续下去，从而取得良好的效果；要坚持有效性原则，使这项工作真正落到实处，以确保360度绩效评估方法的实际效果。这个方法的实施必须有制度来支持，高校的学生工作部门可以把运用360度绩效评估方法的频率、质量以及此项方法的效果如何加入年度考核中去，以便为以后的工作提供数据与借鉴。

4. 模糊综合评价法

模糊综合评价法是一种基于模糊数学的综合评价方法，该综合评价法根据模糊数学的隶属度理论把定性评价转化为定量评价，即用模糊数学对受到多种因素制约的事物或对象做出一个总体的评价。它具有结果清晰，系统性强的特点，能较好地解决模糊的、难以量化的问题，适合各种非确定性问题的解决。

由于评价因素的复杂性、评价对象的层次性、评价标准中存在的模糊性以及评价影响因素的模糊性或不确定性，定性指标难以定量化等一系列问题，使得人们难以用绝对的"非此即彼"来准确描述客观现实，经常存在着"亦此亦彼"的模糊现象，其描述也多用自然语言来表达。而自然语言最大的特点是它的模糊性，而这种模糊性很难用经典数学模型加以统一量度。因此，建立在模糊集合基础上的模糊综合评判方法，从多个指标对被评价事物隶属等级状况进行综合性评判，把被评判事物的变化区间做出划分，一方面可以顾及对象的层次性，使得评价标准、影响因素的模糊性得以体现；另一方面在评价中又可以充分发挥人的经验，使评价结果更客观，更符合实际情况。模糊综合评判可以做到定性和定量因素相结合，扩大信息量，使评价数度得以提高，评价结论可信。传统的综合评价方法很多，应用也较为广泛，但是没有一种方法能够适合各种场所，解决所有问题，每一种方法都有其侧重点和主要应用领域。如果要解决新的领域内产生的新问题，模糊综合法显然更为合适。

5. 调查研究法

《中国大百科全书》中对"调查研究"的定义是"调查研究是人们了解情况取得正确认识的根本方法。"我们经过文献整理后认为调查研究是通过考察事实、了解现状、搜集材料等方法来认识问题或探讨现象之间联系的研究方法。也可以简单地理解为调查研究就是通过科学的手段来认识问题、研究问题、解决问题的方法。调查是指通过多种途径，运用多种方式方法，有计划、有目的地了解事物真实情况；研究是指对调查材料进行去粗取精、去伪存真、由此及彼、由表及里地思维加工，以获得对客观事物本质和规律的认识。可以看出，二者既有明显区别又有紧密联系，调查是研究的前提和基础，研究是调查的发展和深化，二者是相辅相成的关系。也可以这样理解调查和研究的关系，即调查是对事物的描述性统计，解决的是"是什么"的问题；而研究是对事物的推断性统计，解决的是"为什么"的问题。

我们认为，调查研究是人们有目的、有意识地在系统地、直接地搜集有关社会现象的经验材料基础上，通过对资料的分析、研究，从而科学地阐明社会现象状况及其规律的一种认识活动。调查研究的功能与目的如下。

一是了解新事实，调查研究可以发现工作中的新事实、新问题，反映现实工作中产生的新现象，通过系统全面的调查研究，全面清晰地了解当前情况，从而对工作加以改进和调整，进一步完善和推动工作的进步；二是寻找新因果，调查研究过程就是探索事物因果关系的过程，探索事物内部的发展规律，能够帮助我们更清楚地认识事物的本质，更全面、更及时地分析问题产生的原因；三是提出新建议，根据了解的新事实，并寻找问题产生的原因，经过总结归纳，结合实际，提出解决问题的合理办法，从而为决策者提供合适的建议和意见；四是服务新决策，根据调研结果，制定和改进相应举措或者出台相应文件等。了解新事实是前提，寻找新因果是基础，提出新建议是过程，而调查研究的最终目的是给高层（领导）的决策提供服务，以便进一步增进工作指导力，增强工作执行力。

二、基于 DEMATEL 与双重态度模型的社会主义核心价值观教育效果评价

移动互联网技术迅猛发展，使高校的思想政治教育工作面临新的机遇和挑战。在网络环境背景下，互联网作为推动高校思想政治教育发展的引擎和驱动，已经成为高校思想政治教育创新的源泉和动力，将"互联网＋"模式应用于高

校思想政治教育,可以形成互联网思想政治教育新业态。网络环境背景下的高校思想政治教育微载体建设,是对传统高校思想政治教育形态的渗透和改变。

开展高校学生思想政治教育工作的目的就是要将网络新媒体与高校思想政治教育有效融合。思想政治教育评价是进行高校管理的一个重要前提和依据,思想政治教育涉及人、物、地域和环境等组合而成的一个有机复杂的系统,这个系统中的因素相互联系、相互影响。为了使高校学生思想政治教育理论的实施思路清晰、重点突出,建立起一套完整的高校学生思想政治教育评价指标体系是十分必要的。以 DEMATEL 方法与双重态度模型理论对思想政治教育效果评价的各指标赋予权重,筛选在思想政治教育评价中处于重要地位的指标,进一步使得高校学生思想政治教育管理的重点突出,以寻找教育管理的侧重所在。

1. 思想政治教育评价指标体系的构建原则

在网络环境下,借助 DEMATEL 方法与双重态度模型理论建立大学生思想政治教育实效性评价指标,就是根据大学生思想政治教育实效性评价的目标,由评价体系的设计者依据大学生思想政治教育的内在规律和评价规律分解出来的,能够反映评价对象某方面本质特征的具体评价项目,是对评价对象进行价值判断的依据。[①] 一系列内在的、相关联的指标构成指标体系。科学的、可行的大学生思想政治教育实效性评价指标体系的设置是开展大学生思想政治教育实效性评价的先决条件。[②]

(1) 人文性

以人为本,坚持评价体系的人文性基本原则是构建现代高校学生思想政治教育评价体系的指导思想和根本目标。[③] 不仅思想政治教育本身要坚持以人为本

[①] 聂西文、王焕盛、常锦河:《基于 DEMATEL 方法的高校体育文化品牌建设影响因素分析》,载《佳木斯职业学院学报》,2015 年第 10 期,第 298 - 300 页。

[②] 李伟东:《论大学生思想政治教育实效性评价指标体系的设置》,载《茂名学院学报》,2008 年第 5 期,第 10 - 13 页。

[③] 马云霞、洪涛:《新媒体'文化基因'及其在高校思想政治教育的融入》,载《电子科技大学学报(社科版)》2016 年第 1 期,第 109 - 112 页。

和人文关怀,而且在思想政治教育评价指标体系的建构上也应该坚持以人为本和人文关怀,其主要含义就是尊重人的需求、重视人的价值,使评价体系充满"人情味"。评价指标体系建构的总体指导思想、根本目标和实施过程及内容上应体现以人为本和人文关怀。

(2) 科学性

科学性是一切评价体系的基本原则和基本要求,评价体系是否科学,直接影响评价实践的效果。① 高校学生思想政治教育是一种极其特殊而复杂的实践活动,这种活动是一种合规律与合目的的统一,也是一种合情与合理的统一、理性与非理性的统一。这决定了评价这种活动也应坚持科学性与人文性的统一,二者不可偏废,不可非此即彼、相互排斥。评价指标体系应体现尊重客观事实和实事求是的科学精神。

(3) 时代性

时代性是构建现代评价指标体系的原则之一,一切评价指标体系的构建,都必须与时代发展的进程相一致,反映时代的基本原则。构建现代高校学生思想政治教育评价指标体系尤其应突出这一原则。② 因为思想政治教育是一项现实性和实践性很强的工作。在网络环境下,面对全球化、市场化、信息化条件下出现的国际形势复杂化、经济利益多元化、社会思潮多样化,思想政治教育必须适应这些新变化、新情况、新原则和新要求,立足现实,不断解决时代发展和社会实践提出的新课题,才能保持自身旺盛的活力和生命力。③

---

① 姜林丽、周国良:《高职学生思想政治教育动态多元评价体系的构建》,载《湖北经济学院学报(人文社会科学版)》2012年第5期,第148-150页。
② 叶海:《高校大学生思想政治教育体系的优化》,载《黑龙江高教研究》2017年第10期,第148-149页。
③ 宋博、刘遵峰、白洋:《网络环境下高校思想政治教育的机遇、挑战与对策研究》,载《华北理工大学学报(社会科学版)》2017年第1期,第77-80页。

(4) 导向性

社会实践是推进思想政治教育前进和发展的最终的源泉和动力，但构建科学的高校学生思想政治教育评价体系并依此进行评价活动，也是思想政治教育前进和发展的重要力量。构建思想政治教育评价指标体系的直接目的不是单纯为了评出等级名次及优劣程度，而是为了通过评价体系的建构和评价活动，激励思想政治教育向正确的方向和目标发展，通过评价更好地促进人的思想、政治、道德素质的提升，为其健康发展提供精神动力和精神指引。①

2. 高校思想政治教育评价指标体系的主要内容

随着高等教育改革的深入推进，国家对高校大学生思想政治教育工作不断提出新要求、制定新目标、规划新内容，以适应社会发展和进步的需要。在网络环境下，通过对高校思想政治教育工作评价的范围和内容的界定，厘定了哪些方面应当作为评价的内容。同时，根据评价指标体系的设计原则和方法，对高校思想政治教育目标进行了分解，得到一系列不同层级的指标。

中宣部、教育部 2012 年联合下发了《全国大学生思想政治教育工作测评体系（试行）》的通知，对测评对象、结构、数据采集以及测评结果进行了规范性说明。其中，结构部分介绍了测评的指标体系。本节把该通知中关于测评指标的确定作为基础，分别从高校大学生思想政治教育的组织领导、队伍建设、思想政治理论课的开设、课外思想政治教育工作的开展、条件保障以及育人环境等六大方面展开阐述，从而建立大学生思想政治教育评价的指标体系。

(1) 高校大学生思想政治教育的组织领导

大学生思想政治教育工作的组织领导直接反映高校对思想政治教育工作的重视程度，是高校思想政治教育评价体系的重要指标，主要体现在高校是否有明确的工作定位和思路，是否有完善的领导体制和科学合理的工作机制等几

---

① 张廷：《优化激励机制：实现高校全员育人的重要手段》，载《思想政治教育研究》2012 年第 10 期，第 82 - 85 页。

方面。

① 工作定位与思路

随着我国经济社会的转型，高等教育改革发展不断深化，大学生群体也在发生着变化。新形势下加强和改进大学生思想政治教育，必须在高校办学体系中对大学生思想政治教育进行准确的定位，并有明确的工作思路。把大学生思想政治教育工作的定位与思路作为评价该高校思想政治教育工作的指标之一，其目的是了解该高校是否在人才培养的格局中定位大学生思想政治教育工作的特色，是在服务学生发展中定位大学生思想政治教育工作的思路。

该指标主要考察高校大学中思想政治教育工作是否纳入学校事业发展规划；是否在学校人才培养方案中体现出"育人为本，德育为先"① 这一根本理念；是否有全员、全过程、全方位育人的明确思路等。

② 领导体制与工作机制

中共中央、国务院印发的《关于加强和改进新形势下高校思想政治工作的意见》明确指出，各级党委和政府要从战略全局的高度，充分认识加强和改进大学生思想政治教育的重大意义，把"培养什么人""如何培养人""为谁培养人"这一重大课题始终摆在重要位置，切实加强领导。高校思想政治教育工作的领导体制和工作机制是思想政治教育各项工作能否得到及时部署和有效落实的重要保证，把其作为重要指标之一纳入高校思想政治教育评价体系有着重大意义。

该指标要求高校要建立由学校主要负责人担任组长的大学生思想政治教育工作领导小组，定期召开专门工作会；要将大学生思想政治教育与教学、科研、社会服务工作同时部署、同时检查、同时评估；要有贯彻落实文件及其配套文件的实施办法；学校有关部门要有明确的大学生思想政治教育工作职责并完成相应任务；学校党政主要领导每年要分别到堂听思想政治理论课。

---

① 宋伟、郑淑芬：《高校落实'德育为先'理念的对策探析》，载《思想政治教育研究》2011年第2期，第113–115页。

（2）高校大学生思想政治教育的队伍建设

高校思想政治教育工作队伍是加强和改进大学生思想政治教育的组织保证。[①] 建立一支能力突出、素质过硬、作风优良的高校思想政治教育队伍，有利于保证坚持社会主义的办学性质和方向，有利于全面推进素质教育、培养可靠接班人，有利于加强高校教师队伍建设，有助于推动学校改序和发展，提高人才培养质量。高校思想政治教育工作队伍主要由党政部、共青团队伍、思想政治理论课教师队伍以及辅导员、班主任队伍等组成。

①党政部及共青团队伍

高校党政部在大学生思想政治教育工作中主要起着组织、协调和实施的作用，其履职情况直接关系到高校大学思想政治教育工作队伍的建设。把高校党政干部及共青团队伍建设情况纳入思想政治评价体系，要考察高校对学校党政部及共青团组织、协调、实施大学生思想政治教育工作是否有明确的要求；每年是否对学校党政部及共青团干部履行大学思想政治教育工作相关职责进行过考核；是否有对党政干部及共青团部从事思想政治理论课、大学生党课团课等教学的具体管理措施等。

②思想政治理论课与哲学社会科学课教师队伍

思想政治理论课与哲学社会科学课教师担负着对大学生进行思想理论教育、思想品德教育和人文素质教育的职责。这支队伍的建设状况直接影响到思想政治理论课作为大学生思想政治教育主阵地作用的发挥。把思想政治理论课与哲学社会科学课教师队伍建设情况纳入思想政治评价体系，要考察高校是否实行了思想政治理论课专任教师任职资格准入制，且是否按照比例要求配备；是否有鼓励支持思想政治理论课专任教师攻读马克思主义理论相关学科博士、硕士学位的政策办法；是否按照要求设置思想政治理论课专业技术职务高级岗位的比例；是否按照要求选送思想政治理论课专任教师和哲学社会科学课教学科研

---

① 赵庆典、李海鹏：《努力建立大学生思想政治教育的组织保证和长效机制——高校辅导员、班主任队伍建设情况调研报告》，载《国家教育行政学院学报》2006年第2期，第75-82页。

骨干参加全国和省（市）培训、研修以及开展社会实践和学习考察活动；是否把思想政治理论课教师的表彰纳入学校各类教师表彰体系等。

③辅导员、班主任队伍

辅导员是高校大学生思想政治教育工作队伍的重要组成部分，同时也是高校从事德育教育，开展思想政治教育工作的带头人，是学生思想的引导者。把辅导员、班主任队伍建设情况纳入思想政治评价体系，主要考察高校是否按师生比不低于1∶200的比例设置一线专职辅导员岗位，研究生是否配备有专职辅导员；每个班级是否配有兼职班主任或指导教师情况；是否对辅导员专业技术职务进行了单列指标、单设标准、单独评审；是否落实了辅导员相应职级、职数和待遇；辅导员的培养是否纳入了学校师资培训规划及是否人才培养计划和享受专任教师培养同等待遇；是否有辅导员、班主任工作考核办法等。

(3) 高校思想政治理论课开设

高校思想政治理论课主要介绍马克思主义基本理论的课程，承担着对大学生进行系统的马克思主义理论教育任务，着眼于引导和帮助大学生学习掌握马克思主义的立场、观点和方法，确立其建设有中国特色社会主义的共同理想，树立其正确的世界观、人生观、价值观，为坚持党的基本理论、基本路线不动摇打下坚实的理论基础。同时，思想政治理论课也是对大学生进行思想政治教育的主渠道和主阵地。因此，把高校思想政治理论课开设与教学情况纳入高校思想政治教育工作的评价指标体系中有着重要意义。

①思想政治理论课教育教学

思想政治理论课的教育教学效果直接影响其作为大学生思想政治教育主渠道的作用发挥，关系到大学生的世界观、人生观、价值观能否正确树立。学校应高度重视思想政治理论课的教育教学，要独立设置直属学校领导的、与学校其他二级院（系）行政同级的思想政治理论课教学科研组织二级机构，并配齐机构主要负责人；要把思想政治理论课建设列入学校事业发展规划，并作为学校重点课程进行建设，有条件的本科院校同时应作为重点学科建设；要落实思想政治理论课规定的课程和学分及对应的课堂教学学时；要使用马克思主义理论研究和建设工程重点教材和高校思想政治理论课统编教材；实践教学要纳入思想政治理论课教学计划，建有相对稳定的校外实践教学基地，实践教学要覆盖大多数学生；要设立思想政治理论课教育教学研究专项课题。

②形势与政策教育

"形势与政策"课程是高校对大学生形势与政策教育的重要载体，"形势与政策"课程是一门具有理论联系实际价值的思想政治理论课程，可以引导和帮助学生认识社会发展和进步的客观规律，全面把握我国社会主义现代化建设的路线、方针、政策制定的依据，进而使学生学会运用马克思主义立场、观点、方法来观察形势、理解政策，自觉地适应和推动形势的发展，执行和宣传党和国家的路线、方针、政策。把形势与政策教育纳入高校思想政治教育工作评价指标体系，主要考察高校是否把形势与政策课作为必修课列入教学计划落实规定的课时和学分；是否制定并落实形势与政策课集体备课制度；是否有地方党政领导部、校外专家学者、校级领导为学生作形势政策报告的制度并有效实施等。[1]

(4) 高校课堂外思想政治教育工作开展

学校课堂外的思想政治教育是指除思想政治理论课教学之外开展的学生思想政治教育各类工作的总和。[2] 根据中宣部、教育部《全国大学生思想政治教育工作测评体系（试行）的通知》精神，学校课堂外思想政治教育主要包含对学生社会主义核心价值体系宣传教育、实践育人、校园文化建设、网络思想政治教育、心理健康教育等八方面内容。

①社会主义核心价值体系宣传教育

社会主义核心价值体系主要包括马克思主义指导思想、中国特色社会主义

---

[1] 李斌雄：《形势政策教育学：研究对象、内容和方法——基于高校学生形势与政策教育教学经验的思考》，载《思想教育研究》2012年第10期，第45-46页。

[2] 方菲、张丽、刘晓杰：《隐性思想政治教育研究综述》，载《沈阳工程学院学报（社会科学版）》2009年第1期，第138-140页。

共同理想、以爱国主义为核心的民族精神和以改革创新为核心的时代精神、社会主义荣辱观等四方面内容。对大学生开展社会主义核心价值体系的宣传教育，是加强和改进大学生思想政治工作的重要工作内容，是培育新时期社会主义"四有"新人的内在要求，是构建和谐校园的现实需要，同时也是办人民满意大学的迫切需要。① 把社会主义核心价值体系的宣传教育纳入大学生思想政治教育评价体系，主要考察高校开展马克思主义中国化最新成果宣传教育、开展党的基本理论、基本路线、基本纲领和基本经验教育以及党史宣传教育工作情况；考察高校利用重要节庆日、重大事件，开展爱国主义教育、民族团结进步教育和时代精神教育工作情况。

②实践育人

实践的观点是马克思主义哲学的首要观点和基本观点，同时也是马克思主义的根本特征。实践育人就是基于马克思主义实践的观点而形成的育人理念。所谓实践育人，是指以学生在课堂上获得的理论知识和间接经验为基础，通过激发学生课外自我教育的热情和兴趣，开展与学生的健康成长和成才密切相关的各种应用性、综合性、导向性实践活动，以加强对学生的思想政治教育并促进他们形成高尚品格、祖国观念、人民观念、创新精神、实践能力的新型育人方式。

③校园文化建设

加强高校校园文化建设是传播我国社会主义先进文化的重要途径，是加强和改进学校思想政治教育工作的主要载体。② 高校校园文化建设与思想政治教育工作是相互联系、相互影响、相互促进的，通过加强校园文化建设能够塑造人格、凝聚人心，能够培养学生求真务实的学习态度，能够增强思想政治工作的针对性，能够增强思政教育的实践性。因此，把高校校园文化建设情况纳入思

---

① 李春德、李斌雄：《中国特色社会主义核心价值体系的内容结构与建设路径》，载《学习与实践》2006 年第 12 期，第 85 - 86 页。

② 冯巧玲：《文化强国语境中大学生道德价值观问题研究》，载《广西青年干部学院学报》2015 年第 5 期，第 17 - 19 页。

想政治教育评价指标体系显得十分必要。

④网络思想政治教育

所谓网络思想政治教育，就是灵活运用宣传思想的理论和传播学的基本原理，把互联网作为载体而开展思想政治教育工作的现代化教育方式。① 网络思想政治教育不仅拓展了教育形式、丰富了教育内容，而且增加了教育者与被教育者的互动，极大地提升了教育效果。把网络思想政治教育工作开展情况纳入高校思想政治教评价指标体系，主要考察高校是否有完备的网络思想政治教育总体规划；是否建有思想政治教育的专题网站并及时更新；是否积极推进大学生网络社区建设并开展富有成效的网络思想政治教育活动。此外，还考察学校是否有专门的网络用户归口管理部门和完善的校园网络舆情监控工作机制；是否有校园网站登记、备案制度，能否实行用户上网实名注册等。

⑤心理健康教育

加强和改进大学生心理健康教育工作的基本原则之一，就是要坚持心理健康教育与思想教育相结合。② 既要帮助大学生优化心理素质，又要帮助大学生培养积极进取的人生态度。高校加强对学生的心理健康教育，不仅能增强思想政治教育的科学性和预见性，更有利于提升思想政治教育工作的针对性和时效性。

⑥资助育人

党中央、国务院高度重视家庭经济困难学生资助工作，建立健全家庭经济困难学生资助政策体系，使家庭经济困难学生能够顺利入学和完成学业，是实践"三个代表"重要思想、落实科学发展观、构建社会主义和谐社会和践行社会主义和谐价值观的重要举措；是实施科教兴国和人才强国战略，促进教育公平和社会公正的有效手段；是切实履行公共财政职能，推进基本公共服务均等

---

① 韦吉锋、廖扬平、赖碧瑛：《网络思想政治教育评估价值生成及其策略》，载《广西民族大学学报（哲学社会科学版）》2017年第1期，第193-196页。

② 张成山：《论构建和谐社会进程中的大学生心理健康教育》，载《长春师范学院学报》2006年第3期，第32-35页。

化的必然要求。①

⑦就业创业教育

李克强总理在十二届全国人大三次会议上作政府工作报告时指出："着力促进创业就业。坚持就业优先，以创业带动就业。要加强就业指导和创业教育，落实高校毕业生就业促进计划，鼓励到基层就业。实施好大学生创业引领计划，支持到新兴产业创业。"同时还指出："要帮助大学生树立正确的就业观念，引导毕业生到基层、到西部、到祖国最需要的地方建功立业。"就业指导和创业教育是高校思想政治教育的重要组成部分，同也是高校加强思想政治教的新载体。②

⑧党团组织建设

党团组织以其独特的政治优势和组织优势是高校开展思想政治教育工作的重要资源，在思想政治教育工作中发挥着导向和保证、载体和渠道以及推动和落实的作用。因此，评价高校思想政治教育工作必须把党团组织建设情况列入指标。

（5）高校大学生思想政治教育的条件保障

开展高校大学生思想政治教育评价，应务必掌握其学生教育活动设施建设、经费投入以及开展的相关科学研究等情况。

①学生教育活动设施建设

学校建设有完备的学生教育活动设施是开展思想政治教育活动的基本条件保障，有利于提高学生参与活动的积极性和主动性，提升思想政治教育活动的效果。③ 该指标主要考察高校是否建有专门的学生活动用房，是否有完善的活动设施并得到了充分利用；是否在学生宿舍楼或生活园区设有学生党团活动室等。

---

① 张骞文：《新时代高校学生资助工作理论诠释、基本特征与实践路径探析》，载《思想教育研究》2018年第5期，第123-126页。

② 黄威桢、熊英：《新时期高校学生工作模块化管理创新研究》，载《广西青年干部学院学报》2015年第5期，第73-75页。

③ 黄厚明：《书院制与住宿学院制高校学生管理模式比较研究》，载《高等工程教育研究》2010年第3期，第108-112页。

②经费投入

大学生思想政治教育不是赢利的事业,但是在市场经济条件下,它的运作程序也必须在市场经济的规则下进行。[①] 大学生思想政治教育的经费开支必须纳入大学生培养成本的核算体系之中,否则,经费保障就是一句空话,各项工作就达不到预期目的。把经费投入情况作为评价高校思想政治教育的指标,主要考察高校是否设立有专门的大学生思想政治教育工作经费预算,且做到了专款专用;大学生思想政治教育工作经费在学校上一年度政府拨给的事业费和收缴的学生培养费或学杂费总收入比例是否逐年增长。

③科学研究

随着社会的不断发展和进步,大学生的思想状况也随之产生了较大变化,大学生思想政治教育工作随时面临新的考验。因此,高校必须加强对新形势下的思想政治教育工作研究,针对出现的新情况和新问题采取有效的新举措。把对思想政治教育工作的科学研究情况作为评价高校思想政治教育的指标,主要考察高校设立大学生思想政治教育专项研究课题和课改课题等情况。

(6) 高校大学生思想政治教育的育人环境

校园环境对大学生的学习、生活、品格修养、思想道德等起着潜移默化的影响。良好的校园环境,对师生具有凝聚、激励和导向作用,可以使师生对学校产生一种责任感、归属感和自豪感,激发师生爱校如家、奋发向上的精神,引导师生的思想行为向健康、文明的方向发展,有利于学生形成优良的品德和正确的人生观。

①校园安全稳定

安全重如泰山、稳定压倒一切,安全稳定的校园环境是高校实施育人工作

[①] 黄进:《略论市场经济体制下高校思想政治教育模式的转换》,载《教育与职业》2006年第27期,第70-71页。

的基础。① 把校园安全稳定作为高校思想政治教育评价的指标具有重要意义，其主要考察高校是否建有维护安全稳定的综合防控机制和突发事件紧急处置预案；是否有校园舆论阵地建设与管理办法；是否有研讨会、报告会、论坛等审批制度；是否按需要设置了校园安全标识；是否有抵御和防范利用宗教对学校进行渗透的措施和办法；是否有抵御和防范境内外敌对势力对学校进行渗透和破坏的措施和办法；是否有与当地党委政府及有关部门的信息沟通制度；能否经常性开展学生安全教育并无重大安全稳定责任事故等。

②家庭与社会参与

高校应构建学校与家庭协同运作的大学生思想政治教育和谐互动机制，切实发挥家庭教育在大学生思想政治教育中的作用，使之与学校教育和谐统一起来，以发挥教育合力作用。把家庭和社会参与学校思想政治教育工作情况作为评价高校思想政治教育的指标，要考察高校是否建立并落实与学生家长联系的制度；是否能够定期召开学学生家长代表座谈会；是否与社区有合作育人工作机制以及每年组织开展合作育人活动情况等。

综合上述分析，高校思想政治教育的评价指标体系，其具体内容汇总如表 7-1 所示：

表 7-1　高校学生思政教育评价指标体系

评价指标体系目标	一级指标	二级指标
高校思想政治教育绩效综合评估指标（U）	组织领导（u_1）	工作定位与思路（u_{11}）
		领导体制与工作机制（u_{12}）
	队伍建设（u_2）	党政干部及共青团干部队伍（u_{21}）
		思想政治理论课与哲学社会科学课教师队伍（u_{22}）

---

① 周家健：《论高校构建和谐校园应正确处理好的三个关系》，载《中国高教研究》2007 年第 5 期，第 58-59 页。

续表

评价指标体系目标	一级指标	二级指标
高校思想政治教育绩效综合评估指标（U）	队伍建设（u_2）	辅导员、班主任队伍（u_{23}）
	思想政治理论课（u_3）	思想政治理论课教育教学（u_{31}）
		形势与政策教育（u_{32}）
	课外思政教育（u_4）	社会主义核心价值体系宣传教育（u_{41}）
		实践育人（u_{42}）
		校园文化建设（u_{43}）
		网络思想政治教育（u_{44}）
		心理健康教育（u_{45}）
		资助育人（u_{46}）
		就业创业教育（u_{47}）
		党团组织建设（u_{48}）
	条件保障（u_5）	学生教育活动设施建设（u_{51}）
		经费投入（u_{52}）
		科学研究（u_{53}）
	育人环境（u_6）	校园安全稳定（u_{61}）
		家庭与社会参与（u_{62}）

3. 基于 DEMATEL 与双重态度模型的思想政治教育评价体系优化

一方面，DEMATEL 方法是由美国 Battelle 研究所的学者提出的，运用图论与矩阵论原理进行系统因素分析方法，通过系统中各因素之间的逻辑关系构建直接影响矩阵，计算各因素对其他因素的影响程度以及被影响程度，从而计算各因素的中心度与原因度。根据因素所对应的中心度和原因度，得出该因素所属种类（原因因素还是结果因素），也可根据中心度和原因度的取值调整整个系统的结构图，使得系统结构更加合理。[①] 另一方面，双重态度模型理论改变主体

[①] 王伟、高齐圣：《DEMATEL 方法在高校教学设计中的应用》，载《现代教育技术》，2009 年第 3 期，第 31－33 页。

一贯采取的从个体自身出发的单维态度研究模式，引领人们从外显和内隐两个视角去审视个体的态度评价，以及思考和探寻复杂行为背后的深层次解释，尤其是关注其中无意识、自动化的内隐态度的影响。就高校学生思想政治教育而言，内隐态度和外显态度在稳定性上的分离，说明已有影响外显态度改变的方法和技术并不能有效地作用于内隐态度，也提示我们正视思想教育态度的形成和改变还存在未被揭示的过程和机理。①

首先，本章用 DEMATEL 方法确定关键影响因素。将前面所列的 20 个影响因素分别表示为 F_1，F_2，……，F_{20}，将"思想政治教育管理"作为要素 F_{21}。影响程度被划分为五个等级，以打分的形式给出，分别为 0、1、2、3、4、5 分，其中 0 分表示没有影响关系；1 分表示影响力很弱；2 分表示影响力较弱；3 分表示影响力中等；4 分表示影响力较强；5 分表示影响力很强。如表 7-2 所示，以建立初始化直接影响矩阵 A。

表 7-2　高校学生思政教育评价指标体系

	F_1	F_2	F_3	F_4	F_5	F_6	F_7	F_8	F_9	F_{10}	F_{11}	F_{12}	F_{13}	F_{14}	F_{15}	F_{16}	F_{17}	F_{18}	F_{19}	F_{20}	F_{21}
F_1	0	0	0	0	0	5	1	0	0	1	1	4	2	0	1	0	0	0	2	5	0
F_2	0	0	3	0	0	1	0	1	1	1	0	1	5	1	2	1	1	1	4	2	2
F_3	1	3	0	0	0	0	1	2	0	3	0	4	0	0	1	1	3	1	2	3	0
F_4	1	3	3	1	1	0	2	1	1	2	2	2	2	0	0	2	5	3	0	3	0
F_5	2	4	2	1	1	0	0	3	0	1	3	2	2	3	1	1	2	4	3	1	0
F_6	3	0	1	2	1	1	3	4	0	0	4	1	2	1	1	2	3	4	0	3	3
F_7	2	0	2	0	2	1	3	2	0	0	0	1	1	0	0	3	1	0	1	1	2
F_8	1	0	2	0	3	2	2	0	1	0	4	0	2	2	4	0	2	0	0	0	0
F_9	0	1	2	3	4	3	0	1	0	1	0	0	0	0	1	5	0	0	1	0	0
F_{10}	0	1	0	1	2	1	6	0	2	1	1	0	0	4	2	2	3	2	1	0	0
F_{11}	0	2	0	1	1	0	4	4	0	0	2	0	0	3	4	2	0	0	0	0	0
F_{12}	1	1	0	0	0	1	1	0	0	0	2	2	5	1	1	1	1	4	0	1	1
F_{13}	0	0	0	0	3	1	3	3	0	2	2	2	0	4	1	1	1	1	0	1	0
F_{14}	0	0	0	1	0	1	2	1	1	1	1	5	3	1	2	2	1	0	0	1	0
F_{15}	0	1	0	1	2	2	0	1	1	2	4	0	2	0	1	1	1	1	2	3	0
F_{16}	0	2	1	2	0	0	1	0	0	0	1	0	2	2	3	0	1	1	1	1	0
F_{17}	0	0	0	1	0	0	2	1	1	0	3	3	0	0	2	2	0	0	1	0	0
F_{18}	0	1	0	0	1	0	1	4	2	1	0	5	0	4	5	2	3	2	1	1	2
F_{19}	0	1	0	0	0	0	1	1	0	1	1	0	1	0	1	1	1	0	0	0	3
F_{20}	3	1	3	0	1	0	1	0	2	0	1	2	1	0	1	1	0	2	0	0	0
F_{21}	1	1	0	0	0	2	0	0	3	1	1	4	0	1	3	0	0	0	3	0	2

---

① 王伟、高齐圣：《DEMATEL 方法在高校教学设计中的应用》，载《现代教育技术》，2009 年第 3 期，第 31-33 页。

用变量 X_{ij} 表示矩阵中的分数元素,用变量 Y_i 表示矩阵中各行的和,即 $Y_i = \sum X_{ij}$ ($j=1, 2, \cdots, n$),$1 \leq i \leq n$。令 $Y_{max} = \max$ ($Y_1, Y_2, Y_3, Y_4, Y_5, Y_6, Y_7, Y_8, Y_9, Y_{10}, Y_{11}, Y_{12}, Y_{13}, Y_{14}, Y_{15}, Y_{16}, Y_{17}, Y_{18}, Y_{19}, Y_{20}, Y_{21}$)

用每一个分数元素去除以 Y_{max},正规化直接影响矩阵,用 G_{ij} 表示正规化矩阵的元素,即:

$G_{ij} = X_{ij} / Y_{max}$

从而得到正规化的矩阵 G。计算综合影响矩阵 T。

$T = G + G^2 + \cdots + G^n = G(E-G)^{-1}$

其中 E 矩阵 n 阶为单位矩阵。然后,计算各个因素的影响度和被影响度。

各个因素的影响度:$T_r(i) = \sum_{j=1}^{n} t_{ij}$, $i = 1, 2, \cdots, n$

各个因素的被影响度:

$T_c(i) = \sum_{j=1}^{n} t_{ij}$, $i = 1, 2, \cdots, n$

最后,计算各因素的中心度与原因度。

因素 i 的中心度:

$M_i = T_r(i) + T_c(i)$

因素 i 的原因度:

$R_i = T_r(i) - T_c(i)$

原因度指标反映了各个影响因素之间的关联程度,原因度大于 0 说明该因素应该是首先值得注意的原因因素,原因度小于 0 则为结果因素。原因因素是影响系统的关键因素。由上表可以选取 F_2、F_3、F_4、F_6、F_7、F_8、F_{14} 作为关键的原因因素。

中心度反映了各个影响因素的重要程度,中心度越高说明该影响因素越重要。据此,选取 F_1、F_3、F_5、F_6、F_7、F_8、F_9、F_{10}、F_{13}、F_{14}、F_{16}、F_{18}、F_{19}、F_{20}、F_{21} 作为关键影响因素。

综上所述,通过利用 DEMATEL 方法计算出了各影响因素的中心度和原因度,并根据中心度和原因度的意义选取了关键的影响因素,它们是 F_1、F_2、F_3、

F_4、F_5、F_6、F_7、F_8、F_9、F_{10}、F_{13}、F_{14}、F_{16}、F_{18}、F_{19}、F_{20}、F_{21}，指标因素结构图如图 7-1 所示：

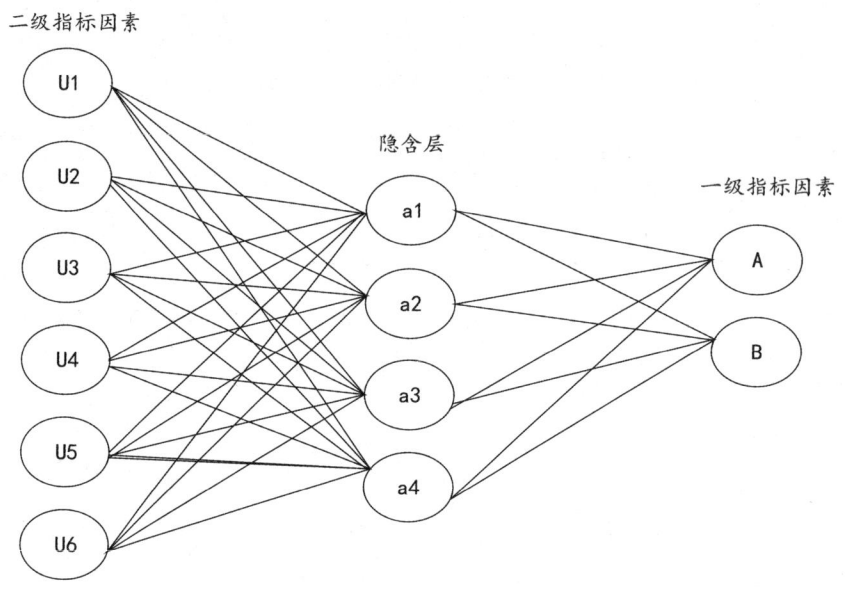

图 7-1　基于 DEMATEL 与双重态度模型的指标因素结构图

绘制因果图，依据 DEMATEL 计算出的直接关系矩阵 M，依据矩阵"中元素有无关系，有关系设为 1，无关系设为 0，可以形成一个二元矩阵 D。

$$D = \begin{bmatrix} 0 & 1 & 0 & 1 & 1 & 1 \\ 1 & 0 & 1 & 1 & 1 & 1 \\ 1 & 1 & 0 & 1 & 1 & 1 \\ 1 & 1 & 1 & 0 & 1 & 1 \\ 1 & 1 & 1 & 1 & 0 & 1 \end{bmatrix}$$

将矩阵 D 加上其转置矩阵 D'，形成矩阵 P。

$$P = \begin{bmatrix} 0 & 0 & 0 & 1 & 1 & 1 \\ 1 & 0 & 1 & 1 & 1 & 1 \\ 1 & 1 & 0 & 1 & 1 & 1 \\ 1 & 1 & 1 & 0 & 1 & 1 \\ 1 & 1 & 1 & 1 & 0 & 1 \\ 1 & 1 & 1 & 1 & 1 & 0 \end{bmatrix} + \begin{bmatrix} 0 & 1 & 1 & 1 & 1 & 1 \\ 1 & 0 & 1 & 1 & 1 & 1 \\ 0 & 1 & 0 & 1 & 1 & 1 \\ 1 & 1 & 1 & 0 & 1 & 1 \\ 1 & 1 & 1 & 1 & 0 & 1 \\ 1 & 1 & 1 & 1 & 1 & 0 \end{bmatrix}$$

$$P = \begin{bmatrix} 0 & 2 & 1 & 2 & 2 & 2 \\ 2 & 0 & 2 & 2 & 2 & 2 \\ 1 & 2 & 0 & 2 & 2 & 2 \\ 2 & 2 & 2 & 0 & 2 & 2 \\ 2 & 2 & 2 & 2 & 0 & 2 \\ 2 & 2 & 2 & 2 & 2 & 0 \end{bmatrix}$$

依据以下规则:

$C_{ij} = 0$,即指标与指标不存在影响关系(即 $b_{ij} = b_{ji} = 0$)

$C_{ij} = nd$,即指标对指标无影响,指标对指标有影响(即 $b_{ij} = 0$,$b_{ji} = 1$)

$C_{ij} = 1$,即指标对指标有影响,指标对指标无影响(即 $b_{ij} = 1$,$b_{ji} = 0$)

$C_{ij} = 2$,即指标与指标存在互相影响关系(即 $p_{ij} = 2$)

和矩阵 D、矩阵 P 和可以构建矩阵 C 为:

$$C = \begin{bmatrix} 0 & 2 & nd & 2 & 2 & 2 \\ 2 & 0 & 2 & 2 & 2 & 2 \\ 1 & 2 & 0 & 2 & 2 & 2 \\ 2 & 2 & 2 & 0 & 2 & 2 \\ 2 & 2 & 2 & 2 & 0 & 2 \\ 2 & 2 & 2 & 2 & 2 & 0 \end{bmatrix}$$

依据矩阵 C 可以得出:$C_{13} = nd$,$C_{31} = 1$,即指标 U_1 对指标 U_3 无影响,U_3 对指标 U_1 有影响。所以在因果图中指标 U_3 与指标 U_1 之间记一条由 U_3 指向 U_1 的有向单向箭头，其他的指标间存在互为影响关系。则在两个相互影响的指标间记一条双向箭头，指标 U_2、U_3、U_4、U_5、U_6 具有内部依存关系，则记一条回旋箭头，以此可以绘制出效果图，如图 7-2 所示：

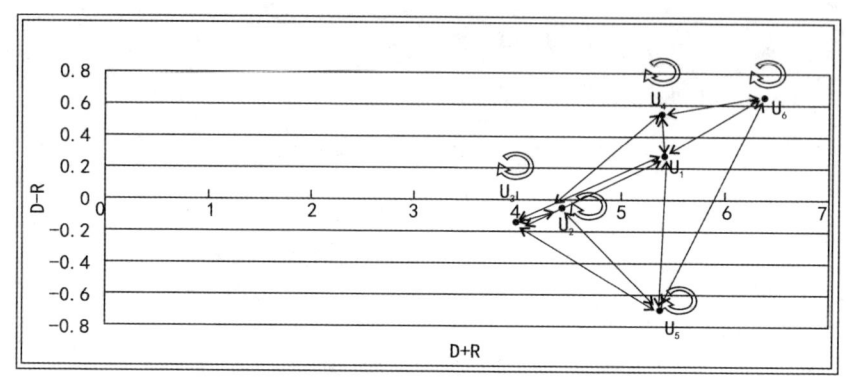

图 7-2　因果图

本节的核心意旨在于，利用 DEMATEL 方法与双重态度理论，优化高校思想政治教育评价体系，这也正是此两种模型在高校思想政治教育评价工作中集中发挥能动性的主要场域。就 DEMATEL 而言，它的主要机能在于调整各指标间的权度，使各内部要素间在信度、效度上的"摩擦力"相应减小，避免"系统误差"，从而提升测量和评价工作的精准度。当然，DEMATEL 方法的应用主要还是集中在理念层面，我们需要充分把握各标度间的逻辑关系和实证样态，并能够大致把握各因子间互动、互构的基本情况，从而诉诸矩阵数算表征出各指标要素的活力、影响力和可持续发展能力。

至于双重态度理论模型，则为 DEMATEL 方法的运用提供了一个内置的解释框架，笔者在因子关联分析的环境开发出了一个"内隐层"，用以涵括评价对象的异质性思想征候，再以矩阵数算方式细致地刻画出高校思想政治教育工作开展过程中"内隐层"的"内因"和"中介"功能，从而避免评价工作的"打击错误"或受"表面效度"影响过甚的现象出现。

三、基于 360 度绩效法的社会主义核心价值观教育效果评价

360 度考评法多应用于企业管理中的绩效考评，由于 360 度绩效考评法拥有意见征求广泛，覆盖面广等诸多特点，故将 360 度绩效考评法应用于社会主义核心价值观教育的效果评价中，分别从辅导员、班主任、寝室同学、班级同学、任课教师等几个方面来对教育效果进行全方位覆盖，从而进一步得出比较准确的评价效果。

1. 360 度绩效评估法的应用价值

360 度考评也成为最全面、最具覆盖性的考评方式，就是对所有了解该工作的工作人员征求相关意见和建议，从多个视角与方位对其进行综合评估并给出反馈，其特点是评价维度多元性，是由员工自己、上司、直接部属、同人同事、甚至顾客等从全方位、各个角度匿名来评估人员的方法。本方法根据每个评估人员重要程度赋予一定的权重，确定评估标准，在大学生社会主义核心价值观认同度评价的过程中将学生素质、思想觉悟、平常学习生活表现等项目赋予一定分值，根据权重求和取得总分，具有很强的操作性。360 度绩效评估法具有如下特征。

多维化的评价及意见的广泛征求。360 度评估方式涉及同学、任课教师、辅导员、班主任、学生干部等全方位层次，被评估者可以从这些不同的反馈中获取大量信息，从而知道社会主义核心价值观在受教学生当中的效果情况，清楚教育的不足、长处与发展需求。此方法中多维度与全方位的考核体系可以将社会主义核心价值观的结果较为清晰准确地反映出来，对个体可以多个角度进行观察并能得到更有效和更可靠的信息。首先是人员选择正确，多角度的结果比单一的视角准确；其次是多角度提供了对评价人员综合表现更为全面的了解；再次是匿名性的评估确保了评估结果更为可靠和可信。

高质量的反馈信息及研判依据。通过 360 度考评，高校学生工作部门可以获取多个层次的评估者对其教育方式、取得成效等方面的评估意见和建议，可

以更加全面、客观、公正、合理地了解相关信息。通过这种导向作用明显的评估方式可以更好地规划今后的教育方式、教育方向及学生易接受的方面，为改善教育模式及工作方法提供了良好的借鉴。多角度的评价比更单一的老师评价容易让评价者接受结果，所以应用此种方法可以使大学生更容易采取行动在实践中积极践行社会主义核心价值观。

建立互动机制和科学性的增效方式。360考评方式还可以构建积极向上的学习氛围，如可以在寝室和班级等组织中建立一种互相帮助、互相发展的学习气氛，从而促进班级和寝室的和谐，带动其他人积极效仿，以形成一种积极向上、互相学习的良好氛围，这对大学生积极践行社会主义核心价值观起着推动作用。

2. 360度绩效评估法在社会主义核心价值观教育评估的应用

在高校中应用360度绩效法对社会主义核心价值观进行认同度评价工作，可以主要从以下四方面进行考评。第一层面为决定性层面，主要为辅导员及班主任层面，班主任及辅导员老师是学生接触最多的老师，在判定方面起着至关重要的作用；第二层面为生活层面上，主要为班级同学、寝室同学等，这一层面的主体为学生，一个学生的发展离不开周围所有人一言一行潜移默化的影响；第三层面为外部层面，主要为任课老师层面，在大学阶段，学生会有很多任课老师，虽说接触的时间相对较短，有可能为一年或一个学期，但是每位同学的思想、学习方式、态度等会因任课老师而产生思想上不同的转变，所以在360度综合评价过程中，任课老师的存在也尤为重要。

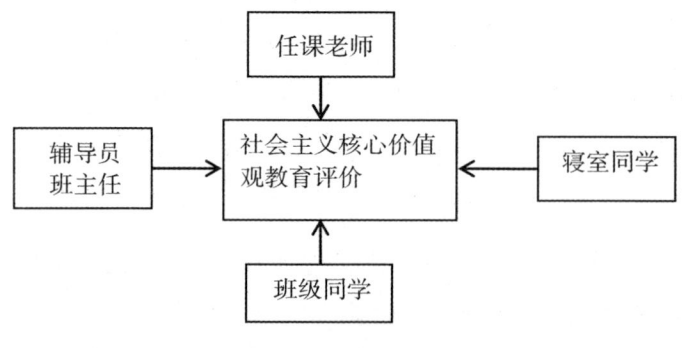

图7-3　360度考评图

通过以上分析，可将当代大学生社会主义核心价值观教育评价利用360度综合考评方式建立为四级评价机制。

大学辅导员、班主任。辅导员、班主任是学生思想政治工作的骨干力量，专职从事学生思想教育和行为管理工作，作为大学生的直接教育者与管理者，辅导员、班主任负责学生的生活学习工作，关心学生的思想动态，对学生的关注也最多。因此辅导员、班主任对学生平常的表现和思想政治素养等很了解，再加上辅导员、班主任学历学识比较高，阅历比较丰富，所以对判定评价大学生社会主义核心价值观认同度起着至关重要的作用。因此在设定标准上，在赋予权重时要充分考虑辅导员、班主任的地位与重要程度，其所占权重应该是相对最大的。

寝室同学。寝室是大学生远离父母朋友后的一个小家，告别有父母在身边照顾的幸福生活，开始一种全然不同的生活，无论家是否在本地，寝室六个人都是如此。俗话说"日久见人心"，随着时间的推移，寝室成员的交往不断深入，最初的陌生感逐渐消失，每个人的行为趋向最真实，由最开始的陌生到熟悉，直到最后成为真心朋友。由于彼此之间的朝夕相处让寝室成员更能了解被评估者真实的性格、特点、优缺点及平常的表现。所以寝室同学在此评估方法中排行第二位，同样对了解大学生社会主义核心价值观认同度起着很重要的作用。

班级同学。每个大学生入学后就会进入一个班集体，这个集体以班级的形式，伴随着每一位大学生度过大学的四年生活。这个班集体是不同于寝室的大集体，是一个需要团结协作的班集体，团支部活动、班级集体活动哪怕是一顿简单的班饭，都是促进班级凝聚力最有效的途径。在活动中，同学们相互沟通、相互交流、促进合作，彼此之间的了解逐渐加深、同学之间的感情也更加浓厚，所以班级同学的评价也是十分重要的一个方面，在360度评估体系中也占有一定的比重。

任课老师。大学中的任课老师不同于高中老师,也许大学任课老师不能与同学一对一地接触,也不能准确的叫出每一位同学的名字,但是每个同学对待学习的态度、对待学业的认真程度,都会从他们的作业、平时表现、学习成绩上凸显出来,透过现象看本质,任课老师可以通过这些方面来看出学生的思想状况和思想状态。因此在学习态度和学习方面,任课老师也有很大的发言权,在360度评估体系中占有一定的比重。

通过360度评估体系可以较为全面地了解学生的思想状态情况及学生对当前社会主义核心价值观教育的学习情况,虽然涉及范围较广、覆盖面较全,但由于需要花费大量的时间进行采样及分析,所以需要的周期较长,并且由于采样的随机性,可能会导致所选取的研究对象并不能完全代表其总体特征,导致出现错误。

四、基于模糊综合评价法的社会主义核心价值观教育效果评价

1. 社会主义核心价值观评价内容的模糊性和评价范围的不确定性

社会主义核心价值观评价内容的模糊性和评价范围的不确定性,为对其进行客观评价带来了很大的难度,这主要体现在以下几个方面。第一,是评价内容的模糊性。"在社会主义核心价值观的效果评价中,显性的、直接近期的效果容易为人们所注意,但是隐性的、间接的、远期的效果就比较容易让人忽视,对于他们的实际评价也有很多困难。"第二是投入和产出的模糊性。社会主义核心价值观教育效果的投入包括显性投入和隐性投入,显性投入很容易理解,就是财力、人力、物力的投入;而隐性的投入,前期获得的教育效果或者是已经确立的教育形象,或者是已经有的关于社会主义核心价值观方面无形的方法等,对于评价来说具有相当大的难度和挑战。第三点是评价范围有很多不确定因素。比如学生对社会主义核心价值观的认同感和理解程度是社会主义核心价值观教育效果评价的主要因素,但是仅仅通过学生单一的理解程度还是远远不够的,这里面还包括学生的思想道德品质的塑造过程，比如课堂教学、教学管理、甚至是家庭和社会等诸多方面的共同作用，所以学生对社会主义核心价值观的理解还应包括学生自身素质、道德品质的塑造等。第四，评价学生社会主义核心价值观标准的不确定性，学生的社会主义核心价值观的培养过程需要一定的条件和氛围，缺乏一定的时间、地点、条件，内在的品德就不能转化为外在的行动和相应的效果。第五，高校目前的社会主义核心价值观教育存在滞后性，先期获得的教育效果或者已经确立的教育现象，或者已经存在的教育成果在多大程度上对现有的教育效果产生了积极的影响，目前评价的教育效果尚无法确定是在哪一段时间的教育投入所获得的产出等。以上五种方式的特征使得使用常规的方式难以获得一个比较好的效果。

2. 运用模糊综合评价法构建社会主义核心价值观教育评价指标体系

评价指标体系的设计是模糊综合评价方法是否有效的基础，其基本途径是按照一定的标准逐层分解目标形成指标体系。社会主义核心价值观评价体系是指由各个评价指标相互区别、相互联系的，能够反映社会主义核心价值观教育评价指标体系的整体结构。社会主义核心价值观评价体系中应当把握评价机制和评价体系的统一，务实性和务虚性的统一，普遍性和差异性的统一，针对性和渗透性的统一。评价指标可以有很多种，比如效果指标，工作队伍的评价指标、对教育者的评价指标、对教育过程的评价指标等。鉴于高校社会主义核心价值观教育的评价内容的复杂性和模糊性，综合一系列方法和方式，从更为广泛和全面的角度，可将社会主义核心价值观教育的评价体系设置为三级指标评价体系。

社会主义核心价值观的教育评价应该是对社会主义核心价值观的政策执行、主体效果、运行过程、信息系统及投入和环境的评价和综合，也是高校社会主义核心价值观教育评价中目标管理标准和社会效果标准相统一的内在要求。对社会主义核心价值观重视程度（政策导向）的评价包括教育机构的设置、人员配置和发展规划。对其主体的评价应为受教育者对社会主义核心价值观思想政治觉悟的提高、受教育者对其他人思想的影响、教育者的素质和结构以及教育者本身对社会主义核心价值观思想政治觉悟的提升；教育过程的评价包括社会主义核心价值观教育的系统性、科学性和创造性；教育系统的评价包括社会主义核心价值观教育信息的收集和管理、社会主义核心价值观教育的信息分析应用；高校社会主义核心价值观投资和环境指标包括投入（人力与财力）和环境指标（内在环境，如良好的文化氛围和人际环境；外在环境，如稳定的国家教育环境和和谐的社会舆论风气等）。

3. 运用模糊综合分析法对社会主义核心价值观教育绩效评价的基本步骤

社会主义核心价值观教育系统评价是一项非常复杂的工作，为了能使其有效地进行，应遵循以下步骤。首先，根据社会主义核心价值观教育系统的目标、功能等要求对系统进行分析，确定评价指标体系，并对指标体系作出判断分析，从而确定各大类指标的设置和单项评价权重；其次，进行单项评价，得到系统在相应各评价指标下的实现程度，并对不同指标下不同量纲的实现值进行归一性处理，由此得到模糊矩阵；再次，进行综合评价，根据指标体系，依次计算单项指标的综合评价值、综合各大类指标和系统的总评价值；最后，得到系统的最终评价等级。拟采用层次分析法确定指标权重，采用模糊综合评价法对社会主义核心价值观教育按照下列顺序进行整体评价。

（1）创建评价指标，确定指标评价集和指标评语集

探索大学生社会主义核心价值观认同度评价基本构成因子，主要表现在两个方面：一是对其正面影响指标以及负面影响指标进行全面挖掘；二是针对心理、思维指标进行全面探索。这些指标的构建需要对相应的指标因子进行全面探索，使评价指标的重要构成要素能够科学明确，对于评价因素所产生的根本性作用能够起到具体说明作用。大学生社会主义核心价值观认同深度主要体现在对评价指标中各项指标因子进行相应的分析，对大学生价值观形成的过程给予具体分析，针对人生观、价值观做出正确的抉择，针对指标构成因子的总结与分析，结合当今大学生思维方式的基本现状以及社会经济发展的主体方向，

对社会主义核心价值观的教育模式进行具体研究,以此为评价指标体系的合理构建提供重要保障,并为大学生社会主义核心价值观的有效形成提供指标因素分析,以确保模糊综合评价法在应用过程中具有相应的数据说服作用。

(2) 设立模糊综合评价参数,确定评价指标的权重并综合排序

对大学生价值观形成因子探究提供衡量范围,模糊评价参数的确立,对评价集合中因子影响作用值的有效确立形成直接作用,并能对评价因子所具有的重要性有效反映,使评价因子自身在对事物发展过程中所形成的推动以及阻碍作用充分展现。大学生社会主义核心价值观模糊综合评价法的有效应用,需要对其模糊综合评价参数范围进行有效探索,以此对价值观形成所包含的范围以及设计的各个方面有效筛选,对影响大学生价值观形成的主要因素进行正确分析,而影响因子所包含的就是各个影响因素。通过模糊评价参数以及控制范围的科学计算,使评价因素集合中对因子自身所具有的影响作用能够形成客观分析,并使其正面以及负面影响功能进一步体现,从而更为客观地反映出对大学生价值观形成积极推动作用以及消极阻碍作用的根本因素。通过具体计算为大学生社会主义核心价值观的准确性形成直观数据说明,在使影响因子的选择更具有说服力的同时,也为影响因子更深层次地探索提供相应的衡量范围,使因子之间所具有的内在联系不断增强。

权重是某一指标在总评价指标体系中所起作用大小和相对重要程度的变量,用层次分析法确定权重的方法是请专家按 1~9 标度法对属同一级的要素,用上一级的要素为准则进行两两比较,确定某一层次目标中各元素的相对重要性,进一步构造判断矩阵,然后计算相对权重,并对其进行一致性检验。检验不通过,要重新进行成对比较,若检验通过,特征向量(归一化后)即为权向量。

由于参与评价的专家不一定对评审中的每一个问题都熟悉,而熟悉与否对评价的可靠性有相当大的影响,对评价结果进行处理时,常常要通过专家对评审内容的权威程度(专家权重),对专家评价意见进行综合处理。通过几何平均综合排序向量的方法来对多个判断矩阵进行计算,最后得到权重的综合排序向

量。首先，计算所有专家给出的判断矩阵的权向量，根据专家给出的判断矩阵按照上面的步骤，计算并验证各自的权向量；其次，计算权向量的几何平均数，然后对几何平均值进行归一化处理，进而得到组成的权重的综合排序向量；最后，计算群组判断的标准差，对于得到的目标层每个指标的专家群组判断，要进行一致性检验，即计算总体标准差，通过计算，最终得到准则层的权重集。

（3）建立模糊综合评价标准

为大学生社会主义核心价值观形成影响因子的有效性提供保障，模糊综合评价法的关键是通过对事物的制约因素进行有效归类及分析，对制约因子进行有效整合，使事物可行范围以及准确性不断提升，从而为事物发展的有效性提供保障作用。建立模糊综合评价标准，对评价因子的选择进行正确分析，使评价过程能够得到相应的理性分析。大学生对社会主义核心价值观的认同立足于对影响因子的正确分析，使其制约因子所具有的作用能够得到准确分析，对大学生社会主义核心价值观形成的制约因素所具有的重要性进行归纳，以此避免大学生对社会主义核心价值观的认同受到过多的困扰。因此，模糊综合评价标准的制定，关键是为影响因子的选择标准提供正确的范围，使制约因子以及积极促进因子所具有的影响作用能够得到科学计算，使影响因子能够得到数据方面的客观分析，并使其在大学生社会主义核心价值观的认同中所具有的正面以及负面作用充分体现，从而为其模糊综合评价体系的科学构建提供重要的保障作用，同时对影响因子的选择范围形成尺度上的严格要求。

社会主义核心价值观教育的绩效评价是思想政治教育过程的必要组成部分，它体现了高校社会主义核心价值观教育实施的实际效果，为教育者总结经验和教训，进一步实施高校社会主义核心价值观教育工作奠定了基础，同时为恰当地评价教育者的工作成绩提供客观了依据。

五、基于调查研究法的社会主义核心价值观教育效果评价

1. 调查研究的基本原则

（1）客观性原则

所谓客观性原则，就是坚持物质第一性、意识第二性原则，要求研究者对客观事实采取实事求是的态度，不能带有个人的主观偏见或成见，更不能任意歪曲和虚构事实。要做到这一点必须从客观事实出发，详细查阅材料，同时要处理好客观与主观的关系。

（2）科学性原则

科学是建立在系统的经验观察和正确的逻辑推理上的，科学结论所依据的事实，应当是全面的、具有内在逻辑联系的，而不应当是个别的或偶然的。坚持科学性原则，要求我们十分注意由客观事实到结论经过的正确的逻辑推理过程，科学的理论或结论还必须能接受实践的检验。在研究的过程中要十分注意科学的精确性，减少可能产生的各种误差，特别在理论分析阶段，要能够做到透过现象寻求与把握事物的本质。

（3）定性与定量相结合原则

定性研究是对事物质的方面的分析和研究，定量研究是对事物量的方面的研究。我们在调查研究的过程中，要做到定性研究和定量研究相结合，通过对社会现象本身的量变以及他们之间的数量关系的分析，达到认识事物质的差异。

在搜集整理经验材料时，既要关注研究对象的质，也要注意被研究对象的量，在对经验材料的消化、吸收过程中，要通过量的分析来把握研究对象的质，对于一些特殊情形，要能够建立被研究对象的数学模型。

（4）理论与实践相结合原则

理论是对事物本质的抽象解释，而实践检验理论、修正理论、发展理论。调查研究过程必须以理论为指导，坚持理论与实践相结合的原则。首先，调查

研究要注意认真选择研究范式，坚持科学的理论进行指导。在调查研究活动中，研究者的立场和认识问题的参照范式不同，所得出来的结论也就不同，因此，准确的研究范式直接影响调查研究的最终结果。其次，调查研究过程要坚持实事求是的原则。注意挖掘社会中急需解决的实际问题，就是要充分结合中国社会的特点和历史传统的关系，在深入了解国情、民情的基础上，本着实事求是的原则，展开调查研究，形成结论。

2. 调查研究的方法体系

随着社会和经济的不断发展，各种与调查研究相关的理论不断完善，调查研究现已形成了相对完善的体系。调查研究是通过科学的手段来认识问题、研究问题、解决问题的一种方法，有着自己的方法体系。通过了解调查研究的方法体系，能够科学地进行调查研究，得到科学的研究结果。

（1）方法论

做任何事情都需要有个指导方向，而方法论作为调查研究的指导，在调查研究的方法体系处于最高级地位。就好比是人的头脑，人的四肢总是听从头部的指挥。方法论作为调查研究的"头脑"，是指导研究的哲学基础或者说是一般思想方法，为调查研究提供方向，主要探讨的是研究的一般理论知识与基本公式、基本假设、调查程序、逻辑和原则等问题。所有的研究都需要以一定的理论作为指导，而方法论作为研究调查的指导，并非一概而论。不同的理论学派有着不相同的方法论，有两种相对立的方法论长期被认可，即实证主义学派和人文主义学派。前者的观点是社会研究要向自然学科看齐，通过具体的事物进行客观的观察，得到有关结论；后者的观点是在社会研究中，要考虑到"人"这个特殊成分，进而学会区分什么是自然现象、什么是社会现象，同时也要求研究者在对问题进行研究的过程中要充分发挥自身的主观性。至于在调查研究中应该具体采用哪种方法论，则要具体问题具体分析，在实践中找答案。是否找对方法论，对整个调查研究至关重要，一旦找错了方法论，可能会导致整个调查研究的失败。因此我们在对方法论进行选取的时候应该慎重。

(2) 基本方式

基本方式又称研究方式，是指把研究过程中的程序、步骤、操作方式等呈现出来，让他人知道研究者是通过何种方式得到研究结论的。研究方式按照角度划分可分为四种，即实验研究、调查研究、文献研究、实地研究。四种研究方式各有特点，研究者在选取时应按照自己的需求酌情选取，后面将会对研究方式进行具体阐述。

(3) 具体方法

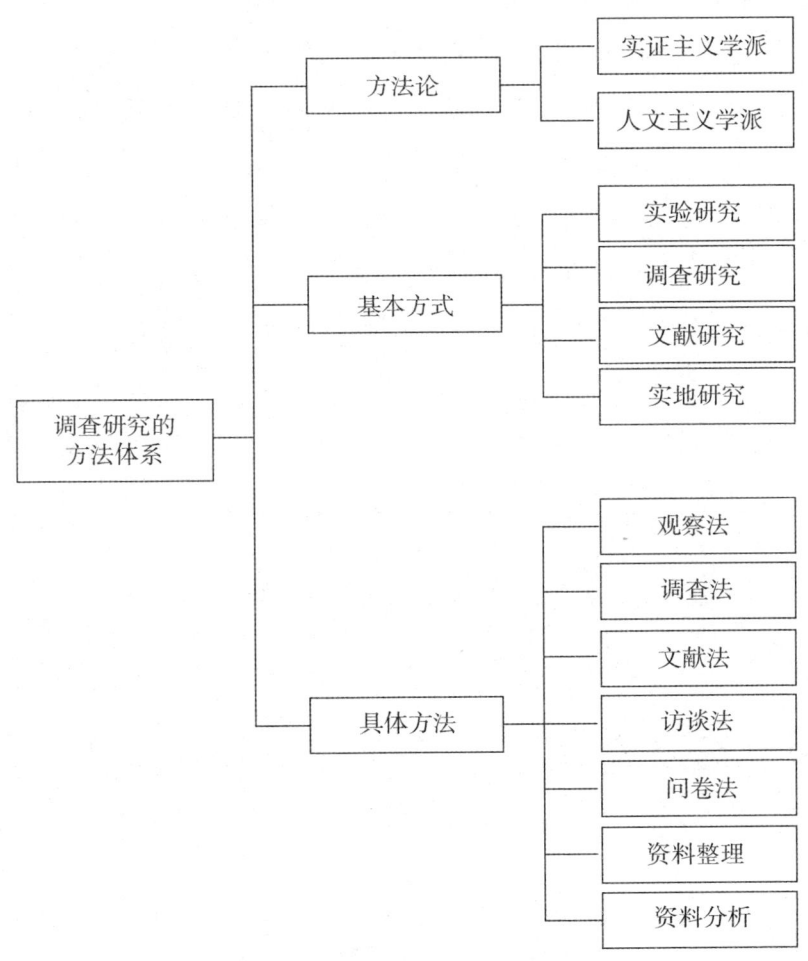

图7-4　调查研究方法体系图例

具体方法在调查研究方法体系中处于最低级状态，但也是最直观的表现。具体方法是研究者在研究过程中采用的各种对资料进行收集和分析的方法，让他人知道研究者是通过何种方式得到的研究结论。资料收集与资料分析在调查研究中十分重要，如果方法选择不当，就可能得不到我们需要的资料甚至得到与事实不符的结论。资料收集的方法主要有观察法、调查法、文献法、访谈法、问卷法等；资料分析的方法主要有定性资料和定量资料的整理与分析。

在调查研究的方法体系中三者有机结合，虽然在层次上有所差异，但三者缺一不可，贯穿在调查研究的全过程。方法论起着指导作用，选取一定的基本方式和具体方式对问题进行研究，缺少方法论的指导，调查研究很难得出有效的结论；选择了正确的研究方式能够使得调查研究过程事半功倍；缺少具体方法就会缺少资料或者对资料无法进行。因此三者相辅相成，缺一不可。

3. 调查研究法应用案例

见附录5

附　录

附录1：哈尔滨工程大学新生入学教育

为切实做好当代大学生社会主义核心价值观认同教育，入学教育作为大学教育的第一课，是教育和引导新生社会主义核心价值观认同的有效途径之一。

一、指导思想

党的十九大报告指出："意识形态决定文化前进方向和发展道路，必须推进马克思主义中国化时代化大众化，建设具有强大凝聚力和引领力的社会主义意识形态。"为全面贯彻落实党的十九大会议精神，建设具有凝聚力和引领力的社会主义意识形态，围绕立德树人的根本任务，以增强震撼力、把握指导力、体现推动力作为基本要求，扎实推进社会主义核心价值观，学校将社会主义核心价值观教育融入了新生入学教育当中。

学校以每年新生入学为契机，开展以"强化归属感，提高适应性，促进新生实现'四个转变'"为目标，以坚持"问题导向，效果优先，学生为主，促进自觉"为理念的新生入学教育。在整个教育过程中以增强震撼力、把握指导力、体现推动力作为基本要求，以增强新生归属感、自豪感、使命感为主要因素，在激发学生自觉性、积极性和创造性上下功夫，从而为新生成为信念执著、品德优良、知识丰富、本领过硬的"可靠顶用"之才打下了良好的基础，并实现了学校精英人才培养目标。

二、基本内容

新生入学教育以寝室为基本单位，以班级为核心，以院系为主体，以学校为主导深入开展。主要围绕理想信念教育、学校与专业教育、大学适应性教育、行为规范教育、心理健康教育、生涯规划教育、诚信与感恩教育、自立自强教育、科技创新方法等主题进行。

三、时间安排

新生入学教育分为两个阶段进行，即集中教育与深入教育。集中教育阶段从 8 月下旬至 9 月中旬，深入教育阶段从正式上课至学期末结束。

四、组织实施

入学思想教育采取"学校——院系——班级——寝室"四位一体教育模式，以院系、班级和寝室为教育重心。

（一）学校层面新生入学教育内容

学校层面的入学教育由学校各相关部门开展，重点是爱国荣校、理想信念、校风学风和学习生活指导等宏观层面的思想政治教育。学校层面入学教育分为理想信念教育、学习指导教育、生活指导教育三个方面内容，通过入学教育的多元化教育形式，逐渐向新生们传授社会主义核心价值观的理论知识，逐步影响新生在大学生活直至步入社会时的言行举止，引导学生正确辨别主流文化、优秀思想，从而促进其自身的精神成长。

1. 理想信念教育

新生入学教育期间，着重开展以"坚定信念，完善自我"为主题的理想信念教育活动。将理想信念教育积极融入入学教育、校园文明教育、国防教育和诚信教育等各项教育活动中，突出重点、体现特色、贯彻始终。

（1）校史教育

通过校史教育，向新生介绍学校历史、办学特色、发展战略和近年来学校各方面取得的成就，重点开展以爱国荣校、理想信念、校风学风和学习生活指导等宏观层面的思想政治教育；为使社会主义核心价值观在校史教育中得到最大的推进，使得学生们从思想上自觉接受并转化为实际行动，前期的校史教育十分重要。校史教育应该以多种形式向同学们进行传播，以便使教育的效果达到最大化。

（2）校长系列报告

校长在入学典礼上向新生介绍学校的各方面特色，其中包括学校的建校历史、办学特色等，使学生知其历史之久，并引以为豪。同时，鼓励新生在军训期间出色表现，通过单兵队列、单兵战术等科目训练，增强团队意识与归属感，增强国防意识与使命感，并使他们能在大学四年的生活中秉承"大学至真，大工至善"的信念虚心前行，将社会主义核心价值观贯彻执行。

（3）新生军训

多年来，学校始终抓住入学军训的主载体，将国防教育实践融入人才培养环节中，注重磨炼学生的意志品质；坚持保障国防教育教学时间，抓住课堂教学的主阵地，将国防教育内容有机融入课程学习中，注重培养学生的国防意识；利用独特的校史资源，有效开展主题活动，利用宣传栏、互联网站、微信平台等多种资源，广泛开展形式多样的国防教育活动。

学校组织开展新生军训工作，利用军训政治学习时间，开展理想信念教育活动。组织学生观看《厉害了，我的国》《揭秘哈军工》《我是一个兵》等纪录片，并撰写心得体会等，以增加学生归属感，增强学生国防意识，加强军训思想政治教育。在学生军训期间，学校还面向全校开展国防教育月活动，通过邀请军事专家讲座、举办国防知识辩论赛、国防征文、爱国签名等丰富多彩的活动，拓展学生的国防知识，增强学生的爱国主义精神和国防意识。

（4）哈军工文化教育

组织全体新生参观哈军工纪念馆、船舶博物馆等，教育和引导学生坚定共产主义信念，牢固树立爱国主义思想，增强社会责任感，热爱学校，刻苦学习，立志投身国家工业化、信息化和国防现代化建设，投身振兴中华的伟大历史征程。

（5）典型引路

一是军训期间，组织开展优秀学生事迹报告会，以身边典型人物的示范作用，激励广大新生崇尚先进、学习先进，树立自立、自强、自信的意识和信念；二是结合黑龙江省高校道德模范先进事迹评选活动，在学校开展先进人物典型事迹报告会，介绍道德模范事迹；三是开展学业人物榜样访谈，从高年级学生中选出不同成长道路的优秀学生，向新生介绍成长成功经验。

（6）网络思想政治教育

为进一步加强网络思想政治教育，学校将已有的"哈工程就业""哈工程筑梦团""哈工程关心委"等微信订阅号融于同一微信平台，建立"哈尔滨工程大学学生在线"微信订阅号，完善并推广该平台。平台主要引导学生正确对待网络，弘扬时代主旋律，传播社会正能量。

（7）第一堂党课

组织学生中的党员和入党积极分子，结合"两学一做"开展党团教育活动。以"为什么要学习党规党章"为主题，从具体案例入手，进行分析、讨论和讲解，教育引导学生认真学习、践行党规党章，争做合格党员。

（8）主题报告教育

依托启航讲坛、阳光论坛等平台，开展以弘扬中国精神、凝聚中国力量、认同社会主义为主要内容的报告会。通过开展主题报告会，进一步引导帮助学生完善正确的世界观、人生观和价值观，并提升新生的国际视野、时代视野和大局视野。

（9）学生骨干培训

进一步加强学生干部的选拔培育，在新生中开展以"工程骄子，国之栋梁"为主题的学生骨干系列培训，努力提高学生干部的服务意识和管理能力。

（10）践行十九大活动

以党的十九大为契机，一是通过主题讲座、网络宣传、图片展览、广播海报等形式开展以"不忘初心，牢记使命"为主题的活动；二是开展"缅怀革命先辈"纪念活动，组织新生开展校园徒步走活动，以切身体验革命先辈们长征时的艰辛，感怀革命精神。

2. 学习指导教育

新生入学期间，开展多角度，全方位的学习指导教育，促使新生尽快适应大学的学习生活，明确学习目标，掌握学习方法，完成学习从被动到主动的转变。

（1）学业生涯成长指导

开展学生学业生涯成长指导系列讲座，引导新生建立学业生涯规划观念，树立"个人未来成长道路需要围绕自我特点而展开"的信念，了解学校提供的学业生涯成长服务内容。

（2）学习问题介绍

面向新生介绍本科教学管理中的关键问题，包括本科生人才培养方案、本科生学籍管理规定、教学管理体系等。

（3）通识教育介绍

向新生介绍通识教育课，包括文化素质教育课程体系、网络课程、名师讲堂以及纳入培养方案的公共通选课指导等。

（4）图书馆学习介绍

向新生介绍图书馆相关情况，包括图书馆如何借书、图书馆相应服务、图书馆设备使用等。

（5）国际交流项目介绍

向新生介绍国际化人才培养目标、学校学生出国（境）情况、相关本科生资助制度、学生出国（境）管理体系、优秀本科生国际交流项目、申请材料和技巧等。

3. 生活指导教育

新生入学期间，通过开展一系列生活指导方面的活动，促使新生尽快实现从中学到大学的心理转变和角色转变。

（1）团体辅导

在新生入学期间，分别开展以"相知""相处""奋斗"和"幸福"为主题的团体辅导，消除新生陌生感、孤独感，加快新生对大学生活的适应速度，促进新生尽快认识新同学，结交新朋友，适应新生活。

（2）校医院介绍

向新生介绍校医院相关情况，包括校医院简介、就医须知、医疗方式、常见传染病以及医疗安全特别提醒及医生建议等。

（3）入住公寓须知

向新生介绍公寓服务相关情况，包括公寓住宿服务、公寓安全管理、公寓生活辅导、公寓特色活动等。

（4）校园信息化介绍

向新生介绍校园信息化的相关内容，包括校园卡使用、常见服务及应用、信息化"一站式"服务等。

（二）院系层面新生入学教育内容

院系层面的新生入学教育以院系为主体系统开展，重点是专业思想教育、行为养成教育、党团教育和心理健康教育，以帮助学生树立自主学习观念、终身学习观念和创新学习观念。

坚持"育人为本，德育为先"的高等教育理念，将培育大学生社会主义核心价值观作为重要任务全面贯穿于高校教育教学的始终，专业教育有助于增加社会主义核心价值观教育的生动性和感知性，增强社会主义核心价值观教育的实效性。2016年12月8日，习近平总书记在全国高校思想政治工作会议上强调："办好我们的高校，要坚持不懈培育和弘扬社会主义核心价值观，引导广大师生做社会主义核心价值观的坚定信仰者、积极传播者、模范践行者。"学校各院系根据自身特点,对新生进行有针对性的教育,并且在新生教育活动中融入社会主义核心价值观,通过系统的实践活动践行社会主义核心价值观,引导学生能够运用正确的价值观分析和解决实际问题,以便在面临人生抉择时作出正确判断。

1. 新生入学教育报告

以学校《新生入学教育报告》为依据,面向院系全体新生开展入学教育报告会。报告会内容包括历史沿革、学校概况、人才培养等方面的内容,以增强新生对学校和学院的了解,促进新生的归属感、自豪感和使命感。

通过院系相关领导、学科带头人做专题报告等形式,加强对新生的专业和学科指导,使学生了解专业的概况和发展趋势、科研成果和科研动态、教师队伍建设和专业实验室建设情况、本专业的知识体系结构和基本的学习方法、社会对本专业知识的需求状况、今后的工作对象和领域以及本专业毕业生的去向等。

2. 理想信念教育

依托党团教育与指导等活动载体,通过主题党(团)日活动,以座谈交流等形式,加强对新生党员、团员的党团历史和基本知识教育,引导新生党员加强实践锻炼,帮助学生团员不断提高政治素质,坚定当代大学生热爱党和祖国,坚定走社会主义道路的决心和信心。

3. 学业导师引导

以班主任作为新生主要的学业导师,通过组织新生订立"学习型班级"计划和"学习型寝室"文明公约等形式帮助新生构建大学四年学业成绩与综合能力的提高目标,增强学生自主学习、创新学习、自我管理的主动性和自觉性,使新生对大学四年学业规划形成理性思考。

同时,通过带领新生提前进入专业理论学习和实践操作,以培养学生的专业素养和能力为主要目的,以传授专业知识为主要载体,激发学生浓厚的学习兴趣,使其能积极主动参与专业学习的全过程;利用专业课开展社会主义核心价值观教育，就是通过专业教学的潜移默化，使大学生正确认识社会主义核心价值观对个人和社会的重要性，潜移默化地认同和接受社会主义核心价值观的价值目标和行为准则。

4. 行为养成教育

会同相关部门开展各类行为规范教育和组织新生学习《学生手册》等形式，促进新生了解学校学生教育管理的各项规章制度，教育新生自觉遵纪守法，遵守学校各项规章制度，促进新生将外在的约束内化为自觉的行为，使自律与他律有机结合。

5. 心理健康普查与辅导

开展心理健康状况普查，精心准备，严格操作，做好新生心理普测工作，并根据数据建立学生心理健康档案，对有问题的同学开展点对点的心理咨询服务。

6. "三个一"活动

针对新生家长开展"三个一"活动（一封信、一张卡、一份表），加强家长与学校的沟通。深入教育阶段，各院系以学生工作办公室或新生辅导员的名义向新生家长邮寄一封信、一张家长——学院沟通卡、一份新生个性问询表。

（三）班级层面新生入学教育内容

班级层面的新生入学教育以班级为核心扎实开展，重点是班集体建设和良好的班风、学风的养成，为大学四年发展打下良好的基础，主要开展以下活动。

1. 班级学生骨干培训

为提高班级学生骨干的理论水平和工作能力，采取讲座、参观、展览等形式开展培训，充分发挥他们自我教育、自我管理、自我服务的积极作用，促进班集体建设和良好班风、学风的养成。

2. 学业与生涯规划指导

以班主任作为新生主要的学业导师，通过组织新生订立"学习型班级"计划和"学习型寝室"文明公约等形式帮助新生构建大学四年学业成绩与综合能力的提高目标，增强学生自主学习、创新学习、自我管理的主动性和自觉性，使新生对大学四年学业规划形成理性思考。

3. 感恩与诚信教育

教育引导新生以一封家书的形式向父母和恩师表达谢意和感恩之情，开展丰富多彩的诚信教育活动，以此教育引导新生学会感恩，讲求诚信。

4. 校园文化活动与课外学术科技创新指导

通过多种形式教育引导新生参加对自身成长有益的校园文化活动，鼓励新生积极参加课外学术科技活动，学会处理学习与参加课外活动的关系，促进自身综合素质的提高。

5. 心理适应与生活指导

通过对新生全面的生活指导，帮助新生尽快适应大学人际关系，熟悉校园周边环境及学校生活、娱乐、体育活动、图书借阅等场所和设施。

（四）寝室层面新生入学教育内容

寝室层面的新生入学教育以寝室为基本单位深入开展，重点是促进新生优良寝风的尽快形成，协助新生更快地熟悉学校和大学生活，主要开展了以下活动。

1. "新生导航员"活动

选拔优秀的高年级学生到新生寝室对学生进行学习、生活等方面的指导和经验交流；配合班主任，带领新生建立良好的寝风，以榜样的力量带动寝室学生形成良好风气。

2. "学习型寝室"寝风建设活动

发挥问题引领作用，通过引导新生破解在大学中如何学习的问题，在日常学习生活中"学典型、讲故事、找目标"，积极推进宿舍学习制度化、生活习惯健康化、互帮互助常态化，以形成良好的学习和生活作风，塑造良好寝风。

3. 寝室骨干培养

发挥学生骨干的引领示范作用，学生骨干要在日常学习生活中"树形象、当表率、做贡献",成为本寝室的骨干,成为本班级的核心成员,带领寝室成员发挥团员青年的积极性、主动性和创造性,带动整个寝室的良好发展。

五、总体要求

(一) 抓细节

新生入学教育各个层面在抓落实的同时更要抓细节,要将教育效果体现在每个新生身上。各院系应当根据学校新生入学教育方案的总体安排,制定院系层面、班级层面和寝室层面详细的入学教育方案和入学教育时间表。

(二) 促落实

各院系要善于用创新形式,丰富内容,开展灵活多样的入学教育,使学生尽快实现"四个转变"。对于新生教育过程中好的做法和经验,学校将大力宣传;对于出现的问题,各院系要及时上报。

(三) 重方案

请各院系根据本院系实际情况制定本院系入学教育方案,并在规定的时间报送至思想政治教育与研究办公室。

六、效果评估

本学年新生入学教育将采取以下几种方式对新生入学教育效果进行评估。

(一) 开展新生入学教育过程的检查与通报

(二) 开展新生入学教育考试

(三) 开展新生辅导员、班主任、学生代表座谈

(四) 开展新生入学教育效果调查

附录2:哈尔滨工程大学毕业生离校教育

毕业生离校教育是思想政治教育工作的重要环节,是大学生在校的最后一课,更是大学教育和大学文化的延伸,是对整个大学教育效果的反映、检验和

应用。以哈尔滨工程大学为例,为确保抓住最后一次机会,充分利用学生离校前的契机进行爱校、敬师、感恩、奋斗方面的教育,学校开展了内容丰富、体系健全、卓有特色的离校教育工作。

一、指导思想

为深入贯彻落实党的十九大精神,扎实推进社会主义核心价值观认同教育,围绕立德树人的根本任务,以"立德树人,全程育人"为目标,引领学生树立爱国、敬业、诚信、友善的道德规范和价值准则,以促进"母校情、师生情、亲子情、同学情"为动力要素,积极开展以"升国旗、传爱心、系丝带、植绿树、游园卡、评金榜、办典礼"等内容的"七彩毕业季"系列活动,正确引导学生抒发情绪与情感,推动学校毕业生以执著的信念、优良的品德、丰富的知识、过硬的本领顺利迈向新征程,勇敢担当起国家工业化、信息化和国防现代化的历史重任。

二、基本内容

毕业生离校教育分为学校层面教育和院系层面教育。学校层面教育主要有四个环节,一是感恩留念环节,包括种植毕业留念树、爱心传递、学士服留念等内容;二是谏言献策环节,包括开通毕业季官方微博、微信公众号、毕业星语、毕业生留言卡和留言簿等内容;三是职前激励环节,包括诚信教育和评选毕业金榜暨优秀毕业生颁奖等内容;四是毕业送别环节,包括毕业升旗、在校最后一次党课、毕业宣誓暨丝带留念、毕业生全家福留念、毕业典礼、行李托运和爱心车送行等内容。院系层面教育主要包括"毕业一封信"活动、"送老生"活动和"文明离校"活动。

三、组织实施

(一)学校层面毕业生离校教育

1. 感恩留念环节

(1)种植毕业留念树

为抒发毕业生对母校的留念之情,组织毕业生以班级为单位种植留念树,以寄托留念之情，把根留住。

（2）爱心传递活动

号召毕业生将闲置物品捐赠出来，组织设立毕业生闲置物品二手交易市场和在公寓设置捐赠点，给经济困难的师弟师妹们提供精神上的关爱和物质上的帮助，以实际行动回报母校和表达对学弟学妹的关心、支持，将爱心传递下去。

（3）学士服留念

利用学士服这种有形可见的离校教育载体，通过设立学士服使用平台、制作学士服留念印章和组织班级集体学士服合影等形式，满足毕业生需求。同时引导毕业生树立责任感，做到借用学士服归还时跟借出时一样干净整洁、配件完整，以反映大学教育效果。

2. 谏言献策环节

（1）毕业季官方微博和毕业季微信公众号

利用"哈尔滨工程大学毕业季官方微博"平台和毕业季微信公众号，开展建言献策、毕业寄语、寄托祝福等活动，进一步促进母校情、师生情、亲子情、同学情等"四情"互动。

（2）毕业星语

征集毕业生的毕业感言，将每个优秀毕业生感言与照片制作路灯展板，悬挂于学校主干道路两旁，以达到鼓舞全校学生的目的。

（3）毕业生留言卡和留言簿

通过制作精美的留言卡片和留言簿，号召毕业生给母校、公寓、新生和未来的自己留言，在校生请师长为自己写下临别祝福，为毕业生提供一个表达留念之情、交流思想的平台，进一步促进四情互动。

3. 职前激励环节

（1）诚信教育

大力搞好诚信教育，通过诚信教育会等形式，增强毕业生诚信意识，鼓励其在以后的生活中勇于讲诚信话、行诚信事、做诚信人，树立起诚实守信的良好道德风尚；组织贷款毕业生签订还款协议，同时发放国家助学贷款还款手册和还款确认函，以确保贷款毕业生诚实守信，按时足额还贷。

（2）评选毕业金榜暨优秀毕业生颁奖

开展毕业金榜评选活动和举办毕业金榜揭榜仪式，同时为校优秀毕业生进行颁奖，对2014届毕业生群体中学习表现突出的集体和个人进行奖励，发挥毕业生典型的引领示范作用，反映新一届毕业生昂扬的精神风貌，激励在校学生以他们为榜样。

4. 毕业送别环节

（1）毕业升旗仪式

在毕业典礼第一天，以举办全体毕业生最后一次升旗仪式的形式，对毕业生进行爱国主义教育和集体主义教育。期盼毕业生走向社会时，能够理解国家寄予他们的厚望，深刻体会到自己肩上的责任。

（2）在校最后一次党课

组织毕业生党员以听党课的形式，深化学生党员的教育与培训，激励毕业生党员在今后的人生道路上成为立德表率、学习表率、创新创业表率和实践奉献表率。

（3）毕业宣誓暨丝带留念活动

号召毕业生为"陈赓像""受命群雕"献花，以表达感恩母校之情。组织毕业生宣誓仪式，引导毕业生总结过去，展望未来，深化对自身的社会责任和人生追求的认识。并以黄丝带留念的形式，让每位毕业生在黄丝带上认真写下对母校、对恩师、对同学的留念心语，系在留念牌上寄托留念之情。

（4）毕业生全家福留念活动

以班级为单位邀请老师组织同学照毕业照。以寝室为单位组织同学照"全家福"照片，进一步增加毕业生师生情和同学情，强化学校就是"家"的概念，增强毕业生的使命感和责任感。

(5) 毕业典礼

指导各院系开展一系列各具特色、精彩纷呈的毕业典礼活动,注重结合实际,力求突出特点、内容丰富、形式多样。积极促进毕业生情感的升华,将毕业典礼办成品味收获、增进情谊、感恩生活、展望未来的典礼。

(6) 行李托运

学校将联系邮局和托运公司等部门,统一组织毕业生办理行李等物品托运,在服务毕业生的同时,进一步促进毕业离校教育效果,增进毕业生的离校情怀。

(7) 爱心车送行

为满足毕业生离校前的出行需求,定时定点安排大客车送行,号召全校教职员工利用自己的私家车为毕业生送行,让毕业生充分感受母校的温暖,感受教师的关爱,让温暖和关爱伴随毕业生启程。

(二) 院系层面毕业生离校教育

院系层面的毕业生离校教育除继续强化学校层面的有关内容外,重点开展尊师爱校教育、行为规范教育、文明离校教育。各院系可根据自身特点,对毕业生进行针对性的教育,以形成本院系毕业生离校教育方案,主要开展以下活动。

1. "毕业一封信"活动

在毕业典礼前各院系以学生工作办公室或毕业生辅导员的名义向毕业生家长邮寄一封信,信中应当体现以下内容。一是对学生顺利毕业,向家长表示祝贺;二是邀请家长在条件允许的情况下参加学生毕业典礼;三是提醒家长及时关注学生的思想动态,在毕业生离校期间经常与学生沟通,同时与辅导员加强联系。

2. "送老生"活动

倡导在校学生为毕业生举办叙旧班会、送别歌会、科研心得座谈等各具特色的"送老生"活动,为毕业生送去在校生的祝福。

3. "文明离校"活动

各院系要对毕业生离校期间的行为规范提出明确要求，严肃校规校纪，积极引导不良情绪的合理宣泄，坚决反对和杜绝损坏公物与扰乱校园秩序等行为。

毕业生离校教育各个层面在抓落实的同时更要抓细节，将教育效果体现在每个毕业生身上。利用创新形式，丰富内容，开展灵活多样的毕业教育，积极拓展毕业离校教育内涵，进一步深化教育效果。教育和引导新生加强社会主义核心价值观认同。

毕业离校教育结束后，学校应开展教育效果调查研究工作，以便进行离校工作的改进。同时，还要对各承办单位所承办活动的效果和组织情况进行评价，作为学生工作绩效管理的组成部分。

四、总体要求

（一）灵活多样

各院系要善于创新形式，丰富内容，开展灵活多样的毕业生离校教育。

（二）突出特点

各院系要切实结合本院系特点，积极拓展毕业离校教育内涵，突出院系和专业特色，进一步深化教育效果。

（三）及时总结

各院系要注意总结毕业生离校教育中好的做法和经验，及时留存音像资料，做好效果反馈和改进工作。

（四）统一要求

各层面的毕业生离校教育，以辅导员工作课程化的形式进行推进，由学校统一组织毕业年级辅导员集体备课和撰写教案。

五、效果总结

毕业生离校教育结束后，学校将开展毕业生离校教育效果调查研究工作，以便改进明年毕业离校工作。同时还将对各承办单位所承办活动的效果和组织情况进行评价，作为学生工作绩效管理的组成部分。

附录3：哈尔滨工程大学感恩诚信教育

根据《教育部办公厅关于开展高校学生资助诚信教育主题活动的通知》精神，哈尔滨工程大学把感恩诚信教育作为大学生思想教育的切入点和突破点，结合校园文化建设、学风建设、社会实践和毕业离校等各项教育活动，进一步推进学校学生思想政治教育，积极引导学生塑造诚信品质，树立感恩意识，学会理解和关爱他人，增强对自己、父母和社会的责任感，实现社会主义核心价值观认同教育，践行社会主义核心价值观内容，努力把自己培养成为爱国，敬业，诚信，友善的有为向上青年。

一、指导思想

全面贯彻落实党的十九大精神，必须扎实推进社会主义核心价值观认同教育。学校积极构建大学生诚信感恩教育体系，进一步弘扬社会主旋律，传播正能量，形成"明礼诚信，知恩图报"的校园新风尚，立足为培养本领过硬的可靠顶用之才打下良好的基础。

二、工作目标

以"倡导感恩诚信风尚，树立感恩诚信意识"为主题，开展校园感恩诚信专项教育活动，营造制度化、常态化的感恩诚信校园氛围，促进学生在感恩教育和诚信教育中提高思想觉悟，塑造健康人格，践行社会主义核心价值观，培养爱国、敬业、诚信、友善等优秀品格，努力成长为全面发展的高素质人才。

三、活动内容

（一）感恩教育层面活动

1. 开展感恩主题征文比赛

在毕业生中开展"给家长、恩师一封信"活动，各院系动员和号召学生给家长和授课教师邮寄一封信，用行动践行社会主义核心价值观。内容紧扣"爱国，敬业，诚信，友善"，以感恩为主题抒发对家长和恩师的感激之情。学校以及学院可从中选出优秀信件报送学生工作处进行宣传，评选一、二、三等奖，将优秀作品报送全国学生资助管理中心，参加国家征文比赛的评比，学校将择优刊登在《大学生学习参考》和学工网等。

2. 开展感恩励志成长成才学生典型评选

为全面贯彻落实党的十九大精神，在毕业金榜评选时，学校在毕业生中开展学生评选活动，以"爱国，敬业，诚信，友善"的社会主义核心价值观为标准，对于学生中自立自强，勇于攀登，表现突出的学生典型事迹进行表扬和宣传，进一步发挥毕业生的典型宣传和示范引领作用，引导激励我校学生奋发自强、立志成才、感恩奉献。

3. 组织感恩回报系列公益活动

学校每学期组织各类奖助学金获得者开展一系列感恩回报活动，以践行社会主义核心价值观，并对学生进行社会主义核心价值观认同教育。组织学生进行慰问敬老院、孤儿院，公益打扫卫生，社区服务等活动，发挥学生的细胞单元贡献作用，让爱心传遍整个社会。

4. 开展"一分阳光，温暖校园"宣传活动

学校扎实推进社会主义核心价值观教育，进一步加强"一分阳光，温暖校园"系列基金的宣传活动。对于资金捐助额度较大的学生颁发证书以资鼓励和感谢，从而进一步营造感恩的校园氛围。

5. 开展"课堂无手机，尊师重教"活动

以社会主义核心价值观为指导，开展"课堂无手机，尊师重教"活动，加强学生课上手机管理，即课前将手机调成静音或关机模式后放入手机收纳袋并统一放置于教室前方。各院系要结合实际制定具体措施，其中副书记和辅导员需要做好指导和教育工作。

（二）诚信教育层面活动

1. 开展诚信考试活动

为进一步加强学校学生考风考纪管理，帮助同学实现社会主义核心价值观认同教育，用实际行动践行社会主义核心价值观内容，营造公平、公正、诚实、守信的考试环境，提升学生自我约束、自我控制、自我监督的能力，学校学生会方面协助教务处开展诚信考试活动。

2. 组织观看诚信教育宣传片以及组织开展感恩诚信主题班会

以院系为单位，组织贷款毕业生观看"贷款助学、信用助人"诚信教育宣传片，扎实推进社会主义核心价值观认同教育，宣传国家助学贷款政策法规，督促学生要诚实守信，按时还贷。

以班级为单位开展以"感恩诚信，你我同行"为主题的班会或团部活动，深入推进社会主义核心价值观"富强、民主、文明、和谐、自由、平等、公正、法制、爱国、敬业、诚信、友善"的认同教育，进一步营造"感恩诚信"的校园氛围，引领校园道德风尚。在此基础上，学校可以选出班会开展得较为成功的团支部进行特色主题教育月活动，按照各院系上报的活动策划方案，进行科学安排和精心组织，根据实际情况在院系开展特色感恩诚信主题教育活动，以引导激励我校学生感恩奉献，自立自强。

3. 举行年度毕业生还款确认会暨诚信教育大会

学校在每年学生毕业之际，召开贷款毕业生还款确认会暨诚信教育大会，发放《国家助学贷款还款协议》《还款确认函》《国家助学贷款还款手册》。在此教育大会上，学校重点讲解中国人民银行征信系统和诚信还款有关事项，强调诚信还款的重要性和恶意欠款的严重性，倡导贷款毕业生诚实守信，按时还贷，教育广大同学用实际行动践行社会主义核心价值观，争做诚信表率、守信楷模。

四、活动要求

（一）各院系要高度重视、精心组织

把感恩诚信教育工作作为贯彻落实党的十九大精神的具体措施，提升到中华民族伟大复兴中国梦的高度上，让学生们积极参与到感恩诚信教育活动中，学校要切实教育和引导学生养成良好的习惯，感恩奉献、务求实效，以确保活动落到实处。

（二）学校与学院要加强感恩诚信教育宣传，营造感恩诚信氛围

在这些活动中，各院系要充分利用宣传栏、QQ群、微博、微信、院刊院报、学院网站等媒体，拓宽宣传渠道，加大宣传力度，形成声势、掀起热潮，努力提高活动的影响力和覆盖面，扎实推进社会主义核心价值观认同教育，努力营造感恩诚信的和谐校园氛围。

（三）各院系要广泛发动，务求实效

广泛动员学生参与这些活动，保证参与学生的数量和活动开展的质量，紧紧围绕党的十九大精神，确保活动扎实有效。学校方面可以与共青团、学生会、社团等学生组织形成合力，增强活动意义和教育效果。

（四）学校要成立监察小组，定期检查

根据各项活动安排，学生工作处、校团委、院系等部门应组成联合检查小组，对于活动效果进行检查，将检查结果进行通报和公布。

附录4：哈尔滨工程大学校园文明教育

高等学校是人类文明的重要传播场所，也是展示人类文明的一个窗口。文明校园的建设不仅推动高校的发展，而且事关和谐社会建设大计。哈尔滨工程大学为学习贯彻落实党的十九大精神，落实《哈尔滨工程大学培育践行社会主义核心价值观实施意见》，坚持立德树人的根本任务，提升学生综合素质，促进学生的文明、礼仪、秩序等行为的养成，自觉践行公民基本准则，在全校范围内开展了主题鲜明的校园文明教育活动。

一、指导思想

当代大学生的历史使命既艰巨又神圣，中华民族伟大复兴的中国梦需要大学生做出持续、卓越的贡献，同时也需要学校、社会、家庭等形成合力加强培育和引导。当代大学生不仅要有责任担当意识和能力素质，更要有正确的价值观指引未来的发展。学校通过校园文明教育活动的实施，促进学生文明行为养成，切实推进了文明校园建设。学校积极邀请各学部和学院的教学、科研、机关等部门协同发力，发挥课程思政作用和全过程全方位育人作用，旨在引导大学生增强文明意识，规范文明行为，提高文明素养，倡导文明新风，营造文明氛围，养成良好文明习惯，树立良好精神风貌。同时，逐步形成校园文明教育长效机制，以促进学生的全面发展。

二、主要策略

作为一项综合性、全方位的系统工作，学校积极探索适合文明校园创建的有效途径，探索出了一条主题鲜明、特色突出、符合实际的文明校园创建路径。校园文明教育活动主要以文艺汇演、报告会、主题班会、倡议书、公约书等形式，组织学生围绕手机文明素养、网络安全意识、班级寝室文明等主题，开展校园文明教育，倡导良好的校园文明道德风尚。

（一）学院层面教育活动

组织开展各类校园文化活动，使广大学生在正面教育和活动影响中提升文明素养，加强文明意识。首先，开展以"哈尔滨工程大学高校教师年度人物、大学生年度人物暨道德模范人物"为主题的表彰会，在展现我校师生的良好道德风貌的同时，进一步加强社会主义核心价值观的培育，发挥好典型引路的作用，积极传播社会正能量；其次，为了丰富校园文化，充分展示学校艺术教学成果，促进学生审美素质的提高，依托学校文化素质教育基地特举办"艺苑芳菲——报效国家大学生文化素质教育基地艺术教学成果汇报展演"等活动。此外，开展"放下手机抬起头"手机文明宣传活动，倡导同学们在课堂上放下手机，珍惜课堂学习时间，尊重老师的劳动成果；通过学生志愿服务组织在学校食堂等处开展图片展、海报展、倡议书、条幅签字、发放手机收纳袋等形式多样的活动；发起课堂上不玩手机的倡议，号召同学们上课自觉关闭手机，维持良好的课堂秩序，保证课堂学习质量。

（二）班级层面教育活动

各院系以班级为单位开展以"手机文明"为主题的班会活动，号召学生在课堂上人人关掉手机，用心聆听课堂声音，还教室一片清静。营造高品位的文化氛围，让每个学生在这个集体氛围中去思考、理解、感悟，并净化灵魂，深化人格，完善自己，起到润物细无声的效果。另外，组织班级制定文明公约，争当文明先锋，每个班级制定以手机文明为主要内容的班级公约，督促学生手机文明从自己做起，每个班级成员需在公约书上签名确认。每个班级成员均有义务遵守公约书，共同营造良好新环境，以培养班级学生的集体荣誉感和凝聚力。

（三）寝室层面教育活动

为了进一步提高学生的卫生环保意识，创造良好卫生环境，贯彻学校关于文明宿舍建设的精神，同时为营造良好的学习和生活环境提供有力保障，学校联合后勤公寓中心等部门开展寝室卫生大检查活动，对卫生情况良好的寝室进行表彰和奖励，以培养学生良好的生活习惯，充分发挥文明样本示范作用，带动更多的寝室开展文明创建。制定寝室文明生活制度，倡导"寝室文明制度化、生活习惯健康化、良好学习常态化"生活作风，以塑造良好寝风，形成良好的就寝习惯。各寝室在充分讨论的基础上制定相应制度，制定后每个成员需要签名确认，并长期张贴于寝室。开展寝室文化大赛，参赛寝室派解说员对寝室的装饰方案进行讲解，鼓励参赛寝室设计寝室 Logo、讲述寝室趣闻、展示寝室才艺等，向评审组多方面展示寝室文化。让同学们养成良好的寝室卫生习惯，并树立典型寝室文化，美化生活环境，培养学生勤俭、节约的生活习惯，发扬学校的文化特色，增加宿舍间的沟通，形成互帮互助和谐的氛围。

三、组织措施

（一）高度重视，精心组织

各院系要高度重视此项活动的重要意义，积极参与到手机文明的活动中，教育和引导学生养成良好的手机使用习惯，精心组织，务求实效，确保活动落到实处。广泛动员学生参与到此项活动中去，确保活动扎实开展。要通过校团委、学生会、社团等学生组织，形成合力，扩大活动的覆盖面和影响力。坚持价值引领，坚持贴近师生，坚持注重实效，坚持广泛参与，以夯实校园文明根基，不断促进学生对社会主义核心价值观的认同感。

（二）加强宣传，营造氛围

文明校园创建，每位师生都是主角，在校园里的一言一行，不仅体现了个人的素养，更反映着一所学校的品质。作为学校文明的细胞，每位师生都应该恪守文明言行。各院系要充分利用宣传栏、QQ群、微博微信、院刊院报、学院网站等媒体，加大对校园文明教育活动的宣传，以便形成声势、掀起热潮，不断扩大活动的影响力，努力在全校营造良好的文明氛围。通过教育活动的开展，使学生主动思考文明内涵、主动参与文明建设、主动践行文明行为，提升个人素质修养，共享文明美丽校园。

（三）成立小组，定期检查

加强监督工作，推动文明校园创建工作落地落实，确保取得实效。根据各项活动安排，学生工作处等部门应组成检查小组，制定文明校园评价细则，定期对各项活动的效果进行检查，并将检查结果进行通报和公布。检查小组需自觉遵守各项规章制度，模范执行各项纪律，要有严肃认真的工作态度，熟悉自己的职责和监督范围，按时进行监督。通过检查，加强学生遵守社会公德的自觉性，促进学生良好行为的养成，不断提高校园的文明程度，增加校园文明氛围，夯实校园文明根基，从而使育人环境进一步改善，并使社会主义核心价值观融入学生的生活与学习，促进其转化为情感认同和行为习惯。

附录5：哈尔滨工程大学 2014 级新生入学教育效果调研报告

引言

2014 级新生的入学教育已经结束，为了了解本年度入学教育中存在的问题，也为了了解 2014 级入学教育是否达到了预期效果，我们于 2015 年 4 月初开展了"2014 级新生入学教育效果"相关调研工作。本次调研是在以往调研的基础上，根据 2014 级新生特点以及入学教育开展的实际情况，对入学教育效果的考察体系进行了相应的调整后开展的。

一、入学教育效果调研概况

（一）问卷编制

2014 级入学教育效果分别通过"入学教育内容的认知程度"和"入学教育目的实现程度（四个转变）"两个方面进行考察，其中"入学教育内容的认知程度"包括学校层面、学院层面、班级层面和寝室层面四个维度，每一维度又包括四个观测点共 16 个观测点，每一观测点通过一个考察项目进行考察；"入学教育目的实现程度（四个转变）"通过学习动力的转变情况、学习目标的转变情况、学习态度的转变情况和学习角色的转变情况四个维度进行，每个考察项目又包括三个观测点共 12 个观测点，每一观测点通过一个考察项目进行考察。

（二）调查过程

本次调查采用问卷法，在我校 2014 级新生中采用随机取样的方法进行调查。2014 级共有新生 3598 人，按 30% 的比例抽取样本后再按照院系人数比例分配到各院系中。为了提高问卷的有效性和真实性，我们利用 2014 级新生上军事理论课的时间，在课堂上要求学生利用十分钟的时间认真作答，并在完成后回收问卷（注：此次样本抽样时考虑到理学院陈赓班实际情况，陈赓班数据只参与到全校整体情况分析中，未参与到对院系评价体系中）。本次共发放问卷 1000

份,回收有效问卷964份,有效问卷回收率为96.4%,达到了样本取样的要求。

(三) 数据统计

本次调查数据统计采用spss19.0软件和excel软件进行分析。

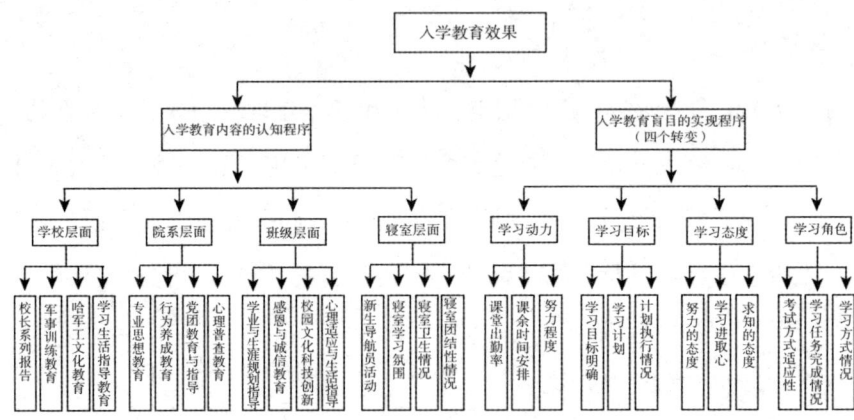

图1 调查问卷结构示

(四) 样本情况

根据数据统计,此次抽样调查样本基本情况如表1所示。

表1 样本基本情况

	性别		专业			家庭所在地	
	男	女	文	理	工	城镇	乡村
人数	750	214	83	137	744	585	368
占总人数的百分比	77.8%	22.2%	8.6%	14.2%	77.2%	61.4%	38.6%

	民族		政治面貌			是否是贫困生	
	汉族	少数民族	党员	团员	群众	贫困生	非贫困生
人数	899	62	9	939	16	286	674

续表

	民族		政治面貌			是否是贫困生	
	汉族	少数民族	党员	团员	群众	贫困生	非贫困生
占总人数的百分比	93.5%	6.5%	0.9%	97.4%	1.7%	29.7%	69.9%

注：各项目人数总和不相等是由于存在缺失值，即由于有的学生在填写问卷时该项目没有填写或填写错误，因此在统计过程中对其进行缺失值处理，这一情况不影响后面的数据分析总体结果。

基本信息显示，所调查的样本涵盖了各种群体，并且基本符合我校不同学生群体的比例，说明本次调查取样是合理的，调查结果能够真实地反映我校学生对入学教育效果的评价。

二、各层面入学教育效果分析

入学教育效果是通过2014级新生对入学教育内容的认知程度和教育目的实现程度两个方面来进行考察的。关于入学教育内容的认知程度是通过学校层面、院系层面、班级层面、寝室层面四个维度的考察项目进行调查和分析的；入学教育目的实现程度是通过学习动力的转变情况、学习目标的转变情况、学习态度的转变情况和学习角色的转变情况四个维度的考察项目进行调查和分析的。

（一）关于入学教育各层面影响因素分析

1. 性别因素在入学教育效果各维度中的影响

为了了解2014级学生性别因素对我校入学教育效果中各维度的影响，我们以性别因素为分类变量，采用独立样本T检验，对不同性别的学生在入学教育效果和各维度上的得分进行比较，结果如表2所示。

表 2 性别因素的差异检验情况

	性别	人数	平均值	标准差	T 值
学校层面	男	750	3.74	0.93	0.535
	女	214	3.78	0.83	
学院层面	男	750	3.51	0.91	0.060
	女	214	3.64	0.82	
班级层面	男	750	3.82	0.87	0.003**
	女	214	4.01	0.70	
寝室层面	男	750	3.71	0.93	0.000**
	女	214	3.97	0.81	
学习动力	男	750	3.49	1.00	0.069
	女	214	3.62	0.93	
学习目标	男	750	3.49	0.98	0.108
	女	214	3.61	0.93	
学习态度	男	750	3.52	0.95	0.688
	女	214	3.55	0.86	
学习角色	男	750	3.48	0.95	0.888
	女	214	3.49	0.95	

注：*表示 $p<0.05$，**表示 $p<0.001$。

结果发现，2014 级新生不同性别的学生在班级层面和寝室层面存在显著的差异性。这一结果同以往的新生入学教育效果调研基本一致。进一步对其数据进行对比发现，女生的得分要显著高于男生。也就是说女生相对于男生更容易接受入学教育的相关内容。

2. 经济困难学生因素在入学教育效果各维度中的影响

为了了解 2014 级学生经济困难因素（贫困生）对我校入学教育效果中各维度的影响，我们以经济困难因素为分类变量，采用独立样本 T 检验，对经济困难学生在入学教育效果和各维度上的得分进行比较，结果如表 3 所示。

表3 经济困难因素的差异检验情况

	经济困难	人数	平均值	标准差	T值
学校层面	是	286	3.79	0.84	0.251
	否	674	3.72	0.93	
学院层面	是	286	3.50	0.87	0.389
	否	674	3.55	0.91	
班级层面	是	286	3.79	0.84	0.080
	否	674	3.90	0.83	
寝室层面	是	286	3.64	0.93	0.006**
	否	674	3.82	0.90	
学习动力	是	286	3.44	0.98	0.002**
	否	674	3.55	0.99	
学习目标	是	286	3.47	0.92	0.387
	否	674	3.53	1.00	
学习态度	是	286	3.46	0.95	0.133
	否	674	3.56	0.92	
学习角色	是	286	3.43	0.93	0.264
	否	674	3.50	0.95	

注：*表示 p<0.05，**表示 p<0.001。

结果发现，2014级新生经济困难和非经济困难学生在寝室层面和学习动力层面均存在显著差异性。其中，学习动力层面的差异同以往的新生入学教育效果调研结果基本一致，寝室层面的差异是本学期所出现的新情况。进一步对其数据进行对比发现，非经济困难学生的得分要显著高于经济困难的学生。

3. 生源地因素在入学教育效果各维度中的影响

为了了解2014级学生生源地因素对我校入学教育效果中各维度的影响，我们以生源地因素为分类变量，采用独立样本T检验，对不同生源地的学生在入学教育效果和各维度上的得分进行比较，结果如表4所示。

表 4　生源地因素的差异检验情况

	生源地	人数	平均值	标准差	T 值
学校层面	城镇	585	3.73	0.92	0.477
	乡村	368	3.77	0.88	
学院层面	城镇	585	3.55	0.91	0.522
	乡村	368	3.51	0.88	
班级层面	城镇	585	3.90	0.82	0.073
	乡村	368	3.80	0.85	
寝室层面	城镇	585	3.80	0.91	0.080
	乡村	368	3.70	0.91	
学习动力	城镇	585	3.55	1.01	0.098
	乡村	368	3.45	0.96	
学习目标	城镇	585	3.55	0.99	0.090
	乡村	368	3.44	0.94	
学习态度	城镇	585	3.56	0.93	0.200
	乡村	368	3.48	0.92	
学习角色	城镇	585	3.51	0.94	0.088
	乡村	368	3.41	0.96	

注：*表示 $p<0.05$，**表示 $p<0.001$。

结果发现，生源地因素在入学教育效果各维度上无显著差异。

4. 专业因素在入学教育效果各维度中的影响

为了了解 2014 级学生专业因素对我校入学教育效果中各维度的影响，我们以专业因素为分类变量，采用独立样本 T 检验，对不同专业的学生在入学教育效果和各维度上的得分进行比较，结果如表 5 所示。

表 5 专业因素的差异检验情况

	专业因素	人数	平均值	标准差	P 值
学校层面	文	83	3.67	0.92	0.578
	理	137	3.71	0.88	
	工	744	3.76	0.91	
学院层面	文	83	3.67	0.70	0.314
	理	137	3.56	0.96	
	工	744	3.51	0.90	
班级层面	文	83	3.94	0.71	0.450
	理	137	3.92	0.82	
	工	744	3.85	0.85	
寝室层面	文	83	3.92	0.89	0.092
	理	137	3.86	0.85	
	工	744	3.74	0.92	
学习动力	文	83	3.61	0.94	0.346
	理	137	3.60	1.01	
	工	744	3.49	0.99	
学习目标	文	83	3.44	1.01	0.698
	理	137	3.49	1.03	
	工	744	3.53	0.96	
学习态度	文	83	3.35	0.89	0.150
	理	137	3.60	0.90	
	工	744	3.54	0.94	
学习角色	文	83	3.37	0.97	0.254
	理	137	3.58	0.99	
	工	744	3.47	0.94	

注:*表示 p<0.05,**表示 p<0.001。

结果发现,专业因素在入学教育效果各维度上无显著差异。

(二) 入学教育效果整体性情况

1. 入学教育效果的整体性评价

根据问卷结构,将入学教育内容的认知程度和入学教育的实现程度两个方面的得分进行平均分计算,2014级新生入学教育效果总体得分为3.619分。

2. 入学教育效果的纵向比较

我们将2009级、2010级、2011级、2013级和2014级学生的入学教育效果得分进行时间上的纵向比较发现,2014级新生入学教育效果的得分相比2013级略有下降,但保持在整体平均值以上,如图2所示。

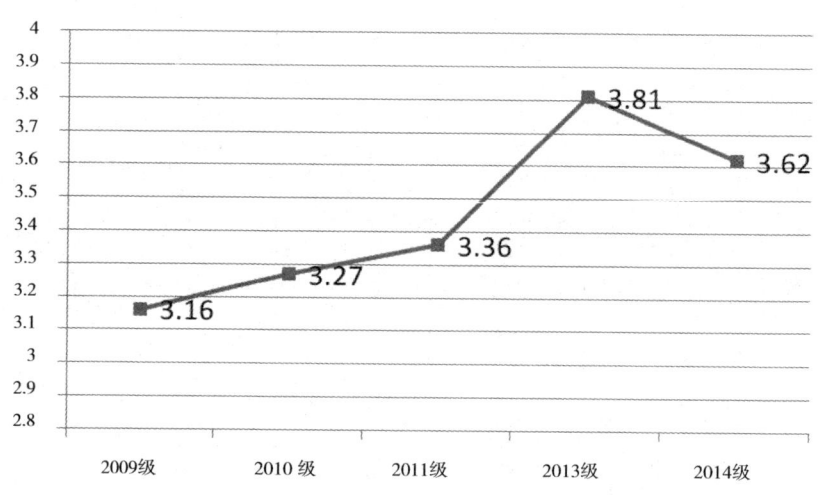

图2 2009级、2010级、2011级、2013级和2014级
新生入学教育效果总体得分纵向比较情况

可以看出,虽然2014级新生入学教育整体效果相比以往略有降低,根据工作满意度的均衡水平模型理论认为,当服务满意度达到一定水平之后如果相应的服务模式没有改变的话满意度将呈现上下波动的情况。这一现象也能够很好地解释我校新生入学教育的效果得分情况,2014级新生入学教育效果在得分到达一定满意度之后呈现出波动的趋势。这一点也说明,我校的新生入学教育已

经形成了一个较稳定的系统，如果想进一步提高，就需要在以往的系统中增加新的刺激因素，才能突破原来的基础到达新的水平。

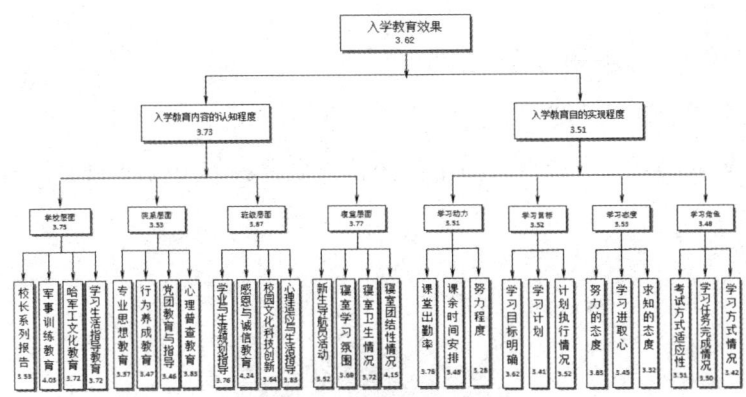

图 3　各项目得分情况

3. 入学教育效果的横向比较

为了更清晰地了解各观测点的得分情况，我们将 28 个观测点得分进行横向比较，如图 4 所示。

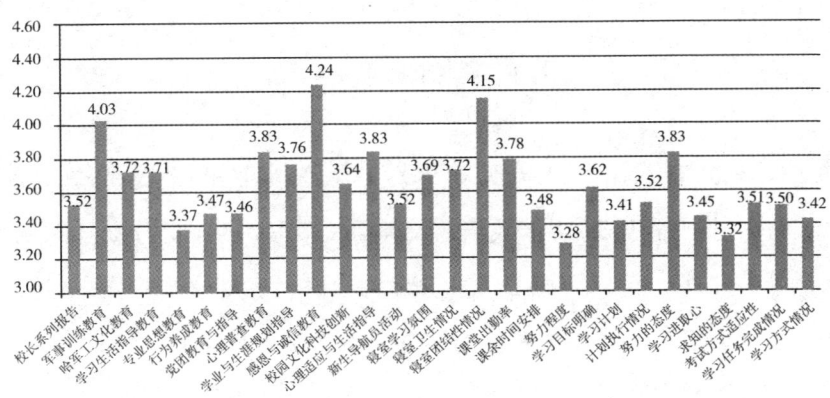

图 4　各观测点得分柱

可以看出，各观测点的得分呈现出波浪状态，其中得分较高的观测点为军事训练教育、感恩与诚信教育、寝室团结层面教育；得分较低的观测点为努力程度、求知的态度、专业思想教育观测点，这一点与以往的得分相似。

（三）关于其他问题的情况分析

1. 大学课余时间安排

对于2014级学生在课余时间主要做什么事情我们进行了调查，结果如图5所示。

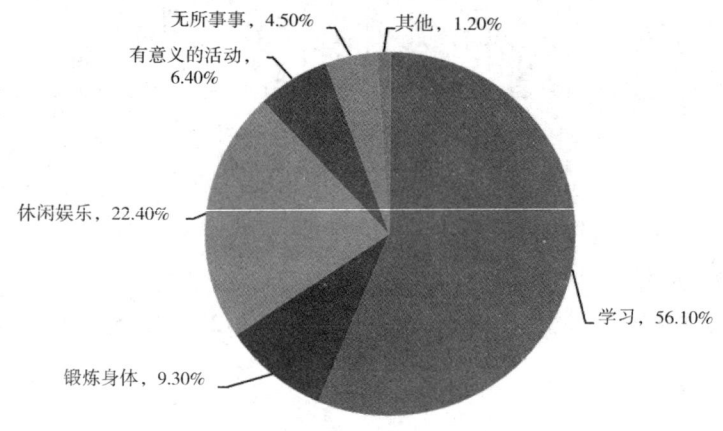

图5　课余时间安排情况

通过图标可以看出，2014级新生在第一学期的课余时间学习的占到56.10%，这一情况相比2011年我们的调查增长了10.75个百分点，这一情况比较让人满意。此外，有22.40%的学生表示课余时间主要是休闲娱乐；有9.30%的学生表示是锻炼身体；有6.40%的学生表示是做有意义的事情；有4.50%的学生表示课余时间无所事事；另外有1.20%表示会做其他的事情。

2. 身边的人影响情况

为了了解2014级新生的生活中影响力最大的人的问题,我们设计了"上大学期间,你觉得下列哪些人对你的影响最大,并按照重要程度进行排序"这一问题进行考察,同时我们将2010级、2011级、2012级学生的数据进行纵向比较,调查结果如表6所示。

表6 身边影响力的情况

	同学	辅导员	班主任	专业教师	学生榜样
2010级	53.40%	11.00%	4.70%	10.50%	18.40%
2011级	64.32%	10.61%	2.56%	9.52%	12.99%
2012级	63.31%	8.96%	2.99%	11.20%	13.54%
2014级	66.60%	8.70%	3.60%	10.10%	11.00%

可以看出,在新生群体中影响最大的是同学,占到了66.6%;其次是学生榜样,占到了11.0%。通过近四年的数据比较,可以发现这一情况与前几年的情况保持一致。

3. 同学中影响情况

表7 身边的同学影响力情况

	同寝室同学	同班同学	本专业学长	老乡	班级干部及其他学生干部
2010级	77.96%	9.83%	5.33%	3.58%	3.31%
2011级	78.00%	9.80%	5.30%	3.60%	3.30%
2012级	82.70%	4.90%	7.00%	2.70%	2.60%
2014级	73.40%	7.40%	11.80%	3.00%	4.40%

可以看出,在新生同学中影响最大的是同寝室同学,占到了73.4%;其次是专业学长,占到了11.8%。这一情况与前几年的情况保持一致,也就是说我

们需要将新生入学教育重点放在寝室层面的教育上。

(四) 关于开放性问题的情况分析

本次调研中,我们在问卷中设计了"各项入学教育中你认为对你帮助最大的一件事是什么"和"对于2014年你的大学你最想说的一句话是什么"这样两道题来对新生的入学情况进行调查,希望通过调查能够真正了解入学教育的实施效果以及2014级新生的整体思想状况,进而为我们今后新生入学教育工作的展开和改进提供第一手资料。

1. 关于"各项入学教育中你认为对你帮助最大的一件事是什么"的情况

通过对问卷的整理及统计有效回答,我们将同学们的回答大致分成了以下三个类别:学校层面教育、院系层面教育和班级层面教育,详细分类情况如表8所示。

表8 关于入学教育受益情况的分类情况

分类项目	具体内容
学校层面	校长报告、军事训练教育、观看《揭秘哈军工》纪录片、各类论坛、图书馆讲座
院系层面	新老生交流会、专业课介绍、考试
班级层面	班会、党团活动、班主任、辅导员约谈 心理辅导

根据相关入学教育项目出现的频率,我们可以计算出在对学生帮助最大的相关教育活动中,学校层面教育的相关活动占到了82%;院系层面教育的相关活动占到9%;班级层面的教育活动占到9%。由此可以看出,在对新生进行的各项入学教育中,学校层面的教育活动开展在新生中的反映是很好的。

2. 关于"对于2014年你的大学生活你最想说的一句话是什么"的情况

关于"对于2014年你的大学生活你最想说的一句话是什么"这一问题的回答,根据其内容大致可分为评价型和期望表达型,其中评价型又可分为积极肯定型和消极否定型。经过统计和整理,将具体内容归纳如表9所示。

表9 "对于2014年你的大学生活你最想说的一句话是什么"回答分类情况

回答分类		具体内容
评价型	积极肯定型	过得愉快又充实;还不错;成熟了;还算满意;收获很大;相当满意;多姿多彩;摆脱了迷茫。
	消极否定型	迷茫;堕落了;住宿条件差;略有遗憾;不是很适应;理想与现实差距太大;课太多,课余时间太少,累;不算充实。
期望表达型		端正态度,好好学习;充实自己,使自己更优秀;做最好的自己;做自己想做的事,完成那些梦想;戒骄戒躁,宁静致远;别让自己虚度光阴;抓紧时间,迎头赶上;要加油;继续努力,自强自立;好好学习,天天向上;勿忘初心,不负青春;努力做自己。

(1) 问题集中度分析

我们根据相关词语出现的频率对有效回答来分析,经过整理得出大约有20%的新生对此问题做出了评价型回答,其余80%的新生作出的是期望表达型回答。我们进一步对这两个类型的回答进行了分析。

(2) 评价型回答分析

通过数据分析统计,在评价型回答中有约58%的回答是积极肯定型的,其余42%的回答是消极否定的。由此可见,多数新生对于2014年的自己是满意的,具体表现为:认为大学生活精彩充实,自己能够摆脱迷茫,变得成熟了等等;而在42%的消极否定回答中,大多数回答反映出的就是认为自己有所堕落、迷茫或略有遗憾等。这一方面是因为初入大学部分学生不适应新的环境造成的,另一方面也与学生们的自我期许和自我约束能力等有重要关系。

(3) 期望表达型回答的分析

对于该问题回答中的大多数期望表达型回答,通过进一步详细分类可将其分为学习方面、个人品质培养方面、时间管理方面、梦想追求方面和励志激励性寄语这五个方面。根据语句出现的频率统计出各个方面出现的情况如图6所示。

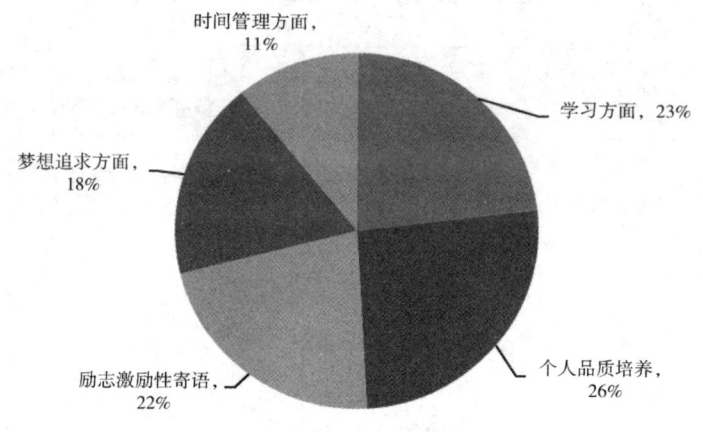

图6　期望表达型分析

通过数据可以看出，所统计的期望表达型回答中，有23%是关于学习方面的，相关的代表性语句如："好好学习，天天向上""努力学习""端正态度，好好学习"等；有26%是关于个人品质培养方面的，如"充实自己，使自己更优秀""更有担当，更坚强""乐观向上，努力进取"等；有22%是励志激励性的寄语，如："加油""不抛弃，不放弃"等；此外还有18%是有关梦想追求方面的，有11%是关于时间管理方面的。也就是说，大多数新生对于今后的大学生活还是充满信心与希望的，心态上也是足够积极进取的。

（五）入学教育的几点改进建议

1. 各院系特色入学教育

各院系应根据本院系学生特点，积极开发符合学生特点的入学教育新活动，如2014年入学期间，正直全国纪念孔子诞辰2565周年，人文学院学生赴文庙举行祭孔典礼，诵读国学经典，弘扬传统文化，既表达了对孔子的崇敬之情，又增加了学生的人文文化认同感，很好地促进了新生的入学教育效果情况。

2. 推进入学教育课程化

按照近几年来入学教育方案的规划，2015 年的入学教育将积极联系素质教育基地，申请入学教育课程选修课，根据各院系专业性质和辅导员人数合理安排授课情况。新生入学教育课程化也是进一步增强新生入学教育效果的有效途径。

3. 编写家长手册

根据在调研中所发现的问题，编写新生家长手册，积极搭建学校同家长的沟通平台，扩大学校与新生家长的联系渠道，很有必要。应积极探索"学校——家长——学生"三位一体的入学教育模式。

4. 调整入学教育内容

2015 年我校开启了综合改革，我校将探索书院制管理模式。根据这一情况，我校也要调整入学教育的模式和内容，在巩固已有的入学教育成果的同时，进一步探索符合书院制的入学教育方法。

三、各院系入学教育效果评价

（一）各院系 2014 级新生入学教育效果得分的比较

根据入学教育内容认知程度中学校层面、院系层面、班级层面、寝室层面、学习动力、学习目标、学习态度和学习角色的结构设计，我们计算出各院系入学教育总体得分，具体情况如图 7 所示。

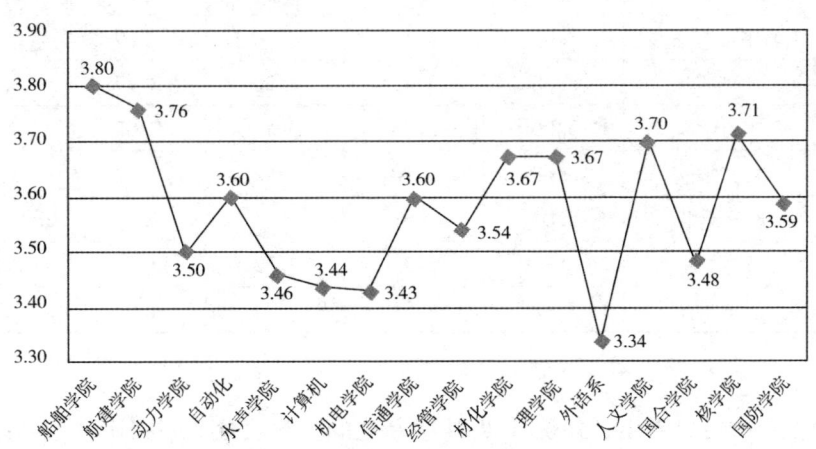

图 7　各院系入学教育得分情况

可以看出，在入学教育总体效果得分较高的院系依次为船舶学院、航建学院、核学院和人文学院。

（二）各院系 2009 级、2010 级、2011 级、2013 级和 2014 级入学教育效果的得分比较

我们计算出各院系 2009 级、2010 级、2011 级、2013 级和 2014 级这 5 年的新生入学教育效果总体得分，如表 4 所示。

表 10　各院系 2009 级至 2013 级新生入学教育效果得分情况

序号	院系	2009 级	2010 级	2011 级	2013 级	2014 级
1	船舶学院	2.99	3.16	3.33	3.67	3.80
2	航建学院	3.14	3.27	3.24	4.05	3.76
3	动力学院	3.37	3.34	3.35	3.78	3.50
4	自动化学院	2.83	3.16	3.24	3.68	3.60
5	水声学院	3.06	3.41	3.17	3.52	3.46
6	计算机学院	2.76	3.13	3.24	3.93	3.44
7	机电学院	2.99	3.23	3.50	3.90	3.43
8	信通学院	2.76	3.40	3.43	3.71	3.60
9	经管学院	3.98	3.42	3.11	3.87	3.54
10	材化学院	3.06	3.37	3.54	3.59	3.67
11	理学院	2.68	3.42	3.26	3.77	3.67
12	外语学院	3.06	3.33	3.55	3.82	3.34
13	人文学院	3.68	3.10	3.42	3.82	3.70
14	国际合作	3.83	3.61		4.14	3.48
15	核学院	2.83	3.33	3.32	3.85	3.71
18	国防学院	3.52	3.51	3.74	4.03	3.59

通过数据可以看出，各院系 2014 级新生的入学教育效果相比其他年级的效果略有降低，我们应该继续加强相关工作，在未来的工作中不断提升自己。

四、结语

入学教育工作一直是我校思想政治教育工作的一个重点，经过几年的探索与实践，我校入学教育工作在全面性、规范性和科学性等方面都取得了较大的进步。从2010年至今，我校通过定期开展专题研讨、效果调研、吸收国内高校经验等方式，每年都会针对我校新生特点和可能遇到的问题，不断改进和创新我校新生入学教育工作，并收到了显著效果。为进一步推动我校新生入学教育工作的有效开展，同时鼓励各院系对入学教育工作一些好的做法、经验和特色活动进行总结和宣传，在以后的入学教育工作中，我们将适当地考虑到将院系特色入学教育工作作为未来入学教育效果的考核指标，并继续积极探索和改进符合我校实际情况的入学教育工作模式，从而为我校人才培养工作贡献力量。

参考文献

《马克思恩格斯选集》第 1 卷，人民出版社 1972 年版。

《马克思恩格斯全集》第 1 卷，人民出版社 1995 年版。

《马克思恩格斯全集》第 2 卷，人民出版社 1957 年版。

《马克思恩格斯文集》第 2 卷，人民出版社 2009 年版。

《马克思恩格斯文集》第 4 卷，人民出版社 2009 年版。

《马克思恩格斯文集》第 9 卷，人民出版社 2009 年版。

《列宁选集》第 3 卷，人民出版社 1993 年版。

《列宁全集》第 20 卷，人民出版社 1972 年版。

《列宁专题文集论社会主义》，人民出版社 2009 年版。

《列宁专题文集论无产阶级政党》，人民出版社 2009 年版。

《邓小平文选》第 2 卷，人民出版社 1993 年版。

《邓小平文选》第 2 卷，人民出版社 1994 年版。

《邓小平文选》第 3 卷，人民出版社 1993 年版。

《邓小平文选》第 3 卷，人民出版社 1994 年版。

《邓小平年谱（一九七五—一九九七（下））》，中央文献出版社 2004 年版。

江泽民：《在庆祝中国共产党成立八十周年大会上的讲话》，人民出版社 2001 年版。

胡锦涛：《坚定不移沿着中国特色社会主义道路前进为全面建成小康社会而

奋斗——在中国共产党第十八次全国代表大会上的报告》，人民出版社 2012 年版。

胡锦涛：《在十六届四中全会第一次全体会议上的讲话》，载《人民日报》，2004 年 9 月 16 日。

习近平：《习近平谈治国理政》，外文出版社 2014 年版。

习近平：《习近平谈治国理政》第 2 卷，外文出版社 2017 年版。

习近平：《决胜全面建成小康社会 夺取新时代中国特色社会主义伟大胜利——在中国共产党第十九次全国代表大会上的报告》，人民出版社 2017 年版。

中共中央文献研究室：《十六大以来重要文献选编》（下），中央文献出版社 2008 年版。

中共中央文献研究室：《十七大以来重要文献选编》（上），中央文献出版社 2009 年版。

中共中央文献研究室：《十四大以来重要文献选编》（中），人民出版社 1997 年版。

陆学艺：《当代中国社会结构》，社会科学文献出版社 2007 年版。

罗国杰：《社会主义和谐社会核心价值体系研究》，人民出版社 2012 年版。

郭广银等：《新时期高校校园文化建设的理论与实践》，南京大学出版社 2007 年版。

黄苇町：《苏共亡党十年祭》，江西高校出版社 2008 年版。

黄蓉生等：《当代大学生诚信制度建设及加强大学生思想政治工作研究》，经济科学出版社 2012 年版。

蒋道平、张荣：《社会主义核心价值体系与大学生思想政治教育研究》，电子科技大学出版社 2012 年版。

林岳新：《多元文化背景下青少年价值观培养研究》，中国社会科学出版社 2011 年版。

佘双好：《当代社会思潮对高校师生的影响及对策研究》，中央编译出版社

2012 年版。

陶德麟、汪信砚：《马克思主义哲学原理》，人民出版社 2013 年版。

万斌：《高校思想政治教育新论》，社会科学文献出版社 2005 年版。

王绍玉：《跨越转折：当代大学生价值取向》，企业管理出版社 2002 年版。

吴春华：《西方政治思想史》第 4 卷，天津人民出版社 2006 年版。

杨德广、晏开利：《中国当代大学生价值观研究》，上海教育出版社 1997 年版。

杨业华：《当代中国大学生核心价值观研究》，人民出版社 2011 年版。

俞可平：《全球化时代的"马克思主义"：九十年代国外马克思主义新论选编》，中央编译出版社 1998 年版。

中国心理卫生协会：《心理咨询师》，民族出版社 2005 年版。

樊浩等：《中国大众意识形态报告》，中国社会科学出版社 2012 年版。

朱卫嘉、向守俊：《不同年代理想信念教育的比较研究》，重庆出版社 2007 年版。

［瑞士］皮亚杰：《发生认识论原理》，王宪钿等译，商务印书馆 1990 年版。

［美］丹尼尔·贝尔：《资本主义文化矛盾》，赵一凡等译，生活·读书·新知三联书店 1989 年版。

［美］迈克尔·休斯、卡罗琳·克雷勒：《社会学和我们》（第 7 版），上海社会科学院出版社 2008 年版。

［美］兹比格涅夫·布热津斯基：《大失控与大混乱》，潘嘉玢、刘瑞祥译，中国社会科学出版社 1994 年版。

温家宝：《提高认识，统一思想，牢固树立和认真落实科学发展》，载《观人民日报（海外版）》，2004 年 3 月 1 日。

习近平：《切实把思想统一到党的十八届三中全会精神上来》，载《人民日报》，2014 年 1 月 1 日。

习近平：《在首都各界纪念现行宪法公布施行周年大会上的讲话（2012 年

12月4日)》,载《光明日报》,2012年12月5日。

习近平:《在同各界优秀青年代表座谈时的讲话》,载《人民日报》,2013年5月。

习近平:《在全国高校思想政治工作会议上的讲话》,载《人民日报》,2016年12月8日。

陈文:《社会主义核心价值观认知、认同、实践机制构建理论研究》,西南科技大学硕士学位论文,2017年。

代艳丽:《论军工文化在军工类高校的育人功能》,中南大学博士学位论文,2013年。

刘铮:《大学生认同与践行社会主义核心价值观研究》,中南大学博士学位论文,2012年。

彭滔:《当代大学生社会主义核心价值观认同研究》,武汉工程大学硕士论文,2016年。

王凯丽:《大学生社会主义核心价值观认同教育研究》,西华师范大学硕士学位论文,2017年。

王双群:《社会主义核心价值体系融入思想政治理论课教育教学研究》,武汉大学博士论文,2014年。

徐园媛:《大学生社会主义核心价值观教育"四位一体"课程实施路径研究》,西南大学博士学位论文,2017年。

郑银娟:《青少年价值观形成的内化机制研究》,河南大学硕士学位论文,2010年。

朱本霞:《大学生社会主义核心价值观认同教育研究》,南京师范大学硕士学位论文,2017年。

易刚:《社会主义核心价值观大众认同机理研究》,西南交通大学博士学位论文,2017年。

柴素芳:《全国七所高校大学生幸福观现状的调查与分析》,载《思想理论教育导刊》，2012 年第 1 期。

陈友洋：《高校网络亚传播圈对德育教育工作的可控性探讨》，载《中国市场》，2015 年 15 期。

戴木才：《中国共产党培育和践行社会主义核心价值观的发展历程》，载《桂海论丛》，2013 年第 5 期。

邓若伊、蒋忠波：《网络传播与大学生社会主义核心价值观的建构——基于五省市大学生的调查分析》，载《西南民族大学学报（人文社会科学版）》，2011 年第 9 期。

方菲、张丽、刘晓杰：《隐性思想政治教育研究综述》，载《沈阳工程学院学报（社会科学版）》，2009 年第 1 期。

冯巧玲：《文化强国语境中大学生道德价值观问题研究》，载《广西青年干部学院学报》，2015 年第 5 期。

关黄厚明：《书院制与住宿学院制高校学生管理模式比较研究》，载《高等工程教育研究》，2010 年第 3 期。

郭文亮、林宾、朱跃：《我国高校主流意识形态建设面临的问题与对策——基于高校主流意识形态建设现状的实证研究》，载《思想教育研究》，2012 年第 10 期。

恒兴、海锋：《当前大学生思想行为的六个特点》，载《当代青年研究》，1987 年第 10 期。

黄进：《略论市场经济体制下高校思想政治教育模式的转换》，载《教育与职业》，2006 年第 27 期。

黄威桢、熊英：《新时期高校学生工作模块化管理创新研究》，载《广西青年干部学院学报》，2015 年第 5 期。

姜林丽、周国良：《高职学生思想政治教育动态多元评价体系的构建》，载《湖北经济学院学报（人文社会科学版）》，2012 年第 5 期。

焦敏等：《基于社会实践视角的大学生社会主义核心价值观培育研究》，载

《学校党建与思想教育》，2015年第10期。

乐黛云：《文化"多元化"与全球"一体化"》，载《文明》，2003年第12期。

李斌雄：《形势政策教育学：研究对象、内容和方法——基于高校学生形势与政策教育教学经验的思考》，载《思想教育研究》，2012年第10期。

李春德、李斌雄：《中国特色社会主义核心价值体系的内容结构与建设路径》，载《学习与实践》，2006年第12期。

李春治：《大学生认同践行社会主义核心价值观内在机制分析》，载《北京教育》，2015年第9期。

李伟、平章起：《当代大学生的思想观念冲突中国社会发展的阶段性特征》，载《中国青年研究》，2012年第12期。

李伟东：《论大学生思想政治教育实效性评价指标体系的设置》，载《茂名学院学报》，2008年第5期。

李新生：《多元化背景下大学生核心价值观教育路径探究》，载《前沿》，2009年第7期。

刘诚等：《核心价值体系在大学中的建设状况及对策建议——对某校大学生的调查报告》，载《中国青年政治学院学报》，2012年第1期。

刘海燕、江舟：《大学生理想信念教育教学需求的调查分析》，载《学校党建与思想教育》，2013年第2期。

鲁洁：《教育的返本归真——德育之根基所在》，载《华东师范大学学报（教育科学版）》，2001年第4期。

鲁全信、杨绍安：《网络文化背景下大学生文化认同危机及其消解路径》，载《学术交流》，2014年第3期。

鲁全信、杨绍安：《文化自觉：大学生文化认同危机消解的有效路径》，载《高等农业教育》，2013年第11期。

马云霞、洪涛：《新媒体'文化基因'及其在高校思想政治教育的融入》，载《电子科技大学学报（社科版）》，2016年第1期。

聂西文、王焕盛、常锦河：《基于DEMATEL方法的高校体育文化品牌建设影响因素分析》，载《佳木斯职业学院学报》，2015年第10期。

曲卓：《高校大学生社会主义核心价值观认同教育模式分析》，载《中国校外教育》，2014年第9期。

商光美、施生旭：《福建省大学生政治信仰教育的现状分析与对策研究——基于福建省八所高校的调查》，载《湖北广播电视大学学报》，2009年第12期。

石书臣、张杰：《当代大学生思想文化素养状况的调查及对策》，载《学校党建与思想教育》，2013年第3期。

宋博、刘遵峰、白洋：《网络环境下高校思想政治教育的机遇、挑战与对策研究》，载《华北理工大学学报（社会科学版）》，2017年第1期。

宋伟、郑淑芬：《高校落实'德育为先'理念的对策探析》，载《思想政治教育研究》，2011年第2期。

宋志强、范红雨：《近五年大学生社会主义核心价值体系认同研究述评》，载《思想理论教育导刊》，2012年第8期。

孙多玲：《大学生社会主义核心价值观的文化认同机制研究》，载《辽宁科技学院学报》，2013年第3期。

孙兰英：《大学生社会主义核心价值观认同问题研究》，载《思想政治教育研究》，2015年第1期。

田丽、汪强：《新时期大学生理想信念教育的实施途径》，载《江苏高教》，2010年第5期。

汪士华、陈真亮：《大学生宗教信仰问题的调查与思考——基于浙江省几所在杭高校的调查分析》，载《浙江社会科学》，2009年第8期。

汪双喜、曾向红：《高校理想信念教育的挑战与对策——基于一项大学生群体宗教信仰状况的调查》，载《教育教学论坛（下旬）》，2010年第9期。

王散：《认同理论的起源、发展与评述》，载《新疆社科论坛》，2009年第

2 期。

韦吉锋、廖扬平、赖碧瑛：《网络思想政治教育评估价值生成及其策略》，载《广西民族大学学报（哲学社会科学版）》，2017 年第 1 期。

吴彬镪：《以社会主义核心价值观引领高校校园文化建设研究》，载《思想教育研究》，2016 年第 1 期。

吴迪：《文化认同视角下的大学生社会主义核心价值观教育》，载《思想教育研究》，2014 年第 2 期。

叶海：《高校大学生思想政治教育体系的优化》，载《黑龙江高教研究》，2017 年第 10 期。

张成山：《论构建和谐社会进程中的大学生心理健康教育》，载《长春师范学院学报》，2006 年第 3 期。

张骞文：《新时代高校学生资助工作理论诠释、基本特征与实践路径探析》，载《思想教育研究》，2018 年第 5 期。

张廷：《优化激励机制：实现高校全员育人的重要手段》，载《思想政治教育研究》，2012 年第 10 期。

张向东：《认同的概念辨析》，载《湖南社会科学》，2006 年第 3 期。

赵传珍：《文化认同与大学生社会主义核心价值观教育》，载《北华大学学报（社会科学版）》，2014 年第 2 期。

赵丽兵：《试论大学生社会主义核心价值观教育》，载《长沙铁道学院报》，2014 年第 4 期。

赵庆典、李海鹏：《努力建立大学生思想政治教育的组织保证和长效机制——高校辅导员、班主任队伍建设情况调研报告》，载《国家教育行政学院学报》，2006 年第 2 期。

赵元：《高校大学生社会主义核心价值观认同、践行状况的调查研究》，载《教育与职业》，2015 年第 26 期。

周宏：《论加强社会主义核心价值观认同机制建设》，载《理论导刊》，2014

年第 4 期。

周家健：《论高校构建和谐校园应正确处理好的三个关系》，载《中国高教研究》，2007 年第 5 期。

曹林：《有多少"不作弊不公平"式公平观在人心中飘荡》，载《中国青年报》，2013 年 6 月 21 日。

邓晖等：《大学生活，能这样度过吗?》，载《光明日报》，2013 年 11 月 6 日。

方莉等：《对驻京高校进行的调查显示—逾八成大学生对我国发展前景乐观》，载《光明日报》，2013 年 1 月 8 日。

冯刚：《坚守核心价值观必须发挥文化的作用》，载《光明日报》，2015 年 11 月 10 日。

姜涨冰：《孩子取消补课妈妈为哈急哭（人民时评）》，载《人民日报》，2013 年 10 月 22 日。

蓝于篇：《社会主义核心价值观的发展历程》，载《东莞日报》，2014 年 7 月 9 日。

李文道：《大学校园惨剧，折射学生心理困境》，载《光明日报》，2013 年 5 月 6 日。

白龙：《莫让青春染暮气（青年观）》，载《人民日报》，2013 年 5 月 14 日。

佘绍敏：《网络时代的媒介素养教育》，载《光明日报》，2013 年 4 月 22 日。

李亚楠等：《"微时代"，我们怎样阅读?》，载《光明日报》，2013 年 6 月 8 日。

曹守亮、刘维芳、姬文波：《行走在理想与现实边缘——驻京高校大学生思想现状调查》，载《光明日报》，2013 年 1 月 8 日。

张柠：《阅读是思想的发动机》，载《光明日报》，2013 年 6 月 8 日。

中共中央：《中共中央关于全面深化改革若干重大问题的决定》，载《人民日报》，2013 年 11 月 16 日。

胡锦涛：《在庆祝中国共产党成立 90 周年大会上的讲话》，人民网，http：//theory.people.com.cn/GB/15053598.html，（2011 年 7 月 1 日）。

习近平：《在知识分子、劳动模范、青年代表座谈会上的讲话》，新华网，http：//www.xinhuanet.com//po//politics/2016 - 04/30/c_ /c_ 1118776008.htm（2016 年 4 月 26 日）。

习近平：《在北京大学师生座谈会上的讲话》，新华网，http：//www.xinhuanet.com/2018 - 05/03/c_ 1122774230.htm（2018 年 5 月 2 日）。

https：//baike.baidu.com/item/%E7%A4%BE%E4%BC%9A%E4%B8%BB%E4%B9%89%E6%A0%B8%E5%BF%83%E4%BB%B7%E5%80%BC%E8%A7%82/3271832，（2018 年 3 月 12 日）。

后 记

为深入贯彻落实《中共中央国务院关于加强和改进新形势下高校思想政治工作的意见》精神和习近平总书记系列讲话精神,哈尔滨工程大学学生工作部认真贯彻相关要求,始终把社会主义核心价值观教育、理想信念教育和文化育人等工作放在首位,坚持"育人为本、德育为先"的原则,把握规律、注重创新,以理想信念教育为核心,以思想引领为重点,以学风建设为保障,努力构建促进学生全面发展的阳光育人环境,为培育信念坚定、人格健全、乐于探索、务实笃行的社会主义合格建设者和可靠接班人提供有力保障。

本书由哈尔滨工程大学学生工作部牵头组织,自2018年1月启动丛书编写工作以来,编写组多次召开研讨会和座谈会,对丛书的整体编写思路、总体框架等问题进行了研讨。

本书由吕开东、张彬任主编;张德伟、韩微、谭琦、潘强任副主编;王嘉男、董春辉、许钟元、刘铁、梁艳艳、李瑶、马金驰、董治安、高明、李优仁任编委;刘正、丛建伟、程慧、朱广跃、董云吉、韩冬、李响、贲浩然等同志在编书过程中也提供了很大的帮助,在此表示感谢。另外,本书在编写和出版过程中,得到了中央编译出版社的大力支持,在此表示衷心的感谢。

编写组
2018年6月30日